“COMBINAMOS EL QUECHUA”:
LENGUA E IDENTIDAD DE LOS JÓVENES URBANOS EN EL PERÚ

"COMBINAMOS EL QUECHUA"

Lengua e identidad de los jóvenes urbanos en el Perú

Amy Firestone

IEP
INSTITUTO DE
ESTUDIOS
PERUANOS

Serie: Lengua y Sociedad, 37

© IEP Instituto de Estudios Peruanos
Horacio Urteaga 694, Lima 11
Telf.: (51-1) 332-6194
Correo-e: libreria@iep.org.pe
www.iep.org.pe

ISBN: 978-9972-51-643-6

ISSN: 1019-4495

Impreso en Perú

Primera edición: septiembre de 2017
500 ejemplares

Hecho el depósito legal
en la Biblioteca Nacional del Perú: 2017-10742

Registro del proyecto editorial
en la Biblioteca Nacional: 31501231700902

Asistente editorial: Yisleny López
Corrección: Sara Mateos
Diagramación: Silvana Lizarbe
Diseño de carátula: Gino Becerra
Cuidado de edición: Odín del Pozo

BIBLIOTECA NACIONAL DEL PERÚ
Centro Bibliográfico Nacional

498.511 Firestone, Amy.
F53 Combinamos el quechua: lengua e identidad de los jóvenes urbanos en el Perú / Amy Firestone.-- 1a ed.-- Lima: Instituto de Estudios Peruanos, 2017 (Lima: Tarea Asociación Gráfica Educativa).
253 p. ; 23 cm.-- (Lengua y sociedad ; 37)

Bibliografía: p. [237]-252.

D.L. 2017-10742
ISBN 978-9972-51-643-6

1. Lengua quechua - Investigación - Perú 2. Lengua quechua - Aspectos sociales - Perú 3. Identidad cultural - Aspectos sociales - Perú 4. Jóvenes - Aspectos sociales - Perú I. Instituto de Estudios Peruanos (Lima) II. Título III. Serie

BNP: 2017-2641

Dedicado a mi madre, Beverly Honig Firestone (1948-2006),
y a mi abuela, Stella Honig (1910-2000),
quienes hicieron muchos sacrificios,
pero jamás abandonaron su lengua y cultura

Encontrarás lo que buscas,
y cuando no lo estés buscando, lo hallarás.

Amy Firestone

Índice

Agradecimientos

Hay que subir a la azotea del Departamento de Trabajo de los Estados Unidos, mi lugar de trabajo actual, para poder apreciar una de las vistas más privilegiadas del mundo. Desde ese lugar se observa muy de cerca el Capitolio y el impresionante panorama de la Explanada Nacional. Mirando ese gran edificio, uno puede imaginar las grandes decisiones que se toman ahí y que pueden hacer que en solo unos minutos la vida de toda una nación o de una única familia cambie radicalmente.

Cuando subo a la azotea a tomar aire, miro fijamente el Capitolio, agradecida por tener la oportunidad de estar ahí. Pero entonces comienzo a pensar en todos los demás “techos” a los que he subido anteriormente, incluso más altos que este.

Desde el año 2002, vengo viajando a la región andina de Sudamérica, donde se encuentran varias de las cumbres más altas del mundo. Desde allá, no hay vista del Capitolio y tampoco se están tomando decisiones que cambiarán el mundo. Desde esos techos andinos se puede observar, empero, numerosas maravillas: un colorido paisaje serrano, que encierra artesanía y música tradicionales, comidas típicas, y culturas y lenguas indígenas. No obstante, todo este espacio es mucho más gratificante cuando uno lo vive. Este mundo andino sigue girando con velocidad y es el que me llevó al Departamento de Trabajo de los Estados Unidos.

Muchas personas me acompañaron para alcanzar ese lugar, y otras corrieron y siguen haciéndolo conmigo. Una de ellas es mi querida profesora de la Universidad de Illinois, Urbana-Champaign, la doctora Anna María Escobar. También le agradezco mucho al Profesor Nils Jacobsen por todo su apoyo para este proyecto durante todos los años en la Universidad de Illinois. Por otro lado, este libro no hubiera sido posible sin mi profesor de quechua, Clodoaldo Soto, quien me dio a conocer el mundo de Ayacucho y el quechua de esa región; me considero muy afortunada de contar con su amistad y de haber podido recibir sus lecciones de quechua y de la vida. Hay muchas más personas a quienes debo agradecer en el Centro de Estudios Latinoamericanos y Caribeños (CLACS) de la misma Universidad de Illinois. Agradezco el apoyo y amistad de todos los que me ayudaron en mis proyectos de investigación en el Perú y en mis estudios del quechua y del aimara. En fin, este trabajo tampoco hubiera sido posible sin el apoyo que recibí de la Fundación Interamericana, a través de la Grassroots Development Fellowship (2009-2010).

Además, llevo muy cerca en mi corazón a mis seres queridos que ya se encuentran en el cielo. A Beverly Honig Firestone (1948-2006), mi madre que iluminó este camino, a Mittens Rita (1997-2016), mi gato hermano, y a grandes amigos de la vida, Gerri Koser (1945-2015) y George Koser (1944-2016). Los amo y jamás los olvidaré.

Al igual que estas personas fallecidas siguen vivas en mí, los amigos, profesores, colegas y mi gatita, Rebekah Tiffany, que aún están en la tierra, son mi pan de cada día. Especialmente quiero agradecer a mi familia y a unas amistades que son algo así como mi espejo: Fabio Manda, Andy Myo, el doctor Graham Nessler, Kyan Mulligan y Sabrina Aharoni y muchos otros amigos en Washington, D. C. y en otras partes del mundo.

La finalidad verdadera de este libro son las familias y los jóvenes cuyas historias relato. Mi deseo es que se conozca su trayectoria, la de unas personas muy humildes que saben defenderse en este mundo sin olvidar quiénes son. En el Perú, también quiero agradecer a amigos y profesores que me abrieron puertas, especialmente a la profesora Georgina Icochea, al profesor Walter Pariona y a Roberto Ayala Huaytalla.

Por último, dedico este libro a todos los jóvenes de los Andes que desde el 2002 son mi inspiración para alcanzar otros techos, más allá del lugar desde donde diviso el Capitolio. Con ustedes y con el resto de amigos que iré haciendo por todo el mundo, tenemos muchas más cumbres que conquistar.

Introducción

Los frascos de esmalte de uñas de color rojo, morado, rosa caliente, rosa claro y al menos cinco tonos de azul yacían dispersos sobre la mesa de la cocina. Las cuatro hermanas Hernández y yo estábamos en su casa en la ciudad de Ayacucho, observando el surtido de colores, pensando en cuál usar y qué diseños crear.

En esa tarde tormentosa de la temporada de lluvias, las jóvenes hermanas estaban dejando de lado sus tareas habituales, como la de pasear a sus ovejas. Varias amigas y vecinas pasaron a visitarlas entre chaparrón y chaparrón, socializando con ellas, comprando algo en su bodega (ubicada dentro de la vivienda), e incluso probándose algún esmalte de uñas. Su conversación entrelazaba el español y el quechua, al punto que en ciertos momentos a un forastero le habría resultado imposible saber qué idioma estaba hablándose.

El cuadro anterior presenta la dinámica lingüística y el entorno cultural en los cuales los jóvenes urbanos de primera generación en el Perú llevan a cabo sus actividades cotidianas. Los padres de estos jóvenes son quechuahablantes nativos que dejaron sus comunidades rurales en busca de mejores oportunidades económicas y educativas en las ciudades, y en el caso del departamento de Ayacucho, para escapar de la violencia desatada en el campo por Sendero Luminoso en la década de 1980. Asimismo, estos padres no han dejado nunca de moverse: viajan a la chacra, a Lima e incluso a Estados Unidos para lograr mejoras de índole laboral. Sus hijos permanecen en su ciudad natal temporal o permanentemente y trabajan en distintos oficios, a veces mientras estudian. En este contexto, los jóvenes urbanos mantienen redes sociales en el campo, en las ciudades e inclusive en el extranjero. El presente estudio halló que es mediante su interacción en dichas redes que van surgiendo nuevas identidades sociolingüísticas. Este libro presenta una relación etnográfica de estas nuevas identidades elaborada desde abajo.

Lenguaje e identidad en los Andes urbanos

El presente estudio busca cubrir el vacío que separa los campos de la sociolingüística y la antropología al establecer, mediante un enfoque etnográfico, los factores sociales y lingüísticos que influyen en el uso que los jóvenes urbanos hacen del español y el quechua en el Perú. El quechua es la lengua indígena más hablada en el continente americano; cuenta con entre 10 y 13 millones de hablantes, de los cuales la mayoría se encuentra en el Perú. No obstante su predominio, esta lengua ha quedado subordinada en la mayoría de los contextos. Mannheim sostiene que "el español es hegemónico [...] [y su] dominio social es una realidad vivida cada día de la vida de todos los quechuahablantes" (1991: 81). Como veremos en el capítulo 1, a lo largo de la historia del Perú, quienes hablan esta lengua han tenido que enfrentar problemas socioeconómicos, violencia política y discriminación. A través del tiempo estos factores han puesto en tela de juicio la vitalidad del quechua, especialmente entre los jóvenes urbanos. No obstante, es poco lo que sabemos sobre las prácticas sociales y lingüísticas de esta nueva generación. El presente estudio se ocupa, así, de dos temas sensibles en las ciudades de Ayacucho y Arequipa: la vitalidad del quechua en las áreas urbanas; y el uso que la primera generación de jóvenes urbanos hace de esta lengua y de ciertas variedades lingüísticas mixtas.

En la primera parte de este capítulo analizo las principales construcciones teóricas de la sociolingüística que guían esta investigación: la formación de identidades, los mercados lingüísticos, el espacio y las redes sociales. En la segunda parte comento algunos estudios antropológicos y sociológicos sobre la migración en los Andes que sostienen que hay un continuo rural a urbano de espacios e identidades. El continuo es el concepto central que aplicaré a la situación sociolingüística hallada entre los jóvenes urbanos de primera generación en el Perú. Al final de esta texto revisaré las investigaciones académicas clave sobre el uso de la lengua quechua en las áreas rurales y urbanas, y presentaré los principales conceptos teóricos empleados para examinar el contacto lingüístico en el presente estudio.

La construcción de identidades y los mercados lingüísticos

En las últimas décadas, el estudio sociolingüístico del lenguaje y de la identidad dejó de medir la variación y el cambio de las lenguas con solamente variables sociales categóricas (esto es, raza, género, etnicidad) (*cf.* Labov 1972), para analizar más bien la fluidez de las variables sociales tal como se construyen en las interacciones (*cf.* Eckert 2000, 2008; Mendoza-Denton 2004, 2008). Este enfoque cae dentro de la "tercera ola" de estudios sobre la variación sociolingüística, que al analizar la lengua y la identidad, prioriza los significados sociales de las variables.

Numerosas investigaciones sobre el lenguaje y la identidad en la región andina peruana describen a personas y comunidades usando variables sociales terminantes: su estatus migratorio y profesional, esto es, migrantes, campesinos (*cf.* De la Cadena 1988; Paerregaard 1997); su raza y etnicidad: mestizos, serranos o mestizos indígenas (*cf.* De la Cadena 2000; Seligmann 2004); o por la lengua que hablan, por ejemplo, quechuahablantes (*cf.* Hornberger y King 2001). Siguiendo la tercera ola, examinaré la construcción de identidades entre jóvenes urbanos de primera generación como un proceso que se halla "abierto a la transformación, contextualmente derivada, y que emerge en la interacción" (Mendoza-Denton 2004: 490).

Es, por lo tanto, importante comprender cómo los hablantes usan distintos grados de español y quechua en diferentes interacciones para "indexar más de una identidad, o incluso para evitar alinearse con una sola de ellas" (Romaine 2011: 13). Para entender cómo las lenguas pueden emplearse de esa manera, podemos usar el concepto de *mercado lingüístico* (Bourdieu 1994) que indica que los "hablantes establecen [una relación], consciente o inconscientemente, entre el producto lingüístico ofrecido por un hablante caracterizado socialmente, y los otros productos ofrecidos simultáneamente en un espacio social determinado" (38). Los enunciados reciben valor en relación con el mercado, el cual depende de la competencia lingüística de los hablantes (1994: 67). El quechua y el español, o una mezcla de ellos, son considerados por lo tanto mercancías con "valores de mercado": tienen costos y beneficios que los hablantes evalúan y adaptan en sus prácticas lingüísticas cotidianas (Mufwene 2008: 224, 254). En Ayacucho y Arequipa, los jóvenes de primera generación pueden elegir hablar quechua y/o español dependiendo del valor que la lengua tiene en esa única interacción. Por tanto, cuando hablan quechua están "produciendo un *beneficio de la distinción* en cada intercambio social" (Bourdieu 1994: 55). El mercado lingüístico toma en consideración los valores que los hablantes asignan a distintos productos lingüísticos usando en este caso el quechua, el castellano o una mezcla de ambos, en un espacio social específico (1994: 38). El presente estudio sostiene que el valor del quechua queda definido por el espacio social de la interacción.

Espacios

En el Perú, existe desde la época colonial una dicotomía de espacios para el uso de las lenguas española y quechua (véase el capítulo 1). En la Colonia, quienes hablaban quechua eran identificados como indios que trabajaban la tierra, en tanto que los mestizos quedaron emparejados con la "civilización" urbana y la lengua española. Como terratenientes, los mestizos se beneficiaban con el trabajo indígena (Harris 1995: 364). Empero, esta separación espacial y racial se quebró en el siglo XX. Ya en la década de 1940, grandes grupos de "indios" —a los cuales se rebautizó como *campesinos*, como parte de la reforma agraria progresista de 1968— comenzaron a desplazarse de las zonas rurales a las urbanas, en busca de mejores oportunidades socioeconómicas y educativas (*cf.* Altamirano e Hirabayashi Ryo 1997).

Empero, esta dicotomía ha persistido en la lingüística, y los lingüistas la atribuyen a los desafíos que los migrantes enfrentan en los nuevos espacios urbanos (véase el capítulo 1). Se dice que el cambio lingüístico tiene lugar en las ciudades a medida que los migrantes sufren un dislocamiento geográfico/físico y cultural en nuevos entornos (Fishman 1991). Fishman explica que en un nuevo entorno, los migrantes pueden quedar "expuestos a una gama abrumadora de circunstancias no familiares y desequilibradas en el poder, lo cual hace que la conservación del lenguaje en la cultura resulte 'problemática'"

(1991: 57-58). En el Perú, esto es algo sumamente común en el caso del quechua. Mannheim (1991) describe la migración en este país como un proceso unidireccional, en el cual los migrantes reemplazan el quechua por el castellano en los espacios urbanos, puesto que están buscando alcanzar una movilidad ascendente. Según esta perspectiva, el quechua no generaría una mejora socioeconómica, que solo se alcanzaría migrando a la ciudad. Otros estudios argumentan que quienes hablan quechua sienten vergüenza de hacerlo fuera de los espacios rurales (Gugenberger 1990, 2005, 2007; Hornberger y Coronel-Molina 2004: 25). Por ello se dice que en la ciudad "ya no hay un espacio 'seguro' en el hogar, la comunidad o entre la familia en donde el quechua pueda usarse exclusivamente" (Hornberger y King 2001: 106). En la siguiente sección comentaré algunos estudios de antropología y sociología que analizan las complejas relaciones que existen entre los espacios rurales y urbanos y que indican que la migración no es un fenómeno unidireccional. La ciudad no puede, por ende, considerarse un único espacio de "movilidad ascendente" en donde se usa "exclusivamente" el español. En efecto, el presente estudio encuentra que las familias y los jóvenes conservan el quechua y otras variedades lingüísticas mixtas para "tener una ganancia" (Bourdieu 1994) en ciertos espacios y situaciones. Esto se detallará en los estudios de caso de los capítulos 3 y 4.

Britain (2008) afirma que en la sociolingüística, el espacio ha sido "tratado como un escenario vacío en el cual se representan los procesos sociolingüísticos" (603). Este autor propone tres tipos de espacios relevantes para los sociolingüistas: el espacio euclidiano; el espacio social; y el espacio percibido (véase el cuadro 1).

El presente estudio analiza cuidadosamente el papel que la "acción humana" tiene en determinar la lengua que los hablantes eligen en los "espacios sociales" (véase el cuadro 1) (Britain 2008: 604). Por ello, a diferencia de otros estudios de la lengua quechua en los Andes, en este nos concentramos en la relación que la juventud urbana tiene con distintos espacios, la que viene a ser una "fuerza agentiva" del uso del lenguaje (Blommaert et ál. 2005a, 2005b; Dong y Blommaert 2009). Siguiendo a Blommaert et ál. (2005a, 2005b), nuestro estudio examina los espacios como algo conectado por "escalas". Estas determinan cómo los "espacios se ordenan y organizan en mutua relación, estratificados y en capas, ingresando los procesos pertenecientes a una escala

Cuadro 1

ESPACIOS EN SOCIOLINGÜÍSTICA (BRITAIN 2008: 604)

1) *Espacio euclidiano*: el espacio objetivo, geométrico y socialmente divorciado de la matemática y la física.
2) *Espacio social*: el espacio configurado por la organización social y la acción humana, por la manipulación humana del paisaje, la contextualización de la interacción cara a cara, la erección del entorno construido, y por la relación que estos tienen con la forma en que el Estado se organiza y controla espacialmente el ámbito político.
3) *Espacio percibido*: la forma en que la sociedad civil percibe sus entornos inmediato y no tan cercano. Su importancia radica en que las percepciones y actitudes que la gente tiene del medio ambiente construyen y a su vez se ven construidas por la práctica cotidiana.

en los que forman parte de otra" (Blommaert et ál. 2005b: 203).[1] En otras palabras, los espacios no son accesibles a todos, y muchas veces hay un "'rango' de espacios particulares, y de las actividades y repertorios que son válidos en ellos" (2005b: 213). El presente estudio revela los espacios en donde el quechua tiene un "rango" más alto, al igual que las situaciones o "contextos" de su uso en las ciudades (véase Gumperz 1982).

En los Andes urbanos, distintos espacios pueden también "tener múltiples 'centros' que imponen distintos órdenes de indexicalidad a sus usuarios: distintos códigos y normas con respecto a qué se acepta como un comportamiento semiótico 'correcto', 'bueno', 'marcado', 'inesperado', 'normal' y 'especial'" (Blommaert et ál. 2005a: 207). La existencia de múltiples centros, o el policentrismo de los espacios, tiene implicaciones para el uso del lenguaje y de lo que los autores llaman el *régimen de interacción*, esto es "un conjunto de expectativas de comportamiento referidas a la conducta física y que incluye

1. Blommaert et ál. (2005b) examinan las escalas y sus procesos de fijación en el Análisis de Sistemas Mundiales – ASM (por su sigla en inglés; Wallerstein 1983, 2000, 2001). En el ASM se entiende el mundo en función de la producción y el intercambio entre centros, semiperiferias y periferias (2005b: 201).

la lengua" (2005a: 212). Estos autores sostienen que en la sociolingüística, la fuerza del espacio solo resulta evidente en la investigación etnográfica, que es el enfoque metodológico que empleamos en el presente estudio.

Redes sociales

En la sociolingüística, el estudio de las redes sociales puede permitirnos conocer cómo en distintas comunidades, ciertas lenguas se mantienen, evolucionan o desaparecen (Milroy 2002). La red social de una persona queda definida como "el total de relaciones contraídas con otros" (2002: 449). Las redes pueden constar de lazos de apoyo fuertes (densos y múltiples) y/o débiles (2002: 550). Por ejemplo, si los lazos de las redes de la familia inmediata son particularmente fuertes, ello podría estar indicando que el hogar es un espacio de conservación de la lengua; en cambio, allí donde son débiles, podría darse un desplazamiento lingüístico (2002: 558). Además, cuando los lazos de las redes extensas establecidos entre amigos, vecinos y compañeros de trabajo son fuertes, el uso de la lengua podría también impregnar las actividades que esos grupos llevan a cabo. Las redes se consideran desde el punto de vista de una sola persona: el ego (Milroy 1987: 46). El examen de las redes sociales de la primera generación de jóvenes urbanos resulta importante porque su uso del español y del quechua podría estar vinculado a distintos espacios de la sociedad a partir de sus lazos sociales. Aquí este grupo de jóvenes conforma el ego. Este estudio considera los lazos de primer orden de la red de ego (v. g., la familia inmediata), o las personas con las cuales este interactúa directamente, como lugares de posible uso del quechua. Para comprender el uso de la lengua también se examinan los lazos de segundo orden (v. g., los amigos) o los lazos indirectos de ego (véase el capítulo 2).

Estudios anteriores de los Andes explican que, en la ciudad, los migrantes de áreas rurales conservan redes sociales fuertes viviendo en el mismo barrio que otros que provienen de la misma región. En consecuencia, las comunidades de migrantes fortalecen sus lazos con su lugar de origen (*cf.* Golte y Adams 1987; Altamirano y Hirabayashi Ryo 1997; Paerregaard 1997, 2003). En la ciudad, las prácticas culturales de los migrantes refuerzan estas redes rurales/urbanas/internacionales. Por ejemplo, Ødegaard (2010) describe cómo el sistema de compadrazgo desempeña un papel importante de apoyo entre las familias de migrantes en los pueblos jóvenes de Arequipa.[2] Otro ejemplo son los numerosos clubes y asociaciones de migrantes en Lima, Arequipa y Estados Unidos, que organizan distintas actividades sociales y culturales (v. g., en Patterson, Nueva Jersey) (*cf.* Altamirano 2000; Ávila 2003).[3] Las redes son, de esta manera, vigorosos recursos sociales, económicos y culturales para los migrantes en su nuevo entorno. Aunque quienes participan en el presente estudio no son migrantes, sus padres sí lo fueron y se construyeron una casa en la ciudad. De este modo, las relaciones de estos jóvenes con personas cuyos antecedentes culturales y lingüísticos son similares a los suyos pueden influir en su elección del lenguaje en ciertos espacios e interacciones, lo que nos permitirá comprender de qué manera tanto los espacios como las redes sociales desempeñan un papel en el uso del quechua en los centros urbanos.

Enfoques antropológicos y sociológicos de la migración y la identidad

Los antropólogos y sociólogos han llevado a cabo una plétora de investigaciones sobre las características culturales y socioeconómicas de las comunidades andinas, concentrándose en particular en la migración y las redes urbanas. Tomé prestados de la antropología y la sociología los conceptos del espacio y la migración en los Andes, a los cuales paso revista en la sección "Factores sociales que influyen en el uso de la lengua quechua", tras lo cual examino, en el acápite posterior "El quechua fuera de las áreas rurales", la identidad, la cultura y la lengua en este continuo.

El continuo rural/urbano

A diferencia de muchos estudios sociolingüísticos previos sobre la migración en el Perú, las investigaciones antropológicas y sociológicas sostienen que ella

2. El sistema de compadrazgo es el ritual mediante el cual se elige a una comadre/compadre y madrina/padrino para la criatura. La relación comadre/compadre dura toda la vida y se inicia al bautizarse el niño.

3. Las redes sociales también son útiles en materia económica. En el Perú, quienes migran a Lima o al extranjero envían frecuentemente dinero a sus parientes y amigos (*cf.* Altamirano 2006).

es un proceso a través del cual personas y comunidades conservan complejas relaciones multidireccionales con sus lugares de origen (*cf.* Matos Mar 1966; Golte y Adams 1987). En consecuencia, ya no nos encontramos solo con hacendados hispanohablantes en los espacios urbanos y con campesinos quechuahablantes en los ámbitos rurales. Como veremos, en los Andes hay muchos prototipos rurales y urbanos.

Paerregaard (1997) estudió la migración desde el pueblo de Tapay (en el departamento de Arequipa) hasta las ciudades de Arequipa y Lima, y clasifica a los migrantes según la relación que mantienen con su lugar de procedencia. Distingue así entre i) *migrantes desertores*, los que han abandonado su pueblo y no tienen contacto alguno con él; ii) *migrantes visitantes*, los que viven en otro lugar pero regresan a menudo; y iii) *migrantes retornados*, los que vuelven a residir en su pueblo luego de una ausencia prolongada (21-22). Según este autor, la "migración es un proceso que la gente puede recorrer a lo largo de su vida" (21).

De otro lado, sobre la base de su estudio de la ciudad de Huancayo, De la Cadena (1988) clasifica a los migrantes según su clase social y ocupación, y describe los siguientes prototipos: i) *migrantes acomodados*, los que invierten la mayor parte de su ingreso en su chacra. En esta categoría, el padre trabaja en ella y los hijos asisten a la escuela en la ciudad; ii) *campesinos migrantes promedio*, los que obtienen la mayor parte de su ingreso en la ciudad y planean vender eventualmente su chacra. En esta categoría tanto los padres como los hijos trabajan para mantener a la familia; y iii) *campesinos migrantes pobres*, los que venden los productos de su chacra para ganarse la vida y también comercian la tierra, pero deben muchas veces usar su cosecha para el autoconsumo (33). Esta autora señala, asimismo, la diversidad de redes sociales que los campesinos tienen en las ciudades. Pueden, por ejemplo, asistir a la universidad y tener contacto con otros universitarios, en tanto que los analfabetos pueden tener parientes que se dedican a escribir para ganarse la vida (43). Aunque el estudio de De la Cadena no brinda información sobre las identidades lingüísticas y culturales, describe a Huancayo como una ciudad con muchas identidades mixtas rurales y urbanas, al punto que tratar de identificar a las personas resulta "muchas veces irrelevante" (44). Debemos, por ende, considerar toda la gama de profesiones que las familias pueden tener en la ciudad y su dependencia de las áreas rurales y urbanas para contar con esos trabajos.

Otros estudios sostienen que las conexiones rurales y urbanas de los campesinos existen desde el siglo XX. Sørensen (2002) examina las relaciones sociales y económicas entre las áreas rurales y la ciudad de Huancayo surgidas desde comienzos del siglo XX. Esta autora plantea que, en los Andes, el concepto de *subsistencia móvil*, o "las diversas prácticas involucradas en 'ganarse el sustento', así como las relaciones sociales usadas para hacer que la subsistencia sea posible [...]", capta con mayor precisión el movimiento rural y urbano (9). Huancayo es nuevamente considerada una ciudad tanto rural como urbana, y Sørensen se pregunta si estos dos espacios pueden "constituir uno solo" (25). Junto con De la Cadena, llega a la conclusión de que sí. Sin embargo, esta idea deja de lado las numerosas tensiones y discriminaciones que hay aún en el Perú hacia esos espacios, como luego veremos. Debemos por ello preguntarnos: ¿los espacios urbanos y rurales conforman realmente un solo espacio?, ¿no hay, acaso, espacios urbanos que no dan la bienvenida a ciertas prácticas culturales y lingüísticas, como hablar en quechua? Los estudios mencionados no se ocupan de este aspecto y de su posible impacto sobre las prácticas sociolingüísticas.

Por otro lado, la investigación que Ødegaard (2010) hizo de los migrantes de áreas rurales en Jerusalén, un pueblo joven de Arequipa, analiza la estratificación social en las ciudades andinas. Ella sostiene que para esas personas, "la ciudad y el campo siguen constituyendo un lugar de la diferencia, al mismo tiempo que los límites entre ambos se hacen cada vez más inestables" (37). Según su estudio, la población rural ha migrado a la ciudad en busca de mejores oportunidades económicas y de "progreso", pero en ella ha descubierto "una recreación de las periferias y los centros, o nuevas dinámicas de marginación" (8-9). Por ejemplo, en Jerusalén las personas miden el éxito o el progreso en función de dónde se vive y si los hijos asisten al colegio más cercano al centro de la ciudad. Esta jerarquización de los espacios es relevante para nuestro estudio, porque, como veremos, los jóvenes urbanos pueden emplear el quechua, el castellano o una mezcla de ambos, dependiendo de dónde se encuentren en la ciudad. Ødegaard no incluye, empero, un análisis del uso del lenguaje según esta jerarquía de espacios urbanos. En sus observaciones y entrevistas, ella halló que el quechua está desapareciendo entre los jóvenes, pero que sigue teniendo un vigoroso papel entre los adultos y ancianos, quienes lo emplean entre sí y en sus transacciones en el mercado (2010: 73). Los padres la ven, no obstante, como "una lengua de su pasado rural que no es particularmente útil para el futuro o el *progreso* de los hijos" (72). Esta opinión también aparece en el presente estudio y la examinaremos en el capítulo 4. Aunque en Jerusalén, el espacio es considerado un elemento definidor de la identidad y del *progreso*, los mundos rurales y urbanos parecen estar en conflicto y ser "inestables". Debemos, asimismo, analizar la realidad sociolingüística de cada ciudad, considerando que puede ser distinta en cada caso.

Identidad, cultura y lenguaje en el continuo rural/urbano

Las nuevas características demográficas de los Andes han contribuido a cambiar la dinámica cultural y lingüística del continuo arriba descrito (*cf.* Paaregaard 1997, 2003; De la Cadena 2000; Seligman 2004). Por ejemplo, hoy la población de Lima y de los Andes urbanos disfruta tanto con los tradicionales huaynos como con ritmos globales (Turino 2008; Ferrier 2010). También habla un español andino, que es una variedad de español influida por el quechua (Cerrón-Palomino 2003; Escobar 2007). En esta sección pasaré revista a varios estudios antropológicos y sociológicos que han analizado la dinámica de dichas fusiones.

Según algunas investigaciones, las poblaciones de origen rural que viven en ciudades abandonan algunas de sus tradiciones, conservan otras y a veces las mezclan con tradiciones urbanas. Por ejemplo, Reynaga (1996) investigó la vida en Ayacucho cuando la ciudad se "ruralizó" aún más debido a la gran migración proveniente sobre todo de las provincias circundantes. Este autor asegura que en Ayacucho, las poblaciones rurales siempre tuvieron un vínculo con la ciudad, pero que este se fortaleció significativamente al iniciarse el conflicto armado interno (en la década de 1980). En consecuencia, "cada espacio asimila elementos culturales del otro y también se producen mixturas" (Reynaga 1996: 50). Esto incluye la conservación de tradiciones rurales en espacios urbanos, como la minka (trabajo recíproco); la artesanía; la crianza de animales menores en casa; la cocina con leña como combustible; el consumo de ciertos platos (v. g., *hueqo* o picante de habas verdes, *chuño pasi* o chuño sancochado en aderezo especial, y *teqte* de calabaza, un guiso o picante de calabaza); la celebración de algunas fiestas (v. g. el carnaval umarino) y la medicina tradicional (como hierbas para tratar enfermedades) (50-51). Sin embargo, la misma autora menciona que algunas tradiciones han desaparecido, entre ellas, la de los *varayoq*, una organización política nativa.[4] Otras costumbres que parecen estar desapareciendo en la ciudad son las de usar utensilios y platos de arcilla y de madera, así como la de vestir polleras. Reynaga observa, además, un mayor paso al español porque "el quechua no les sirvió [a los migrantes] para insertarse en la ciudad ni para comunicarse con los funcionarios de las diferentes instituciones" (39). Aunque esta autora proporciona información importante sobre Ayacucho, una de las ciudades examinadas en esta investigación, no da ejemplos específicos de cómo los elementos culturales se han combinado en el caso de migrantes recientes. Solo explica que ciertas tradiciones y hábitos culturales son preferidos a otros en esa ciudad.

Mientras que los estudios arriba mencionados se ocupan del abandono de algunas tradiciones rurales y de la conservación de otras, Paerregaard señala que las identidades urbanas y rurales se encuentran ahora "entrelazadas" en la ciudad (1997: 3). Esto resulta evidente en la reinvención que los migrantes que provienen de Tapay han hecho de ciertas prácticas culturales de su pueblo en las ciudades de Arequipa y Lima, como danzas y fiestas (v. g., la fiesta de La Candelaria y las danzas tradicionales *qamile* y *wititi*) y festivales musicales, "reproduc[iendo] y transforman[do] su cultura andina" (1997: 273). Aunque esta reinvención asume distintas formas en Arequipa y en Lima, el quechua no queda incluido en ella.[5] Paerregaard no explica por qué los partidos de fútbol y las fiestas sí se reinventan en los espacios urbanos, mas no así esta lengua. Y una vez más alude a los sujetos de su estudio como migrantes y no como pobladores urbanos.

Por otra parte, varios estudios etnográficos han analizado las identidades urbanas en la ciudad de Cuzco, enfatizando las identificaciones raciales y las prácticas culturales mixtas. De la Cadena (2000) examinó las clases y las prácticas culturales mixtas en un estudio de los cuzqueños de clase trabajadora que se identifican como mestizos indígenas, o "personas alfabetas y económicamente exitosas que comparten prácticas culturales indígenas, pero que aún no

---

4. Los *varayoq* eran autoridades que se rotaban anualmente, cuyo símbolo de poder eran una varas (véase Larson 1999: 622).

5. Por lo tanto, cuando los migrantes de segunda generación llegan a Tapay a visitar a sus abuelos y demás parientes, no pueden entenderse mutuamente, creándose así una brecha lingüística y cultural intergeneracional (Paerregaard 1997: 78).

se perciben a sí mismos como miserables, condición esta a la que consideran 'india'" (6). Los cuzqueños están involucrados en un proceso de "desindianización", en el cual "borra[n] las identidades fijas abriendo la fluidez de la indianidad o la mesticidad, y estas identidades emergen en la interacción" (6). Por lo tanto, la población urbana todavía puede conservar ciertas tradiciones que considera indígenas, escapando así de la degradación social y socioeconómica que la llamada clase "india" enfrenta.

Parecería que esta interpretación es relevante para un grupo específico de cuzqueños que siente que ciertas tradiciones indígenas, como la danza en comparsas, han quedado estigmatizadas como "indias" (30). Asimismo, no queda claro por qué ocurre esto y no hay mención alguna del vínculo que los cuzqueños mantienen con los espacios rurales y del uso que los participantes hacen del quechua. En nuestro estudio anterior, De la Cadena (1988) deconstruyó las identidades campesinas y mostró que algunos campesinos que han migrado a la ciudad son bastante prósperos (véase la sección anterior). Sin embargo, ese trabajo no se concentra en la raza. En mi estudio no se menciona la raza como parte de la identidad; la fluidez de la identidad urbana es entendida como la forma en que los jóvenes se desplazan entre espacios rurales y urbanos.

Siguiendo a De la Cadena, Seligmann (2004) también analizó las identidades racial y cultural de quienes viven en la ciudad de Cuzco. Esta autora halló que las vendedoras de mercado de la primera generación urbana no se identifican "ni como indias quechuas y decididamente tampoco como mestizas hispanas" (15). A diferencia de De la Cadena, Seligmann explica que si bien otras personas llaman "cholas"[6] a estas mujeres, ellas se autodenominan "mestizas". Para estas mestizas, la lengua y la vestimenta quechuas forman parte de la identidad urbana de las vendedoras de mercado. No parecería, por ello, existir la misma tensión en este grupo de cuzqueñas que en aquel que De la Cadena describe. En la ciudad del Cuzco encontramos así unas complejas identidades raciales y culturales; no hay, empero, ninguna mención del vínculo de estas personas con otros espacios, razón por la cual se ignora si alguna de las preferencias culturales y lingüísticas señaladas guardan relación con su

6. Seligmann (2004) analiza la complejidad de la palabra "cholo" en el Perú (117). Puede ser un vocablo peyorativo o se lo puede usar para describir la forma como las mujeres se visten, al igual que la ocupación y los lazos que establecen.

participación en redes sociales más allá de los mercados urbanos y de otros espacios citadinos.

Los estudios antropológicos y sociológicos anteriores deconstruyeron los procesos migratorios, la identidad de los migrantes y las prácticas culturales en ciudades andinas del Perú. Ellos revelaron que la migración no es un movimiento unidireccional, y que los campesinos pueden sostener prácticas económicas vinculadas tanto con el campo como con la ciudad. Concluyeron, entonces, que, gracias a estos procesos, hay una combinación de las culturas rural y urbana. Sin embargo, quedan las preguntas de quién define qué tradiciones son rurales y cuáles son urbanas (De la Cadena 2000) y qué es exactamente una cultura urbana. Por otro lado, el grado y la duración del contacto entre ambas áreas han provocado un cambio en muchas prácticas culturales del ámbito rural, lo que puede explicar, por ejemplo, la preferencia que los niños del campo sienten ahora por la televisión, que ha desplazado a las tradicionales adivinanzas en quechua (*cf.* Altamirano 2000; Trinidad 2002; Allen 2011).

Uso del lenguaje y contacto lingüístico en los Andes

Son pocos los estudios etnográficos arriba mencionados que analizan la dinámica del uso de las lenguas quechua y española a través del continuo rural/urbano. Para comprender mejor los factores sociales y lingüísticos que favorecen el uso del quechua y del español en el Perú, presentaré en esta sección los estudios lingüísticos que se han realizado sobre el tema. Luego, en los capítulos 3 y 4, examinaré el contacto lingüístico en los Andes y las construcciones teóricas clave usadas para analizar el uso de la lengua entre los jóvenes urbanos de primera generación.

Factores sociales que influyen en el uso de la lengua quechua

En los Andes, no encontramos con una situación de uso universal del quechua, especialmente en las comunidades rurales. Existen diversos factores sociales y lingüísticos que influyen en la vitalidad de esta lengua, entre ellos, los ámbitos lingüísticos y los interlocutores. La mayoría de los estudios sociolingüísticos del quechua se han concentrado en la planificación lingüística con fines educativos (véase el capítulo 1).

Investigaciones anteriores hallaron que solo se habla quechua en ciertos espacios, con interlocutores específicos y en temas determinados. Hornberger (1988, 1991) describe el caso de dos comunidades rurales en Puno donde el quechua y el español se usan de manera complementaria (relación diglósica), dependiendo del destinatario, la finalidad y el lugar de la interacción. Para describir estos ámbitos lingüísticos, esta autora propuso el modelo de *ayllu*, que define como una "comunidad no nucleada que puede formar parte, total o parcialmente, de un *ayllu* quechua tradicional", conformada por "hogares dispersos dentro de cierta área geográfica [...] definida tanto por los lugares sagrados que se encuentran a la vista de, y delimitan a, la zona física, como por el parentesco genealógico y territorial de sus integrantes" (Hornberger 1991: 141).

En este contexto rural siempre se habla quechua en el ámbito, denominado del *ayllu*, de la comunidad/familia/hogar (miembro a miembro), y español en las interacciones de los miembros con forasteros que tienen lugar fuera del *ayllu*, como la sede distrital y el colegio cuando hay clases. Por otro lado, en el ámbito de la *comunidad*[7] hay una disparidad en las relaciones y entornos de los roles; se puede hablar tanto español como quechua en relaciones de rol entre miembros y forasteros, dependiendo de una serie de factores, como la competencia lingüística del hablante, la claridad del ámbito (*ayllu* o no *ayllu*) y las opciones lingüísticas individuales (1991: 141-143, 147). Este estudio etnográfico presenta muchas observaciones importantes de factores situacionales, tal como queda detallado en el modelo SPEAKING (véase Hymes 1974), esto es, competencia lingüística, entorno, relaciones de rol y hechos discursivos, que influyen en los ámbitos lingüísticos quechuas en dos comunidades rurales.[8] La cuestión del ámbito lingüístico se hace más compleja al analizar el uso de la lengua quechua en espacios urbanos en donde no existe el *ayllu*.

---

7. El ámbito de la comunidad está presente cuando sus miembros "funcionan juntos como una comunidad en el sentido en que la sociedad peruana más amplia define dicho concepto" (Hornberger 1991: 148). Incluye, por lo tanto, dónde se juntan los miembros de la comunidad y los forasteros para llevar a cabo ciertos eventos fuera de la comunidad tradicional.

8. Hornberger (1988: 12) incorpora la formulación SPEAKING de Hymes (1974: 53-56): S: entorno [*setting*]/escenario [*scene*]; P: participantes [*participants*]; E: fines [*ends*] (tanto los resultados esperados como las metas latentes); A: acto [*act*] (tanto la forma del mensaje como su contenido); K: clave [*key*] (el tono y la forma); I: instrumentalidades [*instrumentalities*] (canales y formas: lenguaje, dialecto, variedad, código, estilo);

Por otro lado, Sichra (2003) halló que los factores que más influyen en la vitalidad de la lengua quechua en dos comunidades rurales de Cochabamba, Bolivia, son las situaciones lingüísticas y la capacidad lingüística del hablante. Así, identificó seis tipos de hablantes quechuas que difieren en función de su capacidad lingüística y de siete situaciones sociales en Cocapata (Ayopaya), una comunidad aislada y cerrada, y Pojo (Carrasco), una comunidad abierta cuyos integrantes mantienen relaciones con personas de afuera (238). Las situaciones de habla son sumamente complejas y dependen de factores sociales adicionales, como, por ejemplo, de si las conversaciones tuvieron lugar en el pueblo o fuera de él, de los participantes que estaban presentes y del tema y la intención de los hablantes (242). En Cocapata se usa el castellano sobre todo en situaciones sociales que se dan fuera del grupo de pertenencia, en la feria y cuando se habla con representantes en el centro del poblado (244), en tanto que el quechua se emplea exclusivamente en situaciones que ocurren en su interior. En Pojo, en cambio, la lengua depende más de la competencia que las personas tienen en ella y de su relación con sus interlocutores; el español se emplea en conversaciones familiares privadas y se reserva el quechua para las que se entablan entre amigos (250). Este estudio muestra varios factores sociales y aspectos lingüísticos (la variación, los préstamos y el cambio de código lingüísticos) necesarios para comprender la compleja dinámica del empleo del lenguaje en las comunidades rurales. Sichra presenta una mayor complejidad al establecer el uso de la lengua quechua en las áreas rurales, introduciendo situaciones sociales en lugar de los ámbitos empleados por Hornberger (1988). También muestra que debemos incluir en el análisis la competencia que los hablantes tienen en quechua y español para comprender mejor las posibilidades del uso de la lengua en distintas interacciones.

Otros estudios sobre el quechua en el campo analizan los factores sociales fuera de la comunidad rural. En uno más reciente, Zúñiga (2009) describió el uso de esta lengua en comunidades de Ayacucho, Cuzco, Huancavelica y Abancay, con miras a una planificación educativa. Ella reveló tres contextos bilingües que muestran distintos grados de uso del quechua: i) tipo A: el quechua predomina y se lo prefiere, pero los miembros de todas las edades hablan

---

N: normas [*norms*] (interacción e interpretación); G: géneros [*genres*] (poemas, mitos, conversación, comercial, conferencia, editorial y oración).

un español principiante; ii) tipo B: una comunidad bilingüe en la cual prevalece el quechua, pero donde la mayoría de la población sabe castellano debido al amplio acceso a la televisión y radio en dicha lengua. La cercanía de una comunidad a una carretera también influye en su contacto con el castellano, puesto que muchos forasteros que lo hablan pasan por el pueblo; iii) tipo C: una comunidad bilingüe en donde se está dando una pérdida perceptible del quechua a lo largo de las generaciones, y en la cual solo una tercera parte de los miembros lo habla como primera lengua; los abuelos hablan poco español, en tanto que los adultos son bilingües y frecuentemente cambian de código. En esta comunidad, los jóvenes a menudo viajan a la ciudad, donde hablan más español, pero cuando regresan, siguen hablando quechua (55-59). El uso del castellano en estas comunidades rurales guarda relación con factores externos, como la televisión en esa lengua, las carreteras que comunican con los centros urbanos y el desplazamiento de ida y vuelta de los jóvenes a las ciudades. Este estudio indica que las influencias externas afectan la vitalidad del quechua, pero no presenta información específica sobre cómo repercuten en el uso de la lengua española.

Para medir la vitalidad del quechua, los lingüistas también se han enfocado en la ubicación de las comunidades rurales y en su grado de orgullo lingüístico. Sánchez (2003) menciona los datos provenientes de encuestas sobre el contacto lingüístico (estructuras sintácticas comparativas) en Ulcumayo y Lamas, dos comunidades rurales del Perú. En Ulcumayo hay una gran comunidad bilingüe, mas no un programa educativo de ese tipo. En Lamas, una comunidad quechuahablante aislada en la región de Amazonas, hay una pequeña población que habla esta lengua, la cual cuenta con un programa educativo bilingüe y está muy orgullosa del quechua lamista. Se ignora, empero, cómo se midió su orgullo. Rindstedt y Aronsson (2002) también hallaron en los Andes ecuatorianos, que el orgullo sentido por el quichua podía revitalizar la lengua. Ellas señalan la paradoja de que existen niños en el Ecuador rural que no hablan quichua, a pesar de que sus padres y abuelos son bilingües y tienen una vigorosa ideología proquichua. Los abuelos hablan un quichua *puro puro*, sin mezcla alguna, en tanto que los padres frecuentemente mezclan las lenguas (731). Los niños saben algunas pocas palabras y comandos rutinarios en quichua, y sus padres creen que eventualmente lo aprenderán cuando terminen la escuela y se casen (739). En nuestro trabajo no se halló que el orgullo étnico quichua/quechua sea relevante para los jóvenes, puesto que ellos se identifican con la ciudad de donde provienen y no con las lenguas que hablan.

Los estudios señalados encontraron numerosos factores sociales y lingüísticos que debemos considerar para comprender la vitalidad que el quechua posee en los espacios rurales. Estas investigaciones enfatizan la capacidad lingüística de los hablantes, el ámbito del lenguaje, los interlocutores y el tema de conversación. Muchas también comparan regiones sobre la base del uso del quechua y/o el orgullo étnico. Sin embargo, ninguna analiza el empleo de esta lengua en las esferas rurales según la conexión de estos espacios con esferas urbanas.

El quechua fuera de las áreas rurales

Como ya indicamos, no hay estudios sociolingüísticos que vinculen las áreas rurales y urbanas como un continuo de uso del lenguaje. Los sociolingüistas consideran que el quechua es una lengua amenazada en las áreas urbanas (Hornberger y King 2001), y relacionan este hecho con las cambiantes preferencias culturales, especialmente entre los jóvenes. Hornberger y Coronel-Molina (2004) mencionan que en las ciudades, los jóvenes migrantes hablan español y solo escuchan música en lenguas que no son indígenas, indicando que "esta nueva generación urbana se encuentra en proceso de construir una nueva identidad en la cual el castellano y el inglés, así como otras lenguas extranjeras, son más prominentes que el quechua" (18). Sin embargo, estos supuestos no tienen en cuenta los cambios culturales y lingüísticos que ocurren en las comunidades rurales, tales como la preferencia que los jóvenes muestran por el rock en quechua (véase Huber 2002).

Estudios anteriores se concentraron en el paso al castellano entre la juventud de los pueblos jóvenes de Lima y Arequipa formados por migrantes. En su tesis doctoral, Adams (1980) analizó el uso de la lengua quechua y el surgimiento de una subcultura quechua en varios pueblos jóvenes de Arequipa. Halló así que el español era la lengua franca de esos lugares, pero debido fundamentalmente a que sus habitantes hablaban tanto aimara como quechua. En estos asentamientos, el empleo del quechua depende en gran medida de los interlocutores; los amigos y parientes lo emplean, pero los padres hablan con sus hijos en castellano. Los espacios son asimismo importantes en un pueblo joven: el quechua se emplea entre parientes y amigos en los mercados, calles, tiendas, partidos de fútbol y durante las asambleas bisemanales (205). Adams sostiene que probablemente no hay una variedad urbana del quechua en Arequipa porque muchos de sus cambios se dieron en la sierra. Sin embargo, no brinda más información sobre dichas transformaciones, y es además probable que la situación en Arequipa haya cambiado desde que se publicara su investigación.

En un estudio más reciente de Arequipa, Gugenberger (2005) usó datos provenientes de encuestas y entrevistas para analizar los factores que influyen en el uso del quechua. Halló así que la gente considera a Arequipa una ciudad criolla y un símbolo de la modernidad, el progreso y la superioridad social, en tanto que el quechua se encuentra asociado con la niñez y la vida que uno tuvo en los Andes (114). Esto hizo que quedase limitado a ciertos espacios de los pueblos jóvenes de Arequipa: i) la familia, ii) el barrio, y iii) fuera del barrio. En el primero, padres y abuelos hablan entre sí en quechua, pero los adolescentes solo se comunican entre ellos en castellano. En el barrio, el segundo espacio, se habla quechua con los vecinos, compadres y comadres en fiestas y faenas. El tercer espacio alude a los que caen fuera del barrio. En ellos se puede hablar quechua con los "amigos paisanos" o con la gente que parece ser de la sierra; en todas las demás ocasiones se usa español (116, 119). Los usos del quechua resultan ser así sumamente limitados, y parecería que solamente se le emplea entre adultos.

Gugenberger subraya que el quechua se está perdiendo en Arequipa. Solo se lo conserva "en espacios protegidos [...] donde nadie nos escucha" (121). También halló una falta de unidad y de sentimiento de comunidad entre los quechuahablantes de esta ciudad, lo que no favorece la conservación de la lengua como parte de una identidad migrante colectiva (116). Aunque Gugenberger fue testigo del desplazamiento lingüístico en esta comunidad, es poco lo que se ha explorado sobre los factores sociales que generaron dicho desplazamiento. En otras palabras, ¿por qué los habitantes de este pueblo joven se mudaron a Arequipa?; ¿qué aspiran alcanzar allí?; ¿qué conexiones mantienen con su pueblo natal?

En el caso de ciudades más grandes, como Lima, la capital del Perú, contamos con información limitada pero reciente sobre las prácticas lingüísticas quechuas. No obstante, la mayoría de las investigaciones indican que se está dando un rápido paso al español. Myers (1973) halló que en dos pueblos jóvenes de Lima, los migrantes quechuahablantes conservaban esta lengua bajo ciertas circunstancias, especialmente en entornos privados con personas a las que conocen. Sin embargo, el quechua no era necesario para estas comunidades (54).[9] En un estudio más reciente, Sánchez (2003) encontró que en San Juan de Miraflores, un gran distrito de Lima, niños y jóvenes cuentan con una limitada capacidad productiva quechua, y solamente usan palabras y frases aisladas en esta lengua.[10]

A diferencia de estos estudios, Howard (2007) reconoce que en los Andes, la migración ha creado una situación sociolingüística dinámica. Ella halló, en entrevistas realizadas con hablantes quechuas de todo el Ande, que la migración tiene un movimiento circular en la región que influye en el lenguaje de modo tanto positivo como negativo: "La migración afecta la biografía lingüística del individuo: las lenguas (sobre todo las nativas) se abandonan, se olvidan, se sueñan, se recuperan, y se redescubren, en el transcurso de una sola vida, o en la transición de una generación a otra" (111). Como ya se indicó en las secciones anteriores, esta noción se hace eco de muchos de los mismos resultados alcanzados en los estudios andinos con respecto a las prácticas culturales de los migrantes. La investigación llevada a cabo por Howard es uno de los primeros estudios lingüísticos que reconoce el modo en que la dinámica de la migración contribuye a la formación de una identidad lingüística en los Andes. Aunque su estudio intenta vincular la lengua con los patrones migratorios circulares andinos, los datos provienen de breves narrativas de entrevistas y no muestran el uso del lenguaje en contextos de interacción cotidiana. Es más, es posible que haya otros factores sociales presentes en cada país andino que alientan la conservación de una lengua o su desplazamiento. Por ejemplo, en Bolivia hallamos evidencias adicionales que sugieren que el movimiento de

---

9. Sin embargo, Myers advierte que sus resultados no tienen como base el uso real de la lengua sino solo el reportado.

10. Aunque no hay información sobre los padres, Sánchez menciona que 14 de los hijos (de los 36 de la muestra) tienen padres bilingües que se dirigen a ellos solo en castellano, en tanto que siete lo hacen en ambas lenguas. Sus hermanos hablan solamente en español y las abuelas se dirigen en quechua y castellano a los niños (a ocho de ellos en español, a cuatro en quechua y a seis en ambas lenguas) (77).

las personas entre los espacios rurales y urbanos también refleja su distinto uso de diferentes lenguas.[11]

Este fuerte contacto entre poblaciones rurales y urbanas tuvo como resultado muchos cambios lingüísticos, tanto en el castellano como en el quechua. El presente estudio incluye un análisis del habla de los jóvenes en quechua y español, para comprender las nuevas variedades lingüísticas que se usan en las ciudades. Por lo tanto, describiré a continuación unas características importantes del contacto halladas en los estudios de caso de este libro.

El contacto lingüístico en los Andes peruanos

El quechua ha estado en contacto lingüístico desde la invasión española, pero la intensidad de dicho contacto se incrementó en el tardío siglo XX (Escobar 2011b). El creciente contacto lingüístico llevó a la difusión del dialecto del español andino en dicha época (Escobar 2007, 2011a), al igual que al surgimiento de variedades de lenguas mixtas del quechua y español como, por ejemplo, media lengua, una variedad que se habla en Ecuador (Muysken 1981, 1996; Shappeck 2011). Nuestro estudio se ocupa no solo de la construcción de una identidad urbana entre los jóvenes que viven en las ciudades, sino también de las características lingüísticas de su habla.

Sichra examina la situación lingüística en los Andes bolivianos, donde el quechua y el español son "[d]iferentes grados de un continuo cuyos dos extremos son el castellano y el quechua de regiones alejadas" (2003: 112). Es, por lo tanto, posible que el quechua puro solamente se hable en regiones remotas donde hay poca influencia del español, y que la versión estándar de esta lengua represente el otro extremo lingüístico usado en la mayoría de los centros urbanos. De este modo, el espacio geográfico también viene a ser un factor importante en el estudio de la intensidad del contacto lingüístico en los Andes.

Independientemente de la ubicación de la comunidad quechuahablante y de su contacto con las zonas que hablan español, los lingüistas encontraron

11. En La Paz, Bolivia, Albó (1997) halló que los hablantes aimaras, a los que llamó "residentes de La Paz", se desplazan de ida y vuelta entre los centros rurales y urbanos, y que su "comportamiento lingüístico refleja esta ambigüedad cultural" (120). Este autor encontró que los campesinos tienen lealtades culturales y lingüísticas, pero en su estudio no muestra ningún ejemplo de cómo se conserva el lenguaje.

que una gran cantidad de préstamos hispanos han entrado al quechua. En lingüística se ha usado el tipo y la intensidad del contacto entre las lenguas para medir el grado de efectos lexicales y estructurales sobre una de ellas. La escala de préstamos de Thomason y Kaufman (1988) clasifica distintos niveles de contacto lingüístico y la influencia que este ha tenido sobre el lexicón y la estructura de la lengua.

Para Thomason y Kaufman, la conservación del lenguaje (por oposición al desplazamiento lingüístico) se da en una situación de contacto de tipo préstamo.[12] La conservación de la lengua es descrita como "la preservación que una comunidad de hablantes hace de su lengua nativa de una generación a otra" (Winford 2003: 11). En situaciones de conservación del lenguaje podemos también encontrar el cambio de código, o el uso de dos lenguas en un mismo discurso en el cual los hablantes emplean sus recursos lingüísticos para "dar voz a sus múltiples identidades" (Fought 2006: 22). El cambio de código se da cuando los hablantes alternan códigos en un mismo hecho de habla, dentro de un solo turno, o cuando dos códigos se usan en un mismo enunciado (Winford 2003: 103). Hay, sin embargo, escaso consenso entre los lingüistas en lo que respecta a las fronteras entre el cambio de código y los préstamos. Este estudio considera a los préstamos lexicales como palabras individuales que pasan del español al quechua o viceversa. Como examino en los capítulos 1 y 3, los préstamos pueden contener distintos rasgos morfológicos y fonológicos del quechua y el castellano. Sostendremos que para analizar las variedades lingüísticas mixtas en los Andes es importante distinguir entre el préstamo lexical de palabras individuales y el cambio de código, puesto que muchos hablantes del español andino usan en su habla dichos préstamos o interjecciones breves del quechua, sin que entiendan ni hablen esta lengua (Godenzzi 2005). Por lo tanto, el análisis de los préstamos de palabras individuales y cambios de código (considerados series más largas de palabras) puede demostrar toda la amplitud del combinado, que requiere que los hablantes sean competentes en ambas lenguas.

Para analizar los cambios de código como parte de las motivaciones de los hablantes sigo el modelo de marcadez de Myers-Scotton (1993). En distintos

---

12. El cambio de lengua se define como "el abandono parcial o total de la lengua nativa de un grupo a favor de otra" (Winford 2003: 15).

Cuadro 2

La escala de préstamos de Thomason y Kaufman*

1) Contacto casual: solo préstamos lexicales	*Lexicón*: palabras de contenido, por razones culturales y funcionales, vocabulario no básico y luego el vocabulario básico.
2) Contacto ligeramente más intenso: ligeros préstamos estructurales	*Lexicón*: palabras funcionales (conjunciones y diversas partículas adverbiales). *Estructura*: características menores fonológicas, sintácticas y semántico-lexicales.
3) Contacto más intenso: préstamos ligeramente más estructurales	*Lexicón*: palabras funcionales, preposiciones y posposiciones, pronombres personales y demostrativos, y numerales bajos. Se agregan afijos derivativos al vocabulario nativo, los afijos infleccionales pueden ingresar a la lengua que toma los préstamos y quedar limitados a los elementos del vocabulario tomados en préstamo. *Estructura*: en fonología, los préstamos incluirán la fonemización —incluso en el vocabulario nativo— de alternancias alofónicas previas, y en la sintaxis las posposiciones tomadas en préstamo en una lengua prepositiva.
4) Fuerte presión cultural: préstamos estructurales moderados	*Estructura*: características estructurales importantes que provocan relativamente pocos cambios tipológicos. Los préstamos fonológicos incluyen la introducción de nuevos elementos distintivos en conjuntos contrastantes, se dan extensos cambios en el orden de las palabras, la morfología, y a las palabras nativas se les añade afijos inflexionales y categorías prestados.
5) Muy fuerte presión cultural: fuertes préstamos estructurales	*Estructura*: características estructurales importantes que provocan una significativa perturbación tipológica

* Este cuadro ha sido tomado del libro de Sarah Thomason y Terrence Kaufman, *Language contact, creolization and genetic linguistics* (1988: 75-76). La traducción al español es propia.

espacios, los jóvenes de primera generación pasan al quechua y/o castellano dependiendo del resultado que desean conseguir en cada interacción. En este modelo, para hacer los cambios los hablantes indexan conjuntos de derechos y obligaciones (DO), o "una abstracción que tiene como base factores situacionales y que representa las actitudes y expectativas que los participantes se tienen mutuamente" (85). Al indexar los DO, efectúan cambios de código marcados, no marcados y exploratorios inter- (entre turnos) e intrasentenciales (en el mismo turno). Los cambios no marcados tienen lugar entre pares bilingües y cuando los hablantes desean mostrar que son miembros del grupo de pertenencia. Por lo tanto, cambiar a la opción no marcada significa usar la opción "segura" o "esperada" (115).[13] La opción marcada se da cuando el hablante no usa el conjunto esperado de DO, y se le emplea en situaciones en las cuales desean mostrar distancia social (esto es, para manifestar enfado y dominio, o para excluir a los miembros del grupo de no pertenencia). Por último, la opción exploradora se usa cuando los hablantes no están seguros de qué código (conjunto de DO) les ayudará a alcanzar su objetivo. En el capítulo 3 analizaré conversaciones en las cuales los hablantes hacen cambios al castellano, quechua y combinado marcados, no marcados y exploratorios.

En el presente estudio del quechua y el español, veremos el grado de influencia en la primera de estas dos lenguas, tomando en cuenta una serie de factores sociales (que se analizarán en el capítulo 2) que pueden cambiar de una interacción a otra en distintos espacios. Como ya se indicó, la migración y el continuo rural/urbano tienen un impacto importante sobre la mezcla de tradiciones culturales. Sin embargo, este tipo de análisis de la lengua aún está pendiente y será el eje de nuestro estudio.

Esbozo del libro

Nuestro estudio explora cómo estas nuevas identidades urbanas andinas se construyen entre los jóvenes de primera generación que no son migrantes, y que representan una nueva generación de andinos urbanos en la cual el

---

13. Myers-Scotton sugiere que las opciones sin marcar se dan como cambios intrasentenciales; sin embargo, admite que se requieren más estudios para corroborar este hallazgo (1993: 125).

lenguaje se encuentra cuestionado. En los próximos capítulos me ocuparé de las siguientes cuestiones referidas al uso que los jóvenes hacen de las lenguas quechua y español y a la construcción de identidades en las ciudades de Ayacucho y Arequipa:

1. ¿Cómo repercute la masiva migración del campo a la ciudad en el uso del quechua en dos ciudades peruanas andinas —Arequipa y Ayacucho—, que difieren en lo que respecta a tamaño y proceso de urbanización? ¿Qué factores relacionados con la migración son relevantes para diferenciar el uso del quechua en estos dos espacios urbanos?
2. Cuando se conserva el quechua en entornos urbanos, ¿qué factores contribuyen a ello? ¿Qué papel tienen las redes sociales de los quechuahablantes (factores *de abajo arriba*) en el uso urbano de esta lengua? ¿Qué características tiene este quechua urbano?
3. Qué factores contribuyen a la formación de una identidad urbana andina?

En el capítulo 1 presento las ecologías social y lingüística de la lengua quechua en el Perú. Este capítulo se ocupa del singular estatus histórico y socioeconómico de Ayacucho y Arequipa, las sedes de los dos trabajos de campo de este estudio, y también del estatus y la historia del quechua en cada región. Presento, además, los antecedentes del uso del quechua en el Perú, en tanto que capítulos posteriores examinan las características del contacto quechua/español.

Nuestro estudio sigue otras investigaciones recientes efectuadas sobre el lenguaje y la identidad en sociolingüística, a las cuales les interesa aquel como algo impulsado contextualmente en la interacción (*cf.* Mendoza-Denton 2004). En el capítulo 2 reviso la metodología y los métodos de recolección de datos aquí usados. Los enfoques etnográficos (la observación participante), en combinación con el registro de notas y las entrevistas, pueden darnos una visión más amplia de cómo se usa el lenguaje en diversas situaciones sociales, siguiendo estudios previos de la identidad y el lenguaje en los Andes (*cf.* Hornberger 1988, 1991; Zavala 2002; Howard 2007). Con esta metodología pasé 15 meses sumergiéndome en las actividades cotidianas de los participantes y entrevistándolos tanto en quechua como en castellano.

En los capítulos 3 y 4 presento estudios de caso de jóvenes de primera generación en tres familias distintas de Ayacucho y Arequipa. En ellos analizo el uso que hacen de los préstamos quechuas y españoles y los patrones de cambio de código, tal como los encontramos en conversaciones con distintos interlocutores a lo largo de un continuo. En este continuo los jóvenes "deciden qué les es útil y establecen la historia en relación con sus necesidades actuales, sin previsión alguna de las consecuencias que sus comportamientos actuales habrán de tener en última instancia" (Mufwene 2008: 224). Las "necesidades actuales" pueden incluir tanto el uso de las lenguas española y quechua como un énfasis en las tradiciones culturales del campo.

Por último, en las conclusiones, muestro el modelo que he diseñado, al que llamo el *modelo chakra*, con el cual conceptualizar el uso de la lengua quechua entre los jóvenes y sus familias a lo largo del continuo rural/urbano. Aquí también presento las implicaciones de estos resultados con respecto a la vitalidad de las lenguas indígenas en los centros urbanos, especialmente en situaciones en las cuales la transmisión intergeneracional del quechua resulta difícil (*cf.* Grenoble y Whaley 2006).

El presente estudio echa luz sobre el surgimiento y la revitalización del quechua en los centros urbanos, lejos de su tradicional esfera comunal; sobre la formación de una nueva identidad urbana quechua; y sobre el surgimiento de una nueva variedad urbana de esta lengua. En conjunto, todo esto contribuye a que comprendamos mejor la vitalidad que las lenguas indígenas tienen en los Andes urbanos peruanos *de arriba abajo*.

Capítulo 1

Ecologías social y lingüística

Antecedentes sociolingüísticos del quechua en el Perú

Los 28 millones de habitantes del Perú en 2007 comprenden hablantes de más de 92 lenguas vivas (Lewis et ál. 2009).[1] Aunque en el Perú el español es la lengua nativa de aproximadamente el 80% de la población, el quechua y el aimara son las lenguas indígenas andinas más habladas con 3 millones y 420.000 hablantes, respectivamente (Chirinos 2001: 26, 35). *Ethnologue* enumera 33 variedades regionales distintas del quechua (Lewis et ál. 2009). El porcentaje más alto de quechuahablantes se concentra en los departamentos de Apurímac (76%), Ayacucho (70%), Huancavelica (67%) y Cuzco (63%) (Chirinos 2001). En muchas de estas regiones encontramos asimismo las tasas de analfabetismo más altas del Perú (INEI 2009).[2] En el mapa 1, el color morado claro muestra en qué regiones se habla quechua.

1. Los etnólogos reportan que en el Perú hay más de 104 lenguas, 15 de las cuales se han extinguido (Lewis et ál. 2009).
2. Las tasas de analfabetismo son más altas en las siguientes regiones de la sierra: Huánuco, 18%; Apurímac, 17%; Huancavelica, 17%; y Ayacucho, 15% (INEI 2009).

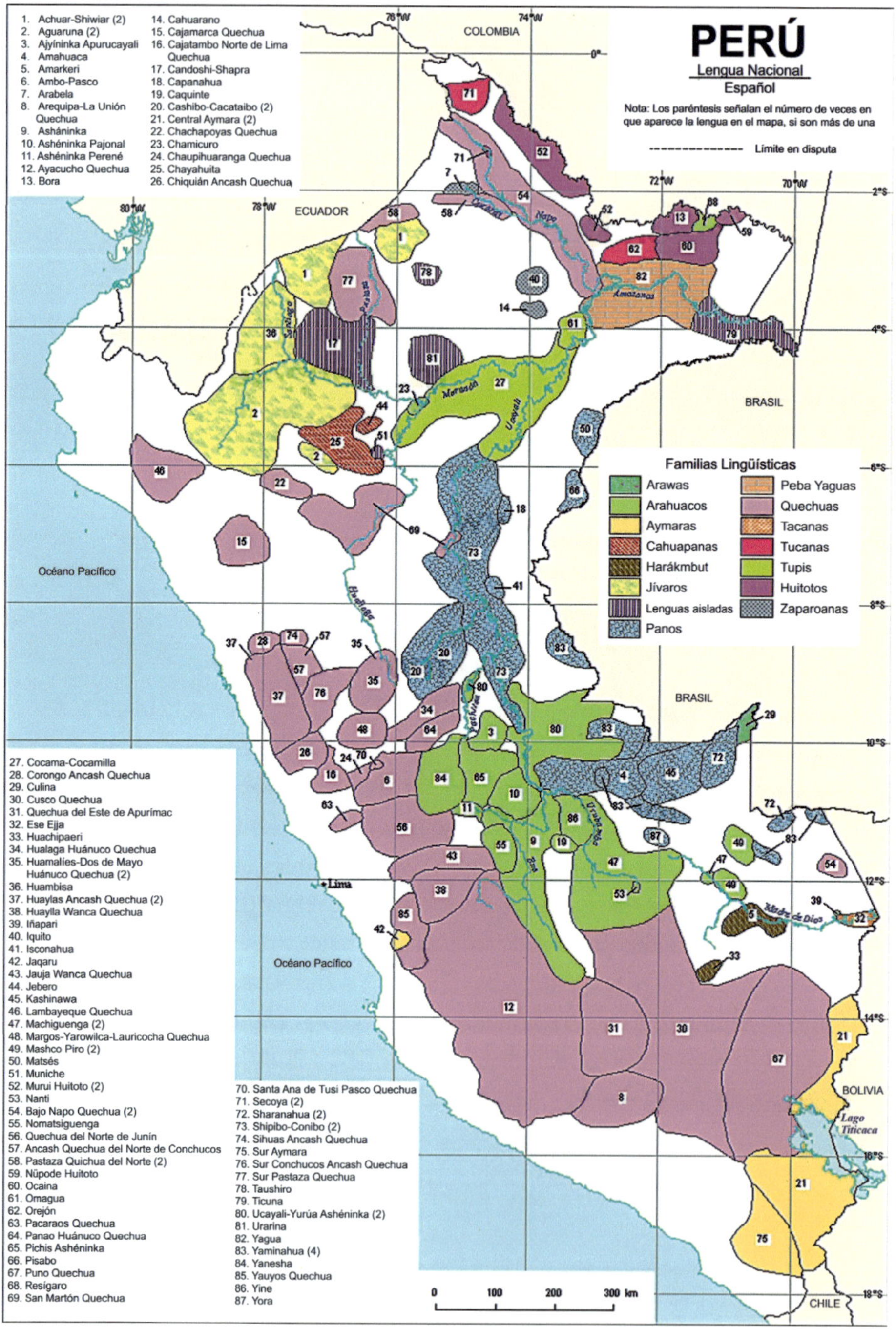

Mapa 1. Mapa de las lenguas existentes en el Perú. Tomado de Lewis et ál. 2009, traducción propia.

En este capítulo presento las ecologías lingüística y social del Perú, para así contextualizar mejor el estatus y el uso del quechua en el siglo XXI dentro de los resultados alcanzados por nuestro estudio. Esta historia comienza comprendiendo el estatus que el quechua, la lengua del Imperio inca, tenía al momento de la invasión europea en 1532.

Mannheim sostiene que desde el arribo de los europeos hasta el presente, "la política lingüística ha sido una política de subordinación social" (1991: 77). Durante la época colonial, los españoles usaron el quechua para controlar y cristianizar a los incas (1991: 109). Varias gramáticas quechuas publicadas en ese periodo sirvieron como una herramienta para cristianizar a los incas y brindarles una instrucción hispana. En 1607, por ejemplo, Diego González Holguín publicó una gramática quechua y un diccionario español-quechua estándares. El quechua jamás se usó en la documentación administrativa (Andrien 2001: 118-119). A pesar de esta dominación lingüística, varias crónicas publicadas en español en el siglo XVII incluían pasajes en esta lengua, lo que según Dueñas (2010) sirvió como un espacio de resistencia andina.[3]

A finales del siglo XVIII, la corona española aplicó las reformas borbónicas en los Andes para imponer su control económico y administrativo, y cobrar impuestos a la población local. Muchas rebeliones indígenas estallaron en los Andes del sur en protesta por esta medida y condujeron en última instancia a la lucha por la independencia peruana en 1821 (Andrien 2001). La lengua española siguió siendo dominante en el Perú después de la independencia, especialmente en la educación, la administración gubernamental y los negocios.

Durante muchos periodos de la historia peruana, los quechuahablantes fueron marginados en la sociedad nacional y considerados un obstáculo para la unidad y el progreso. Los políticos e intelectuales peruanos atribuyeron la derrota de su país en la Guerra del Pacífico con Chile, en 1879-1883, a la falta de unidad del país debido a las clases indígenas. En esa época, los intelectuales deseaban incorporar las poblaciones indígenas a la sociedad nacional mediante proyectos de asimilación con que hispanizar la sociedad y el lenguaje. El estatus del quechua solo comenzó a cambiar en la década de 1970 (García 2005).

---

3. El Inca Garcilaso de la Vega, miembro de la élite indígena y mestiza, publicó los *Comentarios reales* (1609) y la *Historia general del Perú* (1617), y Felipe Guamán Poma de Ayala publicó *El primer nueva crónica y buen gobierno* (1615).

El quechua ha tenido un valor simbólico en el Perú desde que por primera vez se convirtió en lengua oficial en los años setenta. El quechua y el aimara alcanzaron el reconocimiento oficial en dicha década, cuando el gobierno revolucionario del presidente Juan Velasco Alvarado (1968-1975) llevó a cabo reformas sociales, educativas y políticas.[4] Estas reformas trajeron consigo su oficialización en 1975 (Decreto Ley N.° 21156). En ese momento, los quechuahablantes, a quienes alguna vez se llamó indígenas, fueron rebautizados como campesinos. Tras la aprobación de estas leyes, el Ministerio de Educación y el Instituto de Estudios Peruanos promovieron aún más su nuevo estatus publicando seis pares de diccionarios y gramáticas de igual número de dialectos quechuas comunes, bajo la dirección del lingüista Alberto Escobar (Escobar et ál. 1987). Aunque el quechua alcanzó un nuevo estatus en el Perú durante la década de 1970, en 1979 hubo un cambio en la política lingüística. La Constitución de ese año declaró que las lenguas indígenas eran solo oficiales en las regiones en donde se las hablaba (Zúñiga 1987; Von Gleich 1989). Esta ley se mantuvo vigente en la Constitución de 1993.[5]

El Perú es conocido como la "vanguardia" de la educación bilingüe en Sudamérica (Hornberger 2000: 182; Zúñiga et ál. 2003: 19, 24). Los programas educativos bilingües experimentales se iniciaron en el Perú y México en 1930. En el Perú, estos programas no despegaron sino hasta los años sesenta, cuando la Universidad Nacional Mayor de San Marcos llevó a cabo proyectos en la sierra (López 2009). Mediante la ley de educación bilingüe de 1973 se crearon programas experimentales que se implementaron en las décadas de 1970 y 1980. Puno, Cuzco y Ayacucho fueron los principales lugares andinos con programas experimentales bilingües, que enfatizaban el español como una segunda lengua para los hablantes de lenguas indígenas (López 1987; Zúñiga

---

4. Las reformas incluyeron la ley de reforma agraria de 1969, la creación de la Unidad de Educación Bilingüe en el Ministerio de Educación en 1973, y la reforma de la propiedad social en 1974 (Escobar et ál. 1975; Von Gleich 1989).

5. El artículo 17 dice: "El Estado garantiza la erradicación del analfabetismo. Asimismo fomenta la educación bilingüe e intercultural, según las características de cada zona. Preserva las diversas manifestaciones culturales y lingüísticas del país. Promueve la integración nacional" (Constitución del Perú 1993). El 13 de junio de 2015, el Ministerio de Educación del Perú (MINEDU) expidió la resolución ministerial 303-2015-MINEDU, que oficializó 24 lenguas indígenas en el país.

1987, Von Gleich 1989). Estos programas se llevaron a cabo como parte de las reformas de política educativa aplicadas en los decenios de 1980 y 1990.[6] La ley de educación de 2006 adoptó la educación intercultural bilingüe como política nacional, con la cual las comunidades indígenas tienen ahora derecho a contar con una educación que represente su cultura. Para el momento en que se llevó a cabo el presente estudio, la Dirección Nacional de Educación Bilingüe Intercultural (DINEBI) estaba a cargo de este tipo de educación en el Perú, y las unidades de gestión educativa local (UGEL) se encargaban de su operación regional.[7]

López (2009) sostiene que las leyes nacionales sobre las lenguas y la cultura indígenas solamente han sido promovidas e implementadas en educación. Al mismo tiempo, si bien es cierto que en las regiones rurales de la sierra hay muchos programas educativos bilingües/interculturales vigentes, son muy limitados, los financian particulares y muchas veces no existen en Lima, la capital, o en otros centros urbanos (Firestone 2006). Es, sin embargo, sumamente importante consultar a las comunidades locales antes de implementarlos. Varios estudios señalan que hay mucha resistencia contra la educación en quechua.

García (2005) halló que las comunidades quechuahablantes rechazaban los programas educativos interculturales/bilingües en el Cuzco rural, pues las familias no creían que esta educación fuera necesaria en una sociedad en donde para progresar se requiere fluidez en el español. Por ello es importante examinar las necesidades sociales y educativas de las comunidades quechuahablantes, para así establecer qué tipo de programación cultural y social es necesaria y apropiada (véase Warner 1999).

Fuera del sector educativo, recientemente la cultura quechuahablante cobró interés en los medios y la televisión nacional peruana. En la década de 1990 y comienzos del primer decenio del siglo XXI, unas imágenes negativas y discriminadoras de los andinos aparecían en Lima en *La paisana Jacinta*, un popular programa televisivo. Este programa se burlaba de la vida de una mujer

6. La política de educación intercultural bilingüe fue aprobada en 1989 junto con la política nacional de educación intercultural (Zúñiga et ál. 2003).

7. El Ministerio de Educación creó en 2012 —luego de concluida la investigación del presente estudio— la Dirección General de Educación Intercultural, Bilingüe y Rural, que supervisa los programas educativos bilingües e interculturales para niños (para mayor información, consúltese la página web del MINEDU: <http://www.minedu.gob.pe/digeibir/)>.

andina que acababa de emigrar a Lima.[8] Solo a partir del año 2005 la imagen del quechua y de los quechuahablantes cambió en la televisión nacional y en otras esferas públicas, lo que sugiere una nueva revitalización y valoración de la lengua y la cultura del Perú. Por ejemplo, Hilaria Supa Huaman, una cuzqueña y hablante nativa del quechua, fue elegida congresista en 2006, y fue la primera que juró su cargo en esa lengua. Google, Microsoft Office y Windows cuentan hoy con versiones quechuas (Godenzzi 2010: 232). La lengua quechua y quienes la hablan también aparecen en comerciales de televisión de telefonía celular, papas fritas y servicios del gobierno peruano,[9] al igual que en películas peruanas (*Madeinusa*, *La teta asustada*) y en la música popular latinoamericana (cantada por Calle 13).[10] Sin embargo, las imágenes en películas y comerciales de televisión muestran a quechuahablantes que viven en partes remotas del Perú y no en las grandes ciudades, como sucedía en *La paisana Jacinta*. Aunque Zúñiga (2009) indica que la nueva programación pública refuerza positivamente el uso de la lengua quechua y el programa de educación bilingüe en las áreas urbanas, en realidad no contamos con datos o con algún estudio empírico que lo confirme.[11] La presencia de la lengua quechua en la televisión indica su expansión a nuevos ámbitos, lo cual constituye un paso importante en su revitalización (Grenoble y Whaley 2006), pero no se comprende la correlación existente entre estos esfuerzos y los cambios que se dan en el uso del lenguaje y las actitudes lingüísticas.

---

8. *La paisana Jacinta* apareció con regularidad en el programa televisivo *El especial del humor* entre 1999 y 2002 (y brevemente en 2005, 2011 e incluso en 2012). Es un personaje que tiene el pelo trenzado y usa polleras. Tiene una manta de colores sobre los hombros y habla la variedad de español de quien lo ha aprendido como segunda lengua, una variedad discriminada en muchas esferas (*cf.* Cerrón-Palomino 2003) (*El Comercio* 2010b).

9. Véase el comercial de telefonía celular de Movistar en: <http://www.youtube.com/watch?v=UtCie4VHNdY&feature=results_main&playnext=1&list=PL6BEBF122BD6B1AB3>, y el de las papitas Lays Andina en: <http://www.youtube.com/watch?v=TlYEG5ywghI>.

10. En 2011, Calle 13, el grupo de fusión pop portorriqueño, presentó la canción titulada "Latinoamérica". El video comienza con un anciano que habla en quechua, a lo que sigue un miembro del grupo que dice "*qamkunapaq*" —"para todos ustedes"— en la misma lengua (véase Calle 13 2012).

11. Ella menciona que las lenguas indígenas vienen usándose en actos y ceremonias públicas. Además, la juventud migrante emplea el quechua para comunicarse telefónicamente con los amigos y parientes que viven en áreas rurales.

El estatus de la lengua quechua pasó a ser un tema de interés para los académicos y la gente en general con el cambio en la demografía urbana del Perú que tuvo lugar a finales del siglo XX. Al igual que muchos países latinoamericanos, en esa época el Perú experimentó una emigración del campo a la ciudad a gran escala. En 2007, el 75,9% del Perú era urbano (INEI 2007a). La expansión urbana fue más pronunciada desde el decenio de 1940, cuando la población rural de la sierra comenzó a emigrar en gran número a Lima y a otras ciudades intermedias del Perú. En 1940, el 28,5% de la población de Lima era migrante, un porcentaje que se elevó a 46,3% para 1961 (Golte y Adams 1987: 36). Esta emigración del campo a la ciudad obedecía a las malas condiciones socioeconómicas en las áreas rurales, al igual que a la expansión de unos vigorosos mercados urbanos y centros mineros, lo que proporcionó a los campesinos empleo en trabajos manuales fuera de sus comunidades rurales (Golte 1995: 139). En las décadas de 1980 y 1990, muchos andinos emigraron también a ciudades intermedias, como Cuzco, Huancayo, Juliaca, Ayacucho y Abancay, para escapar de la violencia política del movimiento senderista (Altamirano 2000). En Lima y muchas ciudades más pequeñas, los migrantes formaron fuertes redes sociales con otros provenientes de su mismo pueblo viviendo en los mismos barrios y participando en actividades culturales en sus respectivos clubes departamentales. Altamirano distingue la emigración a Lima de la que se dirige a otras ciudades más pequeñas. Mientras que en Lima los migrantes pueden perder el contacto con su pueblo natal, los que llegan a las ciudades intermedias regresan frecuentemente a su lugar de origen para visitar a sus parientes y encargarse de los negocios que comenzaron (2000: 13).

La migración también tuvo un impacto sobre el uso del lenguaje y el contacto lingüístico en el Perú, y estos cambios son importantes para comprender las ecologías sociales. El español andino —la variedad de español en contacto con el quechua— se ha expandido a Lima y otros centros urbanos (Escobar 2011b). Sin embargo, las estadísticas muestran que la emigración del campo a la ciudad tiene un impacto negativo sobre el quechua. En las grandes ciudades, el 80% de la población quechuahablante no transmite esta lengua (Chirinos 2001: 42). Su uso se encuentra sumamente estigmatizado en ciertas partes de Lima, como el distrito de San Juan de Miraflores, donde viven muchos migrantes de la sierra (Sánchez 2003).

Como ya se indicó, la situación migratoria en Lima es distinta a la de otras ciudades del Perú, como Huancayo (De la Cadena 1988). Este estudio examina los cambios en la lengua e identidad de los jóvenes de primera generación en Arequipa y Ayacucho, dos ciudades andinas que representan ejemplos distintos de migración, puesto que su historia socioeconómica y sociocultural, al igual que su estatus actual en el Perú, son sumamente diferentes. Ayacucho es un centro urbano de tamaño mediano que fue el epicentro del movimiento senderista en las décadas de 1980 y 1990, y a donde emigraron las víctimas quechuahablantes rurales de la época de la violencia. Arequipa es la segunda ciudad más grande del Perú después de Lima y cuenta con una gran población que habla quechua y aimara proveniente de Puno y Cuzco. Ambos centros urbanos permiten comparar familias diferentes que, como parte de su economía, mantienen vínculos con áreas rurales y urbanas y con otros países.

Ayacucho: Perú

El departamento de Ayacucho se encuentra en los Andes sur-centrales del Perú y linda con los departamentos de Junín, Arequipa, Ica, Huancavelica, Apurímac y Cuzco. La ciudad de Ayacucho, la capital departamental, se encuentra en la provincia de Huamanga (mapa 2). El 88% del territorio que conforma sus once provincias se encuentra en la sierra y el resto en la selva (Zapata et ál. 2008: 21).[12] Ayacucho, al igual que otros departamentos de los Andes centrales, cuenta con una significativa población rural dedicada a la agricultura (2007, población urbana: 355.384 personas; población rural: 257.105; INEI 2007a). Sus principales cultivos son la papa y los cereales, sobre todo la cebada. En 2007, la agricultura representaba el 46% de su producto bruto interno (PBI). Es considerado uno de los departamentos más pobres y aislados del Perú (Degregori 1986, 2010).

La ciudad de Ayacucho, la capital departamental, se encuentra en la provincia de Huamanga. Esta provincia —centro del comercio y la burocracia ayacuchanos— posee 16 distritos y tenía una población de 221.390 habitantes en 2007: 161.636 urbanos y 59.754 rurales (INEI 2007a). Sin embargo,

12. La población del departamento de Ayacucho en 2007 era de 612.489 personas (INEI 2007a), en un país de 28 millones de habitantes.

Mapa 2. Mapa del departamento de Ayacucho.

estas estadísticas debieran revisarse, considerando que después del conflicto armado interno, muchos poseen una casa tanto en la ciudad como en el campo (Reynaga 1996).

La ciudad de Ayacucho, la capital departamental (que los ayacuchanos también llaman Huamanga), se ubica a 2761 metros de altura. En 2007, tenía un total de 100.925 habitantes (INEI 2007a). Esta ciudad puede dividirse en tres espacios diferenciados: el centro histórico y el centro universitario; la zona de expansión de la universidad; y las nuevas zonas residenciales de la clase media y los barrios tradicionales ampliados (Béjar y Pereyra 2005: 166).

El presente estudio incluye participantes que viven en dos distritos urbanos de la provincia de Huamanga: San Juan Bautista y Carmen Alto (véanse

Imagen 1. La plaza de Armas de Ayacucho (2010, fotografía de la autora).

los capítulos 3 y 4). Carmen Alto fue el barrio de los artesanos mestizos en el siglo XVII. Fue declarado distrito en 1920, siendo uno de los primeros de la provincia en adquirir esa categoría. San Juan Bautista también fue el hogar de artesanos y, además, de carniceros, y se convirtió en distrito en 1960 (González et ál. 1995; Béjar y Pereyra 2005: 161).

Ayacucho es conocida como la capital del folklore, campo en el cual es "una de las más ricas del Perú" (Zapata et ál. 2008: 212). Es famosa por sus danzas tradicionales y por ser un centro de producción artesanal, especialmente de retablos y de objetos fabricados en piedra de huamanga.

El quechua cuenta con un bastión en toda la región de Ayacucho.[13] En 2001, alrededor del 70% de la población regional hablaba quechua, el segundo porcentaje más alto de todos los departamentos del Perú después de

13. *Ethnologue* reporta que en 2000 había 900.000 hablantes del dialecto ayacucho chanca en las regiones de Ayacucho y Lima, lo que incluía a 300.000 hablantes monolingües (Lewis et ál. 2009).

Apurímac (Chirinos 2001).[14] En la provincia de Huamanga, el 57% de la población de cinco años o más es hablante quechua nativo (2001: 41-42, 71), y en la ciudad de Ayacucho, el 38%. Aún más impresionante es que en el distrito de Carmen Alto, el 63% de la población habla quechua como primera lengua (2001: 71, 74). En 2007, a través del censo nacional se preguntó a los ayacuchanos el "idioma o lengua con el que aprendió a hablar". En la provincia de Huamanga, el 50,7% de la población respondió que el quechua.

Ayacucho también ha sido un importante lugar para la educación en lengua quechua. Fue, junto con las regiones de Puno y Cuzco, el primer objetivo de los programas educativos bilingües experimentales a finales de la década de 1960 y en el siguiente decenio (Zúñiga 1987; Von Gleich 1989). Sin embargo, la educación bilingüe fue entendida como una forma de pasar del quechua al español (Zapata et ál. 2008: 175-176). Los programas de educación bilingüe llegaron a su fin en Ayacucho con el surgimiento del movimiento senderista, que tomó el sistema educativo en la década de 1980 (Gorriti 1999). Para 2005, los programas educativos bilingües/interculturales no estaban activos en muchos colegios de Ayacucho, y casi no existían en las áreas urbanas (Firestone 2006).

La Universidad Nacional de San Cristóbal de Huamanga (UNSCH), la universidad pública local, tuvo un papel importante en la enseñanza de la lengua quechua desde que se reabriera en 1959. Originalmente ofrecía seis cursos en educación bilingüe, enfatizando su enseñanza para que los profesionales "pu[diera]n hablar el idioma del país" (Zapata et ál. 2008: 162-163). No obstante, para el momento en que este estudio se llevó a cabo, se requería que los estudiantes tomaran clases de quechua para ciertas especialidades, como enfermería o medicina. En 2007, la UNSCH inauguró el Hatun Ñan ("Gran camino"), un proyecto de acción afirmativa financiado por la Fundación Ford para alumnos que se identifican como quechuas o amazónicos. Para 2008, el programa tenía 390 alumnos (238 hombres y 157 mujeres).[15] Su objetivo es otorgar a los estudiantes oportunidades educativas adicionales,

14. Vilcashuamán (en la provincia del mismo nombre, departamento de Ayacucho) es la segunda capital provincial con mayor número de quechuahablantes del Perú (el 93% de su población lo habla) (Chirinos 2001: 71).

15. En 2009 pedí una reunión con el director del programa y le pregunté de qué manera los alumnos podían probar su identidad para conseguir ser admitidos en él. El director no logró darme los criterios oficiales de ingreso.

entre ellas, cursos de reforzamiento en computación[16] y sesiones de tutoría y asesoría social, sicológica y legal. Los alumnos participan en programas culturales en quechua, que tienen como meta conservar su cultura y su lengua. Los materiales promocionales subrayan la importancia que el quechua tiene en la universidad (Hatun Ñan 2008).

Historia sociocultural de Ayacucho

El departamento de Ayacucho y la provincia de Huamanga han tenido un papel importante en la historia peruana. Los españoles fundaron la actual ciudad de Ayacucho en 1540, como un lugar con el que proteger la importante ruta que, desde Jauja, conducía al Cuzco. En 1824, las tropas patriotas peruanas sellaron su independencia de España en la llamada batalla de Ayacucho, librada en la pampa de Quinua (en el distrito ayacuchano del mismo nombre). La ciudad de Ayacucho fue creada para la élite hispana, en tanto que las poblaciones indígenas y los mestizos vivían en las zonas circundantes (González et ál. 1995: 161).[17] Esta ciudad creció a comienzos del siglo XX, al conmemorarse el centenario de la independencia peruana. En esa época hubo muchos cambios en el centro urbano, entre ellos la pavimentación de las calles y la ampliación de avenidas importantes (1995: 162).

La transformación urbana de Ayacucho en el siglo XX atravesó tres etapas distintas (Béjar y Pereyra 2005). Durante la primera etapa, en la década de 1960, la UNSCH tuvo un papel significativo en el crecimiento demográfico de la región y fue una catalizadora de la organización política. La segunda etapa tuvo lugar en el decenio de 1980, cuando Ayacucho pasó a ser el centro de la violencia y de la inestabilidad en el Perú debido al movimiento maoísta Sendero Luminoso. Los efectos sociales de Sendero Luminoso fueron una masiva migración interna en el Perú, y especialmente en Ayacucho. La tercera etapa comprende el tardío arribo de la globalización en la década de 1990, con la expansión de los nuevos distritos urbanos, más automóviles y taxis en las calles, nuevos restaurantes, tiendas y servicios en la plaza de Armas (v. g.,

16. Cuando visité el laboratorio de cómputo, observé que la mayoría de las máquinas eran de la década de 1990 y que usaban programas de MS-DOS (un software anterior a Windows).

17. Vivían en los distritos de Santa Ana y Santa Magdalena.

casetas de cambio de moneda extranjera y centros turísticos) (2005: 159). La historia social y política de Ayacucho en el tardío siglo XX contextualiza el actual proceso de urbanización y uso de la lengua quechua en esa ciudad. A continuación describiré esta historia con más detalle.

En la década de 1950, Ayacucho era descrita como una sociedad de clases marcada por la raza, en la que había señores y siervos, *mistis* e indios. Se encontraba sumida en un "atraso general" (Degregori 2010: 31) debido al fuerte sistema latifundista y a una crisis agrícola (Zapata et ál. 2008: 166). En 1959, la universidad pública local, reabierta ese año, pasó a ser "la punta de lanza de la modernidad" (Degregori 2010: 41) y, al mismo tiempo, el epicentro del movimiento senderista (González et ál. 1995: 150).[18] En ese entonces fueron creciendo la clase media profesional ayacuchana, así como la población estudiantil proveniente de los departamentos de Apurímac y de Junín y de las comunidades campesinas vecinas (Zapata et ál. 2008: 190).[19] Según Degregori, al igual que la reforma agraria de 1969 tuvo un papel importante en la transformación de muchas ciudades andinas, en Ayacucho —una región pobre política y socialmente—, fue la universidad la que tuvo el rol más significativo y la que generó "un verdadero terremoto social" (2010: 43).[20]

Aunque la universidad se convirtió en el centro de la vida social y política de Ayacucho, las tasas de pobreza y analfabetismo continuaron siendo altas. En 1972, los departamentos de Apurímac y Ayacucho ocupaban el primer y segundo lugar, respectivamente, del *Mapa de la pobreza del Perú* elaborado por el Banco Central de Reserva.[21] En 1981, Ayacucho tuvo una de las tasas más altas de analfabetismo del país: 45% de su población de 15 años o más era analbabeta (Degregori 2010: 33, 39).[22]

---

18. La UNSCH fue fundada en 1677 y clausurada en 1885 (Zapata et ál. 2008).

19. En 1959, la UNSCH tenía 228 alumnos, y para 1981, ya contaba con 11.711 (Béjar et ál. 2005: 163).

20. En 1969, el Gobierno Revolucionario de las Fuerza Armada quiso cobrar 100 soles a todos los estudiantes que desaprobaran uno o más cursos durante el año escolar. Organizaciones estudiantiles y grupos políticos protestaron vigorosamente contra esta medida, en especial en las ciudades de Ayacucho y Huanta. Se considera que esta protesta dio impulso al movimiento senderista en Ayacucho (Zapata et ál. 2008: 169).

21. En esa época, el comercio comprendía el 1,6% del PBI, en tanto que el promedio nacional era de 14% (Degregori 2010: 32).

22. Ayacucho tenía el nivel más alto de analfabetismo rural y urbano del país, junto con Apurímac (52%) y Huancavelica (44%) (Degregori 2010: 39).

Degregori sostiene que la pobreza en la región y el "atraso general" fueron precursores del movimiento senderista (2010: 31).[23] Como ya se indicó, con la reapertura de la universidad muchos profesionales y académicos se mudaron a la ciudad de Ayacucho. Uno de ellos fue Abimael Guzmán, un profesor de filosofía que llegó de Arequipa en 1962. Guzmán se convirtió en presidente del Partido Comunista del Perú (PCP) que se reunía en este centro de educación superior, y en 1970, la llamada "facción roja" del partido en Ayacucho se convirtió en Sendero Luminoso (Degregori 1992; Zapata et ál. 2008: 191).[24] El movimiento senderista fue formado por intelectuales mestizos de la élite y por la juventud mestiza universitaria provinciana de Ayacucho (Degregori 1986, 2010). Su meta era tomar el "Estado semifeudal" peruano usando la violencia (Degregori 1992: 37). Sendero inició sus actividades el 17 de mayo de 1980 quemando las ánforas electorales en el pueblo de Chuschi, en la provincia ayacuchana de Cangallo. Los senderistas reclutaron campesinos para usarlos como "masas de maniobra" (Zapata et ál. 2008: 196). Durante la década de 1980, la mayoría de las provincias ayacuchanas se convirtieron en "zonas de emergencia" y los ayacuchanos se vieron amenazados numerosas veces por la presencia de las Fuerzas Armadas, que suspendieron los derechos civiles.[25]

Los senderistas atacaron muchos programas agrarios y educativos, dejando a la región de Ayacucho asolada por la guerra. Tomaron, asimismo, el sistema educativo y crearon escuelas populares en las cuales enseñaban a jóvenes y niños sus objetivos ideológicos y militares (Gorriti 1999: 196).[26] Según Gorriti, "la población urbana de Ayacucho quedó librada a su suerte [...] muchos ciudadanos planean emigrar a la costa [...] lo que a la larga convertirá

---

23. En 1972, la población asalariada comprendía el 17% de la población económicamente activa (PEA) en Ayacucho y el 13% en Apurímac, en tanto que el promedio nacional era de 44% (Degregori 2010: 32).

24. En 1964, el PCP se dividió en dos facciones: la prosoviética y la maoísta. Guzmán fue expulsado de esta última en 1970 (Degregori 1992: 35)

25. En 1983, el presidente Fernando Belaúnde Terry (1963-1968 y 1980-1985) inició la guerra contrasubversiva enviando a las Fuerzas Armadas a Ayacucho y estableciendo comités de defensa civil en las comunidades rurales. En 1991, el presidente Alberto Fujimori (1990-2000) legalizó las armas y se las proporcionó a los comités de autodefensa (Zapata et ál. 2008: 196, 200).

26. También capturaron puestos en el Sindicato Único de Trabajadores en la Educación en el Perú (SUTEP).

a Ayacucho en una ciudad desolada" (1999: 254). Las actividades principales de Sendero llegaron a su fin en 1992, cuando Abimael Guzmán, su líder, fue capturado. Según el informe final de la Comisión de la Verdad y Reconciliación (CVR) publicado en 2003, 69.280 peruanos murieron a causa de Sendero Luminoso. Más específicamente, entre 1980 y 1994 hubo 9000 muertes en Ayacucho, 2000 personas desaparecieron, 19.073 mujeres enviudaron y 10.150 niños quedaron huérfanos (Peralta 2004: 67, 246). La mayoría de las víctimas de esta guerra fueron pobladores del campo que se identificaban como quechuahablantes.

Los efectos de la época de violencia fueron el sufrimiento socioeconómico y emocional de la región. Es más, desde los años del conflicto armado interno, la ciudad y la región tienen que hacer frente a la situación de muchos niños y familias desplazados, al igual que a las actividades de pandillas juveniles.[27] En el departamento de Ayacucho hay 10.150 huérfanos reportados, encontrándose la población más grande en las provincias de Huamanga, La Mar y Huanta (Peralta 2004: 104). En este departamento hay, en consecuencia, una gran presencia de organizaciones de bienestar social y educativo que se ocupan de cuestiones de derechos humanos, entre ellas, los clubes de madres, las organizaciones de desarrollo comunal y las organizaciones no gubernamentales que cuentan con el apoyo de organismos extranjeros (2004: 118-123).

Conexiones entre los ámbitos rural y urbano

El conflicto armado interno también tuvo un gran impacto en la migración del campo a la ciudad. En 2002, el Instituto Nacional de Estadística e Informática reportó que el 52% de la población de la región de Ayacucho había emigrado (INEI 2005). Los campesinos conformaban el grupo emigrante más grande (70%), seguido por gente que vivía en las zonas periféricas (20%)

27. Strocka (2008) estudió el crecimiento de las pandillas juveniles o *manchas* en Ayacucho. Este grupo de jóvenes nacidos en la ciudad se unen a ellas para distanciarse de sus orígenes rurales y alcanzar así una identidad urbana; sin embargo, formar parte de ellas no conlleva una asimilación total. Por ejemplo, los pandilleros llevan pantalones largos y holgados y escuchan hip-hop, pero usan jerga en español tomada prestada del quechua y escuchan también música chicha (para los orígenes de esta última, véase Hurtado 1994; Ferrier 2010).

y por profesionales urbanos (10%) (Peralta 2004: 68).[28] Este patrón también tuvo un impacto en el número de quechuahablantes que se desplazaron a las ciudades, emigrando la mayoría de ellos a Lima y a la ciudad de Ayacucho. En 1994, el 55% de quienes habían migrado a la ciudad de Ayacucho tenían 18 años de edad o menos, y de ese porcentaje, el 88% se identificó como quechuahablante (Chirinos 2001: 71).[29] Debido a la migración interna, la ciudad de Ayacucho pasó de tener 25.000 habitantes en 1970 a 150.000 en 1993 (González et ál. 1995: 256).

Una vez llegado a su fin el conflicto armado interno a comienzos de los años noventa, muchos campesinos que habían emigrado a las áreas urbanas regresaron a sus comunidades para reconstruir sus chacras; sin embargo, también conservaron sus casas en la ciudad (Coral 1994; Reynaga 1996). Aunque en Ayacucho siempre hubo una relación entre las áreas rurales y urbanas, luego de la época de la violencia, la ciudad de Ayacucho asumió un papel más fuerte como "espacio de transición" para los campesinos.[30] Peralta sostiene que el hogar se convirtió en "una residencia ambivalente, entre el campo y la ciudad" (2004: 98).

Reynaga (1996) presenta un breve compendio de la migración y del impacto que Sendero Luminoso tuvo en Manallasaq y Nuñunhuaycco, dos pueblos ubicados en el distrito de Chiara, cerca de la ciudad de Ayacucho. Resumiré el caso de Manallasaq, puesto que es uno de los pueblos donde quienes participaron en la investigación que presento en el capítulo 3 tienen su chacra. Reynaga explica que la época de la violencia no fue tan intensa en Manallasaq

---

28. Coral (1994) distingue la migración de la migración forzada o desplazamiento, que es "alentada por el miedo, el terror, la inseguridad" (1994: 9). Ella identifica tres periodos de migración en Ayacucho debido a Sendero Luminoso: i) 1983-1985: los ayacuchanos huyeron de la acción arbitraria de las Fuerzas Armadas; ii) 1986-1989: la época de mayor desplazamiento por la expansión de la violencia política debida al ejército, Sendero y las rondas campesinas; la población migró a otros departamentos; y iii) 1990-1992: desplazamientos debidos a las actividades senderistas; la población migró a otros lugares del departamento de Ayacucho (15).

29. Otros migrantes se dirigieron a las ciudades de Junín (15%), Ica (6%) y Huancavelica (5%) (Peralta 2004: 68).

30. Peralta menciona, asimismo, que los campesinos se sentían incapaces de adaptarse plenamente a la vida urbana debido al alto costo de la vida (escuela y transporte), así como a las costumbres de la ciudad (2004: 134).

como en otros poblados vecinos. Sin embargo, a partir de la década de 1980, los manallasinos comenzaron a emigrar a las ciudades de Ayacucho y Lima por temor a la violencia, que ya golpeaba con fuerza en los pueblos vecinos. En 1982 y 1983, los senderistas entraron a Manallasaq para ocupar las casas abandonadas como alojamiento y refugio. Los militares estaban al tanto de su presencia en el pueblo, y en 1984, tres helicópteros bombardearon la comunidad, dando muerte a 50 personas, la mayoría senderistas (31). Muchas familias huyeron a la ciudad de Ayacucho a vivir en los asentamientos humanos del distrito de San Juan Bautista,[31] y un número menor se mudó a Lima. En muchos casos, las mujeres y cabezas de familia se quedaron atrás para ocuparse de lo que quedaba de sus chacras. Reynaga comenta que las familias desplazadas jamás perdieron la comunicación y el contacto con los parientes que se quedaron en la comunidad, y que este desplazamiento o emigración forzado solamente se dio entre 1984 y 1986 (35). Tiempo después, aunque los manallasinos encontraron que su pueblo había sido destruido, lograron reconstruirlo y reiniciar sus actividades agrícolas con el apoyo de los microcréditos proporcionados por el Banco Agrario y el Ministerio de Agricultura (37-38, 42).[32]

En el periodo posterior a Sendero, la ciudad de Ayacucho se transformó y creció debido a la migración y a la aparición de narcotraficantes en la región (González et ál. 1995: 133). Además del incremento de los asentamientos humanos cerca del centro de la ciudad, también aumentaron los espacios de esparcimiento para los jóvenes de todas las clases socioeconómicas (Huber 2002; Strocka 2008).[33] El principal mercado local sigue siendo un lugar sumamente congestionado donde los ayacuchanos compran vegetales, carne y frutas frescas. En el centro de la ciudad hay tres pequeños supermercados que también se encuentran muy congestionados, y que atienden a clientes de esa zona. Plaza Vea, la gran cadena nacional de supermercados, llegó a Ayacucho entre

31. Se mudaron a Ñahuinpukio y a Santa Rosa de Lima en el distrito de San Juan Bautista, Ayacucho.

32. Los campesinos tuvieron un alivio económico durante el gobierno de Alan García (1985-1990), cuando se les condonó la deuda agraria. El pueblo también recibió otras ayudas, como el programa del Vaso de Leche, un nuevo servicio de agua, la apertura de una posta médica y el reinicio y mejora de los servicios escolares (Reynaga 1996: 48).

33. Más recientemente, han aumentado las cabinas de internet y las discotecas en los asentamientos más nuevos, que ofrecen mejores precios para las clases bajas (Strocka 2008: 163).

2009 y 2010 y quiso abrir un local en un terreno residencial de la UNSCH. Los estudiantes protestaron y, al final, las autoridades universitarias también se opusieron.[34] En Ayacucho no había cines durante el periodo de la realización del estudio, pero en la plaza de Armas sí hay un pequeño teatro, donde en ciertos días se exhiben videos culturales para niños. Los fines de semana las familias se dirigen a los recreos de la ciudad, grandes locales donde se sirve comida de la zona y se toca música tradicional. Los adolescentes y adultos visitan otros tipos de recreos donde se escuchan ruidosas cumbias y se puede bailar y beber bebidas alcohólicas. El fútbol también es una actividad familiar popular los fines de semana, al igual que los desfiles que tienen lugar en la plaza los domingos por la mañana.

Zapata et ál. sostienen que si bien la identidad ayacuchana gira en torno al folklore y la tradición, ella se ha "reconfigurado" después de la migración, la violencia y la globalización (2008: 211). Como vimos en la introducción, dicha "reconfiguración" no significa una pérdida de las tradiciones y muchas veces se refleja en su combinación (*cf.* Huber 2002; Strocka 2008; Zapata et ál. 2008). En la ciudad de Ayacucho, esto incluye los quioscos de periódicos pintados como los retablos tradicionales, la popularidad que tiene el rock en quechua y español, y la expansión de los gimnasios (Huber 2002: 37). Reynaga (1996) asimismo resalta diversos cambios culturales en la vestimenta, las preferencias alimenticias y las actividades culturales que los campesinos de Manallasaq experimentaron en la ciudad (para una explicación de los ejemplos véase en la introducción la sección "Identidad, cultura y lenguaje en el continuo rural urbano"). Ella halló que se usaba cada vez más el español en la ciudad y que no se valoraba al quechua. No obstante, mi investigación encontró que las prácticas lingüísticas y culturales son más complejas.

En su historia reciente, Ayacucho ha sufrido muchos traumas sociales, lo que la ha colocado en una situación tal vez única en el Perú. Debido a ello, encontramos distintas economías familiares en la ciudad, que van desde los campesinos que mantienen una casa ahí, hasta los estudiantes y profesores universitarios que también son agricultores durante los fines de semana. Para contrastar la situación especial de la ciudad de Ayacucho elegí a Arequipa, cuya historia es sumamente distinta.

---

34. Véase en Plaza Vea (2010), un video del rechazo estudiantil al supermercado.

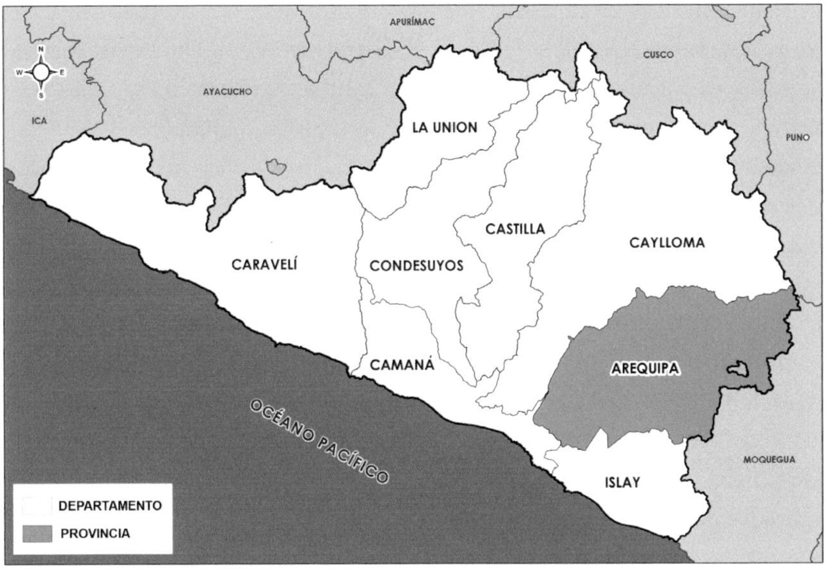

Mapa 3. Provincia de Arequipa.

Arequipa: Perú

El departamento de Arequipa, cuenta con una población de más de un millón de habitantes. Por otro lado, la ciudad de Arequipa es la segunda más grande del Perú después de Lima, la capital (INEI 2007).[35] El departamento del mismo nombre tiene ocho provincias ubicadas en las costas del Pacífico y en las montañas de los Andes. Arequipa es la capital del departamento y se encuentra en la provincia que lleva el mismo nombre. Esta provincia tiene 29 distritos rurales y urbanos. En 2007, 842.880 habitantes conformaban la población urbana y 21.370 la población rural (INEI 2007a).

Arequipa fue fundada en 1540 como una ciudad española y sirvió como centro de una conveniente ruta comercial entre Lima y la sierra de Puno. En 1915, el político arequipeño Víctor Andrés Belaúnde (1883-1966) describió a su ciudad natal como "el primer centro de la población blanca en el Perú" (1963: 122). Arequipa es popularmente conocida como la "Ciudad Blanca"

35. Lima tiene ocho millones de habitantes. Las siguientes capitales departamentales andinas más grandes son Cuzco, con 348.935 habitantes, y Huancayo, que en el censo de 2007 tenía una población de 323.054 personas (INEI 2007a).

por su arquitectura de sillar, aunque hay mucho debate en torno al origen de este sobrenombre (Gutiérrez 1992: 113; Chambers 1999). Durante el periodo colonial tardío, fue una "ciudad provincial agraria, donde era difícil trazar una frontera estricta entre las áreas urbanas y las rurales" (Chambers 1999: 50). Había una gran clase de chacareros que trabajaban en los pequeños fundos de la campiña que rodea a la ciudad. Ellos forman parte del legado histórico de la "Ciudad Blanca", razón por la cual, como luego describiré, conforman una clase distinta de agricultores que la de aquellos que llegaron a partir de la década de 1950 provenientes de las sierras de Puno y Cuzco.

Arequipa fue un importante centro económico del sur peruano desde comienzos del siglo XX. A principios del siglo XIX, se la consideró la "segunda ciudad del Perú" debido a su gran actividad económica asociada con la exportación de lana y la minería.[36] Los negocios de producción y exportación se vieron facilitados por el ferrocarril construido en 1871 (Gutiérrez 1992). Al caer las exportaciones en la Primera Guerra Mundial, Arequipa se convirtió en un centro industrial. Por ejemplo, se construyeron muchas fábricas, entre ellas, la fábrica nacional Leche Gloria, que en 1941 inició su producción (Quiroz 1990: 641). La minería y el turismo también son ahora una gran fuente de ingresos.[37]

La ubicación y el vigor económico de Arequipa resultaron atractivos para las poblaciones de la región sur peruana. En la década de 1950, esta ciudad pasó a ser el "eje regional más importante" en lo que respecta a la industrialización y exportación de productos agrarios, cobre, harina de pescado y otras materias primas (Chávez O'Brien 1987: 35). La población urbana de Arequipa ha aumentado considerablemente desde la década de 1960, después del dañino terremoto de 1958 (Gutiérrez 1992: 231). Arequipa se convirtió en un eje económico importante en la década de 1970, cuando generaba el 80% del PBI

36. Las casas comerciales británicas y francesas llegaron a Arequipa en 1821 para tomar parte en el negocio de exportación, puesto que Europa era el principal mercado para la lana de alpaca y vicuña (Carpio 1990: 492). Este negocio se encontraba estrechamente vinculado con la producción de lana de oveja, llama, alpaca y vicuña en las zonas altas de Arequipa, Puno, Cuzco y Bolivia (493). En ese entonces, Arequipa también exportaba quinua, cuero, cascarilla, oro en polvo, pieles de chinchilla y oro (495).

37. La mina de Cerro Verde, a diez minutos de la ciudad, inició su producción en 1977 (Carpio 1990: 715). El turismo comenzó a crecer en la década de 1970, cuando el convento de Santa Catalina fue abierto al público. En 1984, Arequipa contaba con 289 agencias de turismo. Muchos jóvenes estudian inglés en esta ciudad y se convierten en guía de turismo (Carpio 1990).

del sur peruano (Chávez O'Brien 1987: 24). El proceso de urbanización atrajo a aimaras y quechuahablantes provenientes sobre todo de los departamentos de Puno y Cuzco, lo que incrementó la población de 61.000 personas en 1940 a medio millón en la década de 1980 (Guerra 1983).[38] En 1961, el 41% de los migrantes provenía de Puno, 21% de las provincias de Arequipa y 15% del Cuzco (Chávez O'Brien 1987: 51).[39] En esa época, muchos jóvenes arequipeños con una sólida educación emigraron a Lima. Como nos dice Quiroz, "[s]alió de Arequipa un contingente poblacional más joven y con mayor nivel de educación que el que ingresó a ser parte de ella" (1990: 707).

Los campesinos puneños emigraron a Arequipa en mayor número durante la larga sequía que sufrió su región de 1956 a 1958, cuando tuvieron que enfrentar unas duras condiciones socioeconómicas (Carpio 1990: 675).[40] La sequía fue más fuerte en 1957, al punto que en dicho año la falta de alimentos hizo que muchos murieran de hambre.[41] En esta época, nos dicen Claverías y Manrique, "la única posibilidad e[ra] que la familia migr[as]e definitivamente o [que] parte de ella se [fuer]a" (1983: 113). Cuando emigraban a Arequipa, los campesinos puneños dejaban atrás la agricultura, muchas veces en forma indefinida. Allí encontraron trabajo en actividades comerciales y de servicio personal. Para 1985, el 49% de los vendedores ambulantes provenía de Puno (Chávez O'Brien 1987: 51; Carpio 1990: 722).

Aunque no contamos con estadísticas sobre cuántas personas dejaron Puno en esta época, en 1940, 15.974 hijos de puneños nacieron en Arequipa, y para 1972, fueron 62.205. Otras estadísticas indican que hasta el 42% de la población de Arequipa de este entonces era puneña (Chávez O'Brien 1987: 37).[42] La emigración de Puno a Arequipa prosiguió durante las décadas de

38. En 1961, la población era de 166.000 personas, en 1972 saltó a 309.000, y en 1982 creció a 555.000 (Gutiérrez 1992: 233).

39. En 1981, la población migrante de Puno subió ligeramente a 46%, y la de Cuzco a 20% (Rodríguez 1989: 31).

40. La sequía también afectó el Cuzco, Apurímac y las zonas altas del campo arequipeño, lo que incrementó la pobreza y el hambre en estas regiones (Carpio 1990: 675).

41. La economía puneña, que tenía como base la agricultura y la pesca, cayó fuertemente. Su producción de papa se redujo en 90%, la de quinua en 80% y la de cebada en 82% (Claverías y Manrique 1983: 111).

42. En el censo de 1963 y 1964, siete urbanizaciones populares reportaron que los puneños conformaban la mitad de la población (Gutiérrez 1992: 237).

1970 y 1980, de modo tal que en 1972 y 1981 Puno experimentó una caída poblacional de -8,9% (Carpio 1990: 707).

Arequipa también cuenta con una gran población emigrante cuzqueña. Los cuzqueños son fundamentalmente quechuahablantes y han estado llegando en gran número desde la época de la reforma agraria (1969), cuando los campesinos quedaron en peor condición económica (Carpio 1990). Desde la década de 1960, Arequipa es el segundo centro migratorio del Perú después de Lima.

Migración, identidad y raza en Arequipa

Las relaciones sociales son complicadas en Arequipa por las tensiones que existen entre los arequipeños y los migrantes que han llegado de Puno y Cuzco desde la década de 1950. Muchos textos históricos sobre la demografía arequipeña solo se enfocan en la raza. Por ejemplo, se ha notada que la población más importante de Arequipa desde el siglo XVI ha sido la de "la raza blanca" (Galdos Rodríguez 1999). Los censos del siglo XVIII indican que en aquel entonces la ciudad contaba con 30.000 habitantes, de los cuales 26.000 eran españoles y 4000 eran nativos (nacidos en la ciudad o forasteros) (1999: 335, citando a Travada y Córdova 1958: 90). Ya en la República, en los siglos XIX y XX, el término "mestizo" rara vez apareció en la documentación legal de Arequipa (Chambers 1999: 84-85), y es posible que se les haya contabilizado como blancos (Galdos Rodríguez 1999: 335). Los arequipeños, en efecto, evitaban las etiquetas raciales, de modo que las más de las veces "la mayoría de ellos podía sostener ser blancos" (Chambers 1999: 90). Hay muchos ejemplos de cómo los arequipeños nativos, que decían ser blancos, vieron llegar "la avalancha" de pobladores andinos a Arequipa, considerada hasta entonces un "oasis".

> [...] al hablar del mestizaje histórico arequipeño me quiero referir primordialmente, a los miles y miles de compatriotas que han bajado de las cumbres de los Andes y han puesto aquí, al pie del Misti, su anónima esperanza de encontrar una vida mejor en este oasis [...] en los últimos veinticinco años se han incorporado a la vida urbana de Arequipa no menos de trescientos mil de estos compatriotas. En toda su historia, nunca Arequipa ha soportado una avalancha migratoria que se le iguale [...]. (Carpio 1990: 728)

Rodríguez comentó el cambio racial que se produjo en Arequipa, mencionando que el arribo de campesinos de Puno y Cuzco "acusa el sombreamiento cada vez más intenso de la piel [...] más indígena que mestizo" (1989: 33-34). Esta imagen de los migrantes es común en otras narraciones escritas por arequipeños de ese entonces. Los historiadores señalan que en esa época Arequipa se convirtió en dos repúblicas: la del sector formal y la del sector informal; o la de los monumentos y la de los pueblos jóvenes (Gutiérrez 1992: 239).

La expansión urbana de Arequipa es asimismo resultado del incremento de los pueblos jóvenes (Gutiérrez 1992), objeto de muchos estudios sobre los migrantes y el quechua en esta ciudad. Adams (1976, 1980) llevó a cabo un trabajo de campo en dos de estos asentamientos arequipeños a finales de la década de 1970, donde observó el surgimiento de una subcultura quechua urbana en la ciudad. Este autor estudió la conservación de cuentos y adivinanzas quechuas entre los migrantes, al igual que el uso de la medicina tradicional. El quechua se mantenía en los pueblos jóvenes, sobre todo entre los adultos. Otros estudios se dedicaron a analizar la vida cotidiana y las prácticas socioeconómicas en otro pueblo joven de Arequipa llamado Jerusalén (véase en la introducción el acápite "El continuo rural/urbano".

A pesar de que muchos migrantes sufren un duro trato y una segregación espacial, el estudio de los migrantes andinos en Lima mostró las formas en que estos incorporan y transforman las prácticas culturales de sus pueblos natales (Golte y Adams 1987; Altamirano y Hirabayashi Ryo 1997). Lo mismo se ha encontrado para el caso de los migrantes de Arequipa. Paerregaard indica que los tapeños (los habitantes del poblado de Tapay, en Caylloma, Arequipa) emigran a Arequipa y Lima con "miras a convertirse en miembros de la sociedad criolla y dejar de lado su estatus social como indios quechuahablantes del campo, y pasar a ser peruanos urbanos que hablan español" (2003: 276). Sostiene, además, que esta decisión no conlleva la aculturación, puesto que muchos terminan reinventando prácticas performativas y rituales en las ciudades, como la fiesta de la Candelaria (una celebración religiosa) y las reuniones sociales en eventos de fútbol.

Antecedentes sociolingüísticos de Arequipa

Además de los migrantes quechuahablantes de Puno y Cuzco, en Arequipa también encontramos migrantes de las comunidades de altura de la región que hablan esa lengua. El dialecto collavino del quechua se habla en la mayoría

Imagen 2. Afiches del Centro Estudiantil Universitario Cultural y de Proyección Social "José María Arguedas" en la Universidad Nacional de San Agustín, Arequipa (2010, fotografía de la autora).

de las provincias de la sierra arequipeña: Caravelí, Castilla, Caylloma, Condesuyos y La Unión. Chirinos (2001) halló que si bien el quechua se conserva en estos lugares, es posible que otros distritos tradicionalmente quechuahablantes, como Chivay (en el valle del Colca), estén pasándose rápidamente al castellano (67). Hay, sin embargo, muy poca información sobre el uso del quechua en estas comunidades.

A diferencia de Ayacucho, hay muy pocos informes sobre el papel del quechua en la educación pública arequipeña. La Universidad Nacional de San Agustín (UNSA), el centro de educación superior público más importante de Arequipa, se fundó en 1828 y ha desempeñado un rol importante en la historia republicana de esta ciudad. Instaurada la República, se ofrecieron ahí clases de inglés y francés, pero no hay mención alguna de cursos de quechua (Quiroz 1990: 456). Actualmente se ofrecen clases de esta lengua en el Centro de Idiomas de la UNSA, y hay también un grupo estudiantil de lengua quechua y actividades culturales llamado Centro Estudiantil Universitario Cultural y de Proyección Social (CEUCP) "José María Arguedas". Este Centro anuncia sus actividades en afiches que colocan en el campus (véase la imagen 2).

Las migraciones puneña y cuzqueña han contribuido a aumentar la población quechua (y aimara) hablante en Arequipa. Chirinos sostiene que en esta ciudad, una de cada cinco personas es un hablante nativo de quechua o aimara, y de esa cifra, 71% son migrantes (Chirinos 2001). No obstante, el censo de 2007 brinda otra imagen. En él se hizo la siguiente averiguación: "Idioma o lengua con el que aprendió a hablar". En Arequipa, solo el 14,7% mencionó el quechua, y en la provincia del mismo nombre, apenas el 12%. Esta cifra es asimismo sumamente baja en el distrito de El Cercado (que corresponde al centro de la ciudad): 4,8%. Sin embargo, en el distrito de Paucarpata (véase la familia Mamani, capítulo 4), el porcentaje se eleva a 13,2% (INEI 2007b). La respuesta en el censo podría no ser clara para Arequipa. El quechua no es numéricamente fuerte en el centro de la ciudad.

A finales del siglo XX, los estudiosos reportaron que el quechua estaba rápidamente cediendo su lugar al español, incluso en los pueblos jóvenes. En 1990, Gugenberger halló que si bien en Arequipa los migrantes conservaban ciertos lazos con su cultura y lengua, estaban pasándose al castellano debido a ciertos factores socioeconómicos, políticos y sicológicos (1990: 190). A pesar de ello, varios trabajos señalan la gran influencia que el quechua ha tenido sobre el dialecto regional arequipeño del español. Carpio ha elaborado un diccionario de arequipeñismos, donde figura que el 35% de las palabras proviene del quechua y el 15% del aimara. Los arequipeñismos incluyen expresiones quechuas tales como ¡achachau!, y otras formas cordiales y afectuosas de hablar, por ejemplo, añadiendo a los nombres –y, el sufijo posesivo quechua de la primera persona (1999: 33).

Todos los estudios referidos al quechua en Arequipa se concentran en los pueblos jóvenes. Sin embargo, fuera de estos lugares también podemos observar una interesante dinámica en la lengua y la cultura, que muestra el rostro siempre cambiante de Arequipa y su continuo proceso de urbanización. Tan solo en 2010 se abrieron tres grandes centros comerciales en esta ciudad, que cuentan con tiendas minoristas y restaurantes, nacionales e internacionales (*El Comercio* 2010a). Esto ya ha tenido un gran impacto en el uso de la lengua quechua en los mercados andinos, un espacio donde históricamente ha sido fuerte (Larson et ál. 1995; Seligmann 2004). Faltan publicaciones sobre la historia cultural de Arequipa en los siglos XX y XXI, aunque es posible que un trabajo más profundo en archivos revele más información.

Cuadro 1

CARACTERÍSTICAS SOCIOLINGÜÍSTICAS DE AYACUCHO Y AREQUIPA

DEPARTAMENTO	AYACUCHO	AREQUIPA
Población	612.489 en 2007 (departamento de Ayacucho)	1 millón (aproximadamente) en 2007 (departamento de Arequipa)
Descripción	• Uno de los departamentos más pobres y aislados del Perú • Historial de violencia debido a la irrupción de Sendero Luminoso en las décadas de 1980 y 1990	• Segunda ciudad del Perú • "Ciudad Blanca" • Centro económico del sur peruano
Población quechuahablante	• 70% en el departamento de Ayacucho • 57% en la provincia de Huamanga • 38% en el distrito de Ayacucho	• 1 de cada 5 habla quechua o aimara (71% migrantes) • 14,7% en la provincia de Arequipa • 4,8% en el centro de la ciudad (El Cercado) • 13% en el distrito de Paucarpata
Perfil migratorio	• 52% emigró durante la época de violencia (70% campesinos) • Doble residencia rural/urbana	• Campesinos que huyen de la sequía en Puno entre 1956 y 1958 • 42% de la población de Arequipa proviene de Puno (1970)
Crecimiento demográfico debido a la migración	De 25.000 en 1970 a 150.000 en 1993 (provincia de Huamanga)	De 61.000 en 1940 a medio millón en la década de 1980 (provincia de Arequipa)

Arequipa es un caso dinámico en lo que respecta a migración y lengua en los Andes. Dejando de lado a Lima —la capital—, su posición económica la convirtió en un lugar atractivo a donde emigrar. La naturaleza de la emigración en Arequipa es, así, sumamente distinta a la de Ayacucho, con su historia de violencia. Tanto el estatus socioeconómico como la historia de estas dos ciudades peruanas son diferentes. El cuadro 1 resume los principales contrastes entre ambas.

Características lingüísticas del contacto entre las lenguas

A lo largo de los Andes, sobre todo en las áreas urbanas, las tradiciones culturales y sociales se encuentran hoy "entrelazadas" debido a los frecuentes contactos entre los ámbitos rurales y urbanos (Paerregaard 1997: 3). Dicho entrelazamiento resulta evidente en la difusión del dialecto español andino en el siglo XX (Escobar 2007, 2011a) y en el surgimiento de variedades lingüísticas mixtas de quechua y español, como la llamada "media lengua" que se habla en Ecuador (Muysken 1981, 1996). En esta sección examinaré los principales estudios realizados sobre el contacto lingüístico, con especial énfasis en el quechua andino, para así contextualizar los hallazgos referidos al fenómeno de dicho contacto: préstamos lexicales y gramaticales, cambios de código y lenguas mixtas. Este examen se inicia con una revisión de los préstamos lexicales españoles en el quechua.

Préstamos lexicales del español en el quechua

El primer nivel del contacto lingüístico se observa en los préstamos lexicales. Winford sostiene que estos préstamos frecuentes se incorporan a las lenguas debido a la "necesidad" y el "prestigio" de la otra lengua (2003: 37). En el quechua encontramos que muchos préstamos del español son de palabras que tienen equivalentes en ella, y estas últimas a menudo son usadas conjuntamente con dichos préstamos. Pueden asimismo tomar sufijos quechuas.[43] Voy a referirme primero a los préstamos lexicales españoles y sus campos semánticos,

---

43. Carranza (1993: 147) sugiere que muchos préstamos lexicales son "creaciones mestizas" que los misioneros españoles idearon como parte de la evangelización y castellanización de las comunidades quechuahablantes.

tras lo cual describiré la gran cantidad de estos préstamos que también toman sufijos quechuas. Muysken (1981) ha elaborado una jerarquía de préstamos para entender cuáles son los que entran en las lenguas: sustantivos fáciles de prestarse, adjetivos, verbos, preposiciones, conjunciones coordinantes, cuantificadores, determinantes, pronombres libres y clíticos y conjunciones subordinantes. Esta jerarquía es aplicable a los préstamos realizados por el quechua.

Comenzaré analizando los préstamos lexicales hallados en el quechua. Winford (2003, siguiendo a Haugen 1969) los clasifica en varias categorías según su composición lingüística. Sin embargo, en el quechua es habitual encontrar estos préstamos. En muchas lenguas usualmente son adaptados a la fonología y la morfología de la lengua receptora (Winford 2010). Pero en el caso del quechua, estos elementos de contacto son invariablemente adaptados, tal como lo muestran los ejemplos que aparecen a continuación. Tomaré en cuenta este punto en el análisis del contacto lingüístico en Ayacucho.

Mamani y Chávez (2001) analizaron los préstamos hallados en las entrevistas que formaron parte del trabajo de campo que realizaron en la Bolivia rural y urbana con 56 informantes de ambas zonas. Hallaron que los varones y mujeres, tanto urbanos como rurales, usaban frecuentemente préstamos del español en su quechua (52% del habla los incorporaba) (89).[44] En el cuadro 2 aparece un resumen de sus datos.[45]

Cuadro 2

Frecuencia y tipo de préstamos del español en el quechua boliviano (Mamani y Chávez 2001: 92)

Tipo de préstamo	Frecuencia de los préstamos en los datos	Categorías y ejemplos
Sustantivos	62%	**Nombres propios:** *Alijanru* "Alejandro", *Jusiy* "José" **Sustantivos comunes:** *palta* "palta", *piru* "perro", *kawra* "cabra" **Nombres abstractos:** (sin existencia real): *alma-ta* "al alma" alma-AC

44. Los informantes urbanos se prestaron 57% de palabras en castellano (varones: 34%; mujeres: 23%), y los rurales, 43% (varones: 26%; mujeres: 17%).

45. El apéndice A contiene una lista de las abreviaturas de las glosas quechuas.

Verbos	15%	**Verbos copulativos:** *ay* "hay", *ira* "había", *tinku* "tengo" **Verbos transitivos:** 1) Transitivo activo: *aprinti-nku* "aprenden" aprender-3pl. 2) Transitivo fáctico: *alkansa-yku* "alcanzamos" alcanzar-3pl.EX 3) Transitivo de movimiento: *kuri-nku* "ellos corren" correr-3pl. **Verbos intransitivos:** *nasi*-n "nace", *mijura-nku* "mejoran" nacer-3sg. mejorar-3pl. **Verbos reflexivos:** *aliminta-ku-nku* "se alimentan a sí mismos" alimentarse-REF-3pl.
Adverbios	9%	**Adverbios calificativos:** *mal-ta* "malo", *mas-ta*, "más" mal-AC más-AC **Adverbios derivados con el morfema adverbial español -mente:** *Aktuwal-minti* "actualmente", *kunkrita-minti* "concretamente" **Adverbios determinantes:** 1) Adverbios de lugar: *altu-pi* "encima de", *isti-pi* "al este" encima-LOC este-LOC 2) Adverbios de tiempo: *antis-ta* "antes-AC", *uras-ta* "hora" antes-AC hora-AC 3) Adverbios de negación: *nu* "no", *tutawiya* "todavía no", *tanpuku* "tampoco"
Adjetivos	6%	**Adjetivos descriptivos:** 1) Adjetivo de calidad: *asul,* "azul", *ruju* "rojo", *nikru* "negro", *phasil* "fácil" 2) Adjetivo de cantidad: *mas* "más", *minus* "menos", *muchu* "mucho" 3) Adjetivos relacionados con el tamaño: *altu* "alto", *larku* "largo", *ranti* "grande" 4) Adjetivos de formas: *kurtu* "gordo", *ruysu* "grueso", *chuyku* "chueco" **Adjetivos demostrativos:** 1) Números cardinales: *mil* "mil", *kuwatru* "cuatro", *unsi* "once" 2) Números ordinales: *ramiru* "primero", *sikuntu* "segundo" 3) Adjetivos indefinidos: *tutu* "todo", *utru* "otro" 4) Comparativos: *ikwal,* "igual", *mayor* "mayor"
Conjunciones	4%	**Conjunciones copulativas:** "ni…ni", y "y" **Conjunciones disyuntivas:** *u* "o" **Conjunciones adversativas:** *piru* "pero", *sinu* "pero"
Preposiciones	3%	*Asta* "hasta", *kun* "con", *para* "para", *pur* "por"
Artículos	1%	*Il* "él", *la* "lo femenino", *las* "el plural femenino", *lus* "el plural masculino", *una* "femenino de un"
Pronombres	0%	----

En los datos anteriores, los préstamos lexicales híbridos (*loanblends*), o raíces españolas con sufijos quechuas, son frecuentes en toda categoría léxica, excepto en los adjetivos, preposiciones, artículos y adverbios terminados en "*–mente*" (193). Las situaciones de "contacto más intenso", o de nivel 3, según la escala de préstamos de Thomason y Kaufman (1988), se encuentran indicadas por el uso de afijos nativos con préstamos. A continuación tenemos ejemplos adicionales de préstamos del español con sufijos quechuas.

1. Préstamos del español con sufijos quechuas (Mamani y Chávez 2001: 118-120)

Sustantivos con flexiones posesivas	Traducción al español
Waka-y vaca-1sg.POS	Mi ganado
Wuru-nku-ta burro-pl.-AC	A sus burros

Como vemos en la jerarquía de préstamos de Muysken (1981), los verbos y sustantivos figuran entre los primeros elementos que se toman prestados. Un ejemplo con datos obtenidos en la ciudad de Arequipa en la década de 1980 muestra frecuentes préstamos de verbos.

2. Verbo español tomado en préstamo con flexión quechua (Adams 1980: 243)

Préstamo	Traducción al español
Alliminta-ni alimentar-1sg.	Alimento

En el quechua, los préstamos del español se encuentran en muchos campos semánticos y en numerosos casos se los emplea en forma intercambiable con su equivalente lexical quechua (Godenzzi 2005). Mamani y Chávez distinguen campos lexicales hallados en sus datos, entre ellos, la política: 18% (v. g. *awturitat* por "autoridad", en quechua, *kamachix*); tradiciones: 11% (v. g. *phista* por "fiesta", en quechua, *raymi*); nombres de lugares: 10% (v. g. *kalli* por "calle", en quechua, *llaxtañan*); y tiempo: 8% (v. g. *akustu* por "agosto", en quechua, *wayrakilla*) (2001: 139-141).

Los lingüistas explican que el género de los datos obtenidos es importante cuando consideramos los campos lexicales encontrados. Adams (1980) brinda ejemplos provenientes de entrevistas, cuentos tradicionales, adivinanzas y narrativas no tradicionales en los cuales aparece una gran cantidad de préstamos en temas de religión, derecho y política, educación, comercio y ocupaciones, números, alimentos y bebidas, e incluso términos agrícolas que tienen equivalentes en quechua (v. g. "*corral-pi*" "en el corral", y "*pastor-kuna*" "los pastores"). La música y los cantos tradicionales también muestran muchos préstamos del español. Muysken (1990) analiza los préstamos de los huaynos que hablan del amor y las relaciones.

3. Préstamos en huaynos (Muysken 1990: 166)

Préstamo	Traducción al español
Amur	Amor
Bida	Vida
Anillu	Anillo
Cura	Cura

También hay, sin embargo, un extenso vocabulario quechua para estos préstamos. Muysken halló tal abundancia de ejemplos mixtos español/quechua en la música que sostiene que "no pueden ser clasificados inequívocamente ya sea como quechua y [fueron más bien] etiquetados [como] "mixtos" [de] forma". El género de la fuente de datos parecería influir, una vez más, sobre los tipos de préstamos encontrados.

Los préstamos españoles también pueden usarse frecuentemente cuando se cuenta con un equivalente en quechua. Los datos de Hornberger (1988, 1991) sobre el quechua en el Puno rural muestran, asimismo, muchos préstamos lexicales españoles ya incorporados al quechua. Algunos ejemplos incluyen palabras o expresiones aisladas: *kasi la mitad* "casi la mitad", *asta* "hasta", y *disdi* "desde" (Hornberger 1988: 155). Mamani y Chávez ampliaron la discusión de los campos lexicales clasificando los préstamos con equivalentes en quechua: los *préstamos consolidados* dan cuenta del 14% de ellos. Son préstamos antiguos en quechua y palabras históricas en español; la mayoría de los hablantes no son conscientes de que se trata de préstamos (2001: 153-154).

4. Préstamos consolidados (Mamani y Chávez 2001: 153-154)

Préstamo consolidado	Traducción al español
Waka	Vaca
Lichuja	Lechuga
Arus	Arroz

La segunda categoría es la de los *préstamos prescindibles*, a la cual podemos dividir en dos tipos: A y B. Los préstamos del tipo A dan cuenta del 20% de los que son necesarios y constan de vocablos técnicos, científicos e internacionales que no poseen un equivalente en quechua y a los cuales se conoce también como préstamos culturales (Winford 2003). Los préstamos del tipo B dan cuenta del 57% de los préstamos necesarios y son palabras que sí tienen un equivalente en quechua (Hornberger 1988: 155). Los autores sostienen que el alto número de préstamos del tipo B contribuye al cambio lingüístico y "al empobrecimiento del idioma y ayuda a la pronta castellanización, ocultando el verdadero valor del idioma [quechua]" (Mamani y Chávez 2001: 154).

5. Préstamos necesarios del tipo A

Préstamos necesarios del tipo A	Traducción al español
Kimika	Química
Phisica	Física

6. Préstamos necesarios del tipo B

Préstamos necesarios del tipo B	Traducción al español
Nikru	Negro
Phista	Fiesta

En mi investigación, hallé que los quechuahablantes a menudo alternan entre los préstamos en castellano y la palabra nativa en quechua (véase el capítulo 3). Sin embargo, Godenzzi sostiene que lo hacen debido a la fuerte influencia del español (2005: 180), en tanto que Mamani y Chávez afirman que este uso de los préstamos demuestra que los hablantes están "olvidándose de los términos propios de su lengua" (2001: 18). En el presente estudio proponemos que en el quechua hay tres categorías de préstamos lexicales del español: i) los que no tienen un equivalente en quechua; ii) los que sí lo tienen pero se emplean solos; y iii) el uso simultáneo de los préstamos del español y su equivalente en quechua.

Varios lingüistas sostienen, asimismo, que para que los préstamos sean reconocidos como tales deben ser adaptados al sistema fonológico. Mamani y Chávez encontraron que se los asimila a los fonemas quechuas más cercanos al español (2001: 67). Las vocales de esta lengua son sustituidas obligatoriamente con préstamos quechuas, /e/ y /o/ por /i/ y /u/, y las consonantes /b/ y /d/ con /w/ y /t/ (Carranza 1993: 323). El manual de la lengua quechua de Soto (2006) afirma que la gente de las ciudades normalmente adapta los préstamos a la fonología española. Por ejemplo, los hablantes con una influencia más urbana dirían "maestro" [maiestro], en tanto que quienes tienen una mayor influencia rural dirían "mayistru" [maistru] (Soto Ruiz 2006: 30). Se halló así que el espacio y el conocimiento del español son factores que influyen en la adaptación de los préstamos. En el capítulo 3 examinaré la adaptación fonológica y morfológica de los préstamos lexicales en el uso que los jóvenes de primera generación hacen del quechua.

Préstamos gramaticales del español en el quechua

El largo y extenso contacto entre el quechua y el castellano también tuvo como resultado un fuerte préstamo gramatical, o el préstamo de expresiones gramaticales o de función del español al quechua. Thomason y Kaufman (1988) sostienen que los préstamos gramaticales se dan en situaciones de intenso contacto lingüístico, después de un gran préstamo lexical y cuando hay un gran número de hablantes que tiene un alto grado de bilingüismo (véase también Winford 2010: 180). Los préstamos gramaticales han ingresado en muchas categorías del quechua, por lo que Muysken sostiene que "surgió toda una nueva variedad de lenguaje" (2001: 59). En esta sección examinaré lo que sabemos de los principales préstamos gramaticales encontrados en el contacto quechua/español.

El quechua ha tomado prestadas más expresiones gramaticales que otras lenguas indígenas. Hekking y Muysken (1995) analizaron los préstamos gramaticales comparando el quechua boliviano con la lengua otomí de México.[46] Los datos del quechua muestran préstamos en las siguientes categorías: 184 sustantivos (823 casos); 81 verbos (241 casos); 38 adjetivos (77 casos); y 19 adverbios (101 casos) (104-105). El quechua tomó prestado un 20% de muchas categorías gramaticales, en tanto que el otomí solamente un 10% (103). El primero se presta más categorías que el otomí, tales como conjunciones coordinadas y subordinadas (*si* "si", *que* "qué", y *cuando* "cuando"), y unas cuantas preposiciones. El quechua frecuentemente se presta *i* "y" (39 casos), *ah* "oh" (922 casos) y *pero* "pero" (31 casos).[47] Los autores sostienen que resulta difícil establecer si lo que explica los préstamos son factores sociolingüísticos, tales como el prestigio que el español tiene en cada comunidad, o factores estructurales (v. g., el orden típico de las palabras en quechua es: sujeto=S objeto=O, verbo=V [SOV], mientras que en otomí es SVO) (116).

Las preposiciones a menudo se prestan del español al quechua, y muchos lingüistas encuentran que también se las toma en préstamo en conjunción con los equivalentes en quechua. Un ejemplo de ello es la preposición *hasta* "hasta".

7. *Hasta* en el discurso quechua (Muysken 2001: 61)

Oración en quechua	Traducción al español
Hasta *mayu* *chaya-spa* río arribar-SUB.	Arribar hasta el río

46. Los datos de la lengua quechua provienen de un corpus de 7000 palabras tomadas de cantos, bromas y relatos publicados de una región aislada en Potosí, Bolivia; los del otomí provienen de entrevistas informales y comprenden 2500 palabras.

47. En el corpus hallaron subordinadas quechuas: *asta*, "hasta"; *ke*, "qué"; *kwando*, "cuando"; y sí, "sí". El otomí lista 17 subordinadas distintas. El quechua tiene menos preposiciones (v. g. *a*, "a"; *de*, "de"; y *en*, "en") que el otomí, que tiene 12 (Hekking y Muysken 1995: 107).

8. *Hasta* y el equivalente quechua, *–kama* (Adams 1980: 250)

Oración en quechua			Traducción al español
Trabaja-ni Trabajar-1sg.	hasta	*kunan-kama* ahora-hasta	He trabajado allí hasta ahora

Las conjunciones frecuentemente se toman prestadas y fueron de los primeros elementos españoles que entraron al quechua. Algunos ejemplos son: *pero* "pero", *sino* "si no", *o* "o", *porque* "porque" y *hasta* "hasta" (Torero 2005: 64).

Pero "pero" se usa por sí mismo o conjuntamente con *ichaqa*, su equivalente en quechua (Adams 1980: 242).

9. Uso de *pero* (Adams 1980: 242)

Oración en quechua					Traducción al español
Pero	*chay-pi* ahí-LOC	*ka-sqa* estar-PER	San Cipriano	libro	Pero el libro de San Cipriano estaba ahí

Porque también se usa frecuentemente en el quechua hablado en los pueblos jóvenes de Arequipa.

10. *Porque* (Adams 1980: 242)

Oración en quechua				Traducción al español
Porque	*puna-pi-qa* puna alta-LO-TO			Porque las casas en la puna alta están bastante lejos la una de la otra
riki por supuesto	*wasi-kuna* casa-PL.	*karu* lejos	*karu-lla-pi* lejos-DEL-LO	

Otros ejemplos incluyen el préstamo de *si* "si", al cual se duplica con su equivalente en quechua *–chus.*

11. *Si es que* "si es que" (Muysken 2001: 65)

Oración en quechua				Traducción al español
Si (…)	es que	*mana* no	*ranti-nki-chu* comprar-2sg.-NEG	Si es que no lo compran

La negación del español también se encuentra en el quechua. *Ni* "ni" frecuentemente se duplica con otros elementos negativos (Muysken 2001: 67). Adams halló que este elemento del quechua urbano de Arequipa variaba de un hablante a otro (1980: 241). A continuación, tenemos un ejemplo.

12. El préstamo del español "*ni…ni*" en el discurso quechua (Adams 1980: 241)

Oración en quechua				Traducción al español
¿Ni	*ima-pas* que-ADD	ni *runa-pas* gente-ADD	*kan-chu*? haber-Q	¿Es que allí no hay nada ni nadie?

Hay ejemplos adicionales de los préstamos gramaticales encontrados en distintos dialectos quechuas a lo largo de los Andes. Los estudios muestran que frecuentemente se toman prestados el diminutivo español *–ito/–ita* y los morfemas del plural hispano *–es, –s*. Adams (1980) solamente halló ejemplos aislados del diminutivo español en entrevistas y al obtener datos entre migrantes recientes de Arequipa. Él sostiene que esta expresión gramatical se encuentra con mayor regularidad en los dialectos quechuas bolivianos, lo que haría que este rasgo tenga mayor presencia en las regiones de Arequipa y Puno, dada su cercanía a Bolivia. Godenzzi también encontró la duplicación de los marcadores diminutivos del castellano y el quechua en un solo enunciado, lo que sirve para "intensificar su carga afectiva" (2005: 164).

13. El diminutivo español *–itu* con el diminutivo quechua *–cha* (Godenzzi 2005: 164)

Oración en quechua		Traducción al español
Urpi-(i)t-u-cha-ta Paloma-DIM-DIM-AC	*uywa-ku-rqa-ni* criar-REF-PERF.1sg.	Crié una palomita

Diversos estudios sobre el contacto lingüístico con el quechua citan el cambio del plural en esta lengua. Los morfemas de los plurales españoles *–s* y *–es* se usan en lugar del morfema quechua *–kuna*, y en otros casos, se los usa juntos: *–kuna-s*. A continuación aparece un ejemplo de reduplicación.

14. Morfema del plural en quechua *–kuna* con morfema del plural en español *–s* (Carranza 1993: 127)

Palabra quechua	Traducción al español
Auki-kuna-s Abuelo-PL.PL.	Abuelos

Otros elementos morfológicos tomados prestados del castellano incluyen el uso de los participios pasados *–ado/ada* (Sánchez 2003: 65), el aumentativo *–una/–un*, y el gentilicio *–ino* (un morfema usado para describir a las personas provenientes de cierta región) (Carranza 1993: 252, 323). Torero (1995) sostiene que las marcas de género masculina/femenina del español solamente se encuentran en unos cuantos dialectos quechuas; ninguna en las zonas en donde recogimos nuestros datos.[48] Por último, Sánchez halló que el obligatorio marcador acusativo quechua *–ta* tiende a dejarse de lado.

El orden español de las palabras aplicado en el quechua

El orden en quechua de las palabras es sujeto (S), objeto (O) y verbo (V) (Soto 1976b, Cerrón-Palomino 1987). Sin embargo, hay casos en los que el quechua cambia al orden español de las palabras: SVO= sujeto, verbo, objeto (Carranza 1993, Sánchez 2003). Adams sostiene que los cambios en los patrones sintácticos son más comunes entre los quechuahablantes urbanos que han aprendido esta lengua como un segundo idioma (1980: 239). El ejemplo que aparece a continuación muestra el contacto español en el orden quechua de las palabras, pero no indica de qué variedad de quechua se trata.

15. Orden SVO (Carranza 1993: 253)

Palabra quechua			Traducción al español
Ñoqa-kuna Nosotros-pl.	*miku-ya-rra* comer-EMP-3pl.	*chuñu apita* chuño papa	Comemos mazamorra hecha con chuño de papa

48. Ejemplos del quechua de Cajamarca, Perú son: subrinu/subrina (Torero 1995, citando a Quesada 1976).

Aunque este cambio se debe al incremento en los contactos, la variedad ayacuchana usualmente emplea el orden SVO, y con menor frecuencia los órdenes OSV y OVS (Soto 1976b: 59). Por lo tanto, el examen de la variedad quechua es relevante para el análisis del contacto y del orden de las palabras.

Si bien los estudios anteriores demuestran el fuerte impacto que el lexicón y la gramática españoles han tenido sobre el quechua, no aluden a los factores sociales relacionados con los usos más frecuentes de los distintos elementos de contacto, especialmente en las áreas urbanas, donde se sostiene que el contacto con el castellano es más fuerte. Adams (1980) explica que los elementos de contacto encontrados en los pueblos jóvenes de Arequipa representan cambios que también vienen dándose en el quechua en los espacios rurales (véase la familia Mamani). Sin embargo, no hay un solo estudio comparativo que corrobore dichos resultados para una única comunidad o hablante. Debemos, por ende, preguntarnos: ¿qué factores extralingüísticos, si alguno, repercuten en el contacto lingüístico y la influencia del español en los entornos urbanos? A continuación examinaré el fenómeno de contacto del cambio de código en el quechua.

El cambio de código quechua/español

En el contacto quechua/español, los lingüistas clasificaron como cambios de código a las palabras y frases individuales del español. Winford sostiene que "no hay consenso alguno con respecto a la frontera entre ambos: el cambio de código y los préstamos" (2003: 107). Teniendo en cuenta la miríada de elementos de contacto presentes en el quechua, el argumento para el cambio de código resulta sumamente complejo. En lugar de dar explicaciones lingüísticas, muchos estudios sobre el uso del quechua en áreas rurales y urbanas se refieren, más bien, a las motivaciones sociales que yacen detrás del cambio de código.

En lo que respecta al contacto quechua-español, el cambio de código fue estudiado en dos comunidades rurales de Puno por Hornberger (1988, 1991). Este autor encontró tres niveles de cambio en estas comunidades puneñas: el cambio de código intersentencial, el cambio de código intrasentencial y los préstamos lexicales.

En el cambio de código intersentencial, también conocido como cambio de código *situacional o metafórico*, los hablantes cambian de lengua para adaptarse a otros hablantes y para ofrecer traducciones a hablantes entre quienes predomina el quechua, a hablantes quechuas monolingües y a otros entre quienes prevalece el español. El factor más importante en este cambio es el interlocutor, pero también se lo emplea "para probar la más prestigiosa lengua española en medio de la conversación en curso" (Hornberger 1988: 113). Un ejemplo de ello es el uso de "ven, papito" en medio de un discurso quechua (1988: 154-155). El segundo tipo de cambio de código encontrado en Puno es el cambio de código intrasentencial. Hornberger explica que este tipo de cambio es complejo y difícil de distinguir de los préstamos lexicales, puesto que puede constar de una sola palabra. Sin embargo, ella halló que muchas veces los hablantes comienzan con un enunciado en castellano y terminan en quechua. Este es un ejemplo: "puku a puku talvis *chinka-ri-pu-nku-manpas-cha*" "poco a poco tal vez comenzarán a perderse" (1988: 156). Al tercer nivel de cambio de código se lo conoce como *préstamos lexicales*, esto es, palabras en español que se encuentran aisladas en el discurso quechua y que siguen la fonología, la morfología y la sintaxis de esta lengua. Algunos ejemplos son: *kasi la mitad*, "casi la mitad", *asta*, "hasta", *disdi*, "desde" (155). Otros ejemplos mixtos son: *mintira-ku-n*, "miente"; *mana sufri-nku-chu*, "no sufren"; *iskribi-na-paq-pis*; "a fin de también escribir"; y *praktikayta*, "practicar" (1988: 154).[49] Esta última categoría se parece a lo que otros lingüistas llaman préstamos con morfología quechua en lugar de cambios de código. Asimismo, en la bibliografía encontramos una vez más poco consenso sobre la diferencia entre el cambio de código y los préstamos. Hornberger concluye que "hay espacio para una variedad casi infinita de uso de la lengua dentro de la comunidad quechuahablante", con una gama de factores sociales individuales y comunales (1988: 157).[50]

---

49. La parte en español del cambio de código se encuentra subrayada.

50. Los numerosos factores a considerar son: el bilingüismo individual; el ámbito del uso de la lengua (*ayllu*-quechua, no *ayllu*-español, y comunidad-quechua/castellano; y los factores componentes del habla (entorno, participantes, fines, acto, clave, instrumental, normas y géneros) (Hornberger 1988: 157).

Sichra (2003) examinó las motivaciones sociales de los cambios de código en Cochabamba, Bolivia, como parte de un estudio etnográfico sobre la vitalidad del quechua (véase en la introducción la sección "Uso del lenguaje y contexto linguístico en los Andes"). Halló tres tipos de patrones de cambio de código presentes en la vida cotidiana de la comunidad: i) *la alternancia conversacional*, que es cuando los cambios de código quedan determinados por las relaciones entre los interlocutores; ii) *la alternancia metafórica*, que es cuando los cambios introducen nuevos temas o son usados por los hablantes para mostrar su autoridad; iii) y *la alternancia correctiva*, que tiene lugar cuando la intención del hablante es corregir algo (329-330). Mientras que Sichra halló cambios de código en distintas situaciones sociales entre diferentes tipos de quechuahablantes, Hornberger se concentró más bien en el que tiene lugar en distintos ámbitos. Sichra abrió la idea de que estos cambios de quechua/español no quedan limitados a un ámbito específico, sino que se relacionan más bien con factores y situaciones sociales que pueden darse en cualquier poblado.

Es poco lo que se sabe del cambio de código en los Andes urbanos del Perú, donde podemos esperar un mayor uso del español. Zavala y Córdoba (2010) lo analizaron entre los universitarios que participaban en el programa de acción afirmativa Hatun Ñan, organizado por la Universidad Nacional de San Antonio de Abad del Cuzco (UNSAAC) y la Universidad Nacional de San Cristóbal de Huamanga (UNSCH) (véase en el acápite posterior, Ayacucho: Perú). Estos alumnos son de origen rural y para muchos el quechua es su lengua materna. Los autores indican que probablemente no se lo escuche en el espacio universitario, pero que los alumnos pueden cambiar de código entre el quechua y el español para bromear mientras comen, hacen deporte o socializan en ciertos espacios (2010: 89). Su uso en esos lugares cumple la función de "constru[ir] relaciones de confianza y de empatía con los interlocutores en el marco de un ambiente festivo e informal" (2010: 76). Los autores concluyen entonces que "el quechua está conquistando nuevos ámbitos" (2010: 110). Si bien el programa Hatun Ñan viene al parecer fortaleciendo el uso del quechua, la idea de que esto es algo nuevo en el espacio universitario debe replantearse. De hecho, esta lengua forma parte del currículo de la UNSCH desde la década de 1970 (Zapata et ál. 2008).

Mientras que en los cambios de código el investigador puede reconocer las secuencias española y quechua, ello no es posible en las lenguas bilingües mixtas o "entrelazadas" porque el resultado "es distinto de sus dos fuentes, y usualmente no son mutuamente inteligibles" (Winford 2003: 169). Estudios previos de las variedades lingüísticas mixtas en los Andes se concentraron en la media lengua, una lengua de contacto hallada en Ecuador que tiene una estructura gramatical quechua y elementos lexicales del castellano. Aunque en Ecuador hay otras variedades mixtas, diversos autores anotan que en el Perú no se ha reportado ningún dialecto semejante.[51] Sin embargo, en el presente estudio analizo otras interpretaciones de las variedades mixtas del quechua que incluyen una combinación de préstamos lexicales españoles y distintos patrones de cambio de código.

Fuera de la media lengua ecuatoriana, es poco lo que sabemos de las lenguas mixtas en el Perú y aún menos en los espacios urbanos. Adams (1980) estudió el uso de la lengua quechua y los elementos de contacto del quechua urbano en dos pueblos jóvenes de Arequipa a finales de la década de 1970, pero no halló una variedad urbana de esta lengua (véanse las secciones "Arequipa: Perú" y "Características lingüísticas del contacto entre las lenguas"). Otros estudios investigan el quechua urbano y las variedades mixtas español/quechua haciendo referencia a unas lenguas conocidas como *quechuañol, interlingüismo y tacutacu lingüístico.* No existe una definición de, o criterio formal para, el *quechuañol.* Sichra (2003) cita un artículo de Michenot de 1985 que describe al quechua urbano, también llamado quechua valluno. El *quechuañol* contiene muchos préstamos lexicales que tienen equivalentes en quechua, y también incluye categorías gramaticales prestadas, tales como adverbios y conjunciones. Sichra indica que los hablantes de *quechuañol* no son conscientes de que usan préstamos lexicales y gramaticales del castellano, y que los agregan a las expresiones quechuas (2003: 115). Sin embargo, estas características también se examinan con los préstamos generales del castellano al quechua, de modo

---

51. La media lengua se habla en comunidades quechuahablantes semirurales ecuatorianas vinculadas con centros urbanos donde se habla castellano (Muysken 1981, 1996; Shappeck 2011). Es hablada como lengua nativa y como segundo idioma por campesinos, artesanos y trabajadores de construcción indios aculturados. El castellano es la lengua empleada con el mundo no indio y en la escuela. El quechua es la lengua de la tradición y de los contactos con los campesinos indios (Muysken 1996: 376-377). La media lengua constituye un "salto cuantitativo" entre los dialectos del quechua ecuatoriano y ella, puesto que mientras que la mayoría de los quechuas hispanizados usan un 40% de préstamos, en ella representan un 90%.

tal que resulta difícil establecer si el *quechuañol* es una variedad separada del quechua o no. No hay ningún consenso o regla con respecto a qué conforma el *quechuañol*, que no se reconoce como una variedad del quechua.

Por otro lado, Godenzzi (1992) halló que en la ciudad de Puno, los migrantes hablan una variedad mixta de español y quechua a la que llamó *interlingüismo*. Este incluye el cambio de código intersentencial y la incorporación de muchas características del español andino (1992: 267). Carranza menciona un caso de *tacutacu lingüístico* (de la palabra quechua *takuy*, "mezclar") en hablantes nativos del quechua (1992: 324). Esta mezcla alude al uso de ítems lexicales y expresiones idiomáticas españolas en el quechua. Ninguno de los estudios indica cómo los hablantes se refieren a su lengua, ni tampoco si son conscientes de estar hablando una mezcla de ambas lenguas. Aunque esta variedad mixta es examinada como parte del uso de la lengua urbana, no hay estudios que analicen los cambios que se dan en el uso que los hablantes hacen de la lengua en las áreas rurales y urbanas. Este punto resulta particularmente importante, considerando el continuo rural/urbano y las conexiones entre el campo y la ciudad a las que ya hemos pasado revista.

Capítulo 2
Metodología

El presente estudio sigue investigaciones recientes acerca de la lengua y la identidad en sociolingüística, a las cuales les interesa la primera como práctica, y comprender cómo la identidad se encuentra "abierta a la transformación, [es] contextualmente derivada, y emergente en [su] interacción" (Mendoza-Denton 2004: 490). El enfoque etnográfico (la observación participante), en combinación con el registro de notas y las entrevistas, puede brindar una imagen más amplia de cómo se usa el lenguaje en diversas situaciones sociales, siguiendo estudios previos sobre la identidad y el lenguaje en los Andes (*cf.* Hornberger 1988, 1991; Zavala 2002; Howard 2007).

Inicié mi trabajo de campo en Ayacucho a comienzos de octubre de 2009 y lo terminé en mayo de 2010. En Arequipa lo inicié en junio de 2010 y terminé de recoger los datos a finales de noviembre de ese mismo año. Para llevar a cabo el presente estudio utilicé múltiples métodos usualmente usados en la antropología. Integrar varios métodos facilita "el descubrimiento no sólo de las diversas dimensiones de lo que está sucediendo, sino también cómo estos fenómenos se producen y despliegan a lo largo del tiempo, cómo se encuentran vinculados a través del espacio y, lo que es tal vez más importante, qué diferencia establecen y para quién" (Heller 2008: 258). Este enfoque reduce, asimismo, lo que Labov (1972) llama *la paradoja del observador*. Este fenómeno tiene lugar cuando los participantes advierten que están siendo observados y registrados, lo que inhibe al investigador de recoger datos que reflejen el habla natural. En este método también utilicé los siguientes instrumentos: la observación participante, el registro de notas y las entrevistas sociolingüísticas individuales. La metodología elegida requería la inmersión en las actividades cotidianas de los jóvenes, las cuales tenían lugar en distintos espacios urbanos.

El papel de la investigadora

La etnografía requiere de una inmersión profunda en las actividades cotidianas de quienes participan en la investigación (Emerson et ál. 1995), lo que exige que ellos confíen en el investigador. En estudios etnográficos previos sobre el uso de la lengua quechua en los Andes, los investigadores asumieron distintos papeles para poder ingresar a las comunidades y efectuar sus investigaciones. El sociólogo boliviano Xavier Albó trabajó en Cochabamba, Bolivia, como jesuita (*cf.* 1974), y la sociolingüista austríaca Inge Sichra logró ingresar a dos comunidades rurales de esa misma región como visitadora de la Iglesia (*cf.* 2003). Los investigadores asimismo han asumido a veces el papel de tutor o profesor (*cf.* Hornberger 1988; Zavala 2002). Como tutora y profesora en una comunidad de Puno, Hornberger (1988) tenía que ser sumamente respetuosa de las costumbres locales, además de probar a los participantes que su relación era recíproca. Ella ayudó a los miembros de la comunidad con sus actividades, los paseó en su auto y les hizo pequeños regalos. En mi caso, no tenía automóvil ni relación alguna con la Iglesia; era más bien una estudiante de doctorado, y dado que la mayor parte de mis interacciones fueron con jóvenes, se me vio como una joven más. No tuve que establecerme como una figura de autoridad, aunque todos sabían que estaba cursando estudios para obtener un doctorado. Muchos de ellos aludían a mí como alguien "con estudios".[1] Aunque contaba con una formación más completa que la de las personas con quienes trabajaba, era también considerada por ellas "menos rica" en otros aspectos. Muchas veces dijeron sentir pena por mí porque no

---

1. En Ayacucho, los jóvenes distinguen entre sus pares "con" y "sin estudios". A veces los padres de los jóvenes me llamaban "la doctora", como una forma de respeto y cortesía.

tenía una familia grande y porque había viajado tan lejos sola. Encontré, sin embargo, que el tipo de amistad que entablé con los jóvenes fue diferente en cada ciudad. Esto se debió sobre todo al tamaño de la urbe: hubo más dificultades para establecer relaciones en Arequipa, que es una ciudad más grande que Ayacucho. Pero en ambos casos, mi relación con los jóvenes y el ingreso a distintos espacios dependieron de la idea o, mejor dicho, de la promesa de una amistad de largo plazo, algo que ellos cumplieron y que yo intenté cultivar. Como amiga, pasé el rato con ellos, los ayudé en diferentes tareas y los acompañé a distintos lugares. Como amiga, hice pequeños regalos, los invité a almorzar o a merendar, y ellos me invitaron a su casa.

En Ayacucho, mi papel con otras mujeres fue el de amiga, compañera de estudios y a veces incluso tutora de inglés. Puedo decir que cuando seguía a los participantes, efectuaba las mismas actividades que se esperaba que otras jóvenes cumplieran. Por ejemplo, cuando los varones comenzaban a beber demasiado en una fiesta, me trasladaba con las demás mujeres a otra habitación, tal como se me pedía.

Arequipa, la segunda ciudad más grande del Perú, planteó problemas adicionales en el proceso de investigación etnográfica. Allí la vida tiene un ritmo mucho más acelerado que en Ayacucho y la gente tiene que tomar taxis y combis continuamente para ir de un lugar a otro. Tuve, en consecuencia, dificultades para trabar amistad y establecer contactos en la universidad y en otros lugares. Durante las interacciones cotidianas en la ciudad me topé con muchos jóvenes que estudiaban inglés o bien deseaban aprenderlo.[2] Me ofrecí entonces a darles clases particulares, además de lo cual pasaba ratos con quienes participaban en la investigación y les acompañaba a distintas actividades sociales. Luego de varios meses conocí a sus familias y trabé amistad con ellas.

En ninguna de las ciudades viví en el mismo barrio que los participantes, sino a entre cinco y veinte minutos de distancia. Era fácil tomar un bus o un taxi para llegar a sus casas. De noche siempre tomaba un taxi porque los buses dejaban de pasar por sus barrios a una hora tan temprana como las siete de la tarde. Tanto en Ayacucho como en Arequipa, las familias vivían en zonas

2. Arequipa es uno de los principales destinos turísticos del Perú y cuenta con varios institutos prestigiosos, al igual que otros más pequeños donde se enseña inglés. Muchos jóvenes estudian inglés para convertirse en guías de turismo.

periféricas en las cuales la delincuencia era más frecuente de noche. Para mí, como forastera, no me resultaba seguro vivir sola en esos barrios. En Arequipa, mis amigos varones me acompañaron muchas veces a visitar a las familias de noche.[3] A veces, cuando llegaba sin previo aviso, me encontraba con que estaban ocupadas y me pedían que regresara en otro momento.

Como puede suceder con las relaciones de amistad y de trabajo, las que entablé como parte de mi estudio fueron a veces complicadas. En ocasiones surgían celos entre las familias con las cuales trabajaba. Por ejemplo, mi celular no dejó de sonar un domingo por la mañana, cuando estaba en la feria del ganado de Ayacucho con las hermanas Hernández (capítulo 3), y hallé que había perdido muchas llamadas de la familia Martínez (capítulo 4). Querían saber a qué hora de ese mismo día iba a ir a visitarla. Las hermanas Hernández escucharon la conversación e insistieron en que le dijera que estaba ocupada, insinuándome que pasara más tiempo con ellas. Este es un claro ejemplo de cómo mi amistad era considerada un lujo.

Un aspecto importante de la recolección de datos en cualquier zona de los Andes es el de la habilidad lingüística en quechua y español del investigador. Saber hablar quechua es una herramienta fundamental para ser aceptado y ganarse la confianza de la gente que habla quechua/español (Albó 1974: 20, Hornberger 1988: 4; Howard 2007: 80). Para este estudio, que se llevó a cabo en dos regiones dialectales distintas del Perú, fue necesario distinguir y conocer diferentes variedades de quechua y español. Cuando viajaba entre Ayacucho y Arequipa, tuve que tener en cuenta el dialecto ayacucho-chanca hablado en Ayacucho, así como el dialecto collavino que se habla en Arequipa, Puno y Cuzco. Mi conocimiento del quechua y del aimara me ayudó a ganarme la confianza de los participantes, además de convertirme en un "lujo popular". Descubrí que para la gente era un privilegio contar con una amiga gringa que hablaba quechua.

Siguiendo a Milroy (1987, 2002), describiré las redes sociales de las familias con las que trabajé en Ayacucho y Arequipa, concentrándome en los jóvenes. Los principales participantes en mi estudio fueron jóvenes adultos quechuahablantes de primera generación (que trabajaban o aún asistían a la

3. Mi amigo usualmente me dejaba en casa de las familias, aunque a veces también se quedaba un rato ahí. No estuvo presente en las entrevistas sociolingüísticas.

escuela), sus padres y hermanos, así como los integrantes de sus respectivas redes sociales.[4] Las familias provenían de las clases media y trabajadora, definidas según la ocupación y el nivel educativo de los padres. Los integrantes de las redes sociales incluían a miembros de la familia (de 18 años o más), amigos y amigos de los amigos (lazos de primer y segundo orden, respectivamente; Milroy 2002; Villena-Ponsoda 2005).[5]

En Ayacucho trabajé con tres familias y una docena de personas, y en Arequipa con una familia y varios jóvenes. En las siguientes secciones describiré los componentes del trabajo etnográfico llevado a cabo con cada familia (su reclutamiento, la duración de las sesiones, el lugar y el número y contenido de las grabaciones), y brindaré información biográfica sobre cada una de ellas y su red social. En este capítulo también presentaré mapas de los espacios en los cuales cada familia se desplazaba. Todos los nombres usados en este libro son seudónimos, para conservar el anonimato de los participantes.

Los participantes en la investigación en Ayacucho

En Ayacucho, las sesiones de observación participante con tres familias tuvieron lugar entre noviembre de 2009 y mayo de 2010.[6] Estas sesiones sumaron 81 horas y 25 minutos, y las grabaciones, un total de 22 horas y 12 minutos. Además, llevé a cabo siete entrevistas sociolingüísticas con jóvenes hablantes de español y quechua, dos con profesionales de organizaciones no gubernamentales, y realicé 16 grabaciones adicionales de audio en otras actividades sociales y culturales (véase el apéndice E).

---

4. Además de una docena de estudiantes universitarios y profesionales.

5. Las zonas de primer orden son "amigos íntimos y parientes directamente vinculados". Después de ellas se encuentran las zonas de segundo, tercer y de *n* orden. Se las describe como aquellas "cuyos actores no se encuentran directamente vinculados con *ego*, sino solo como *amigos de un amigo*" (Villena-Ponsoda 2005: 306).

6. Los miembros de la familia (los abuelos inclusive) nacieron todos en la ciudad. Los miembros de las redes sociales, entre ellos las amistades, los compañeros de trabajo y los vecinos, son de la ciudad o del campo.

La familia Hernández

Me encontré por vez primera con las cuatro hermanas Hernández (de 18 a 24 años de edad) en su puesto de comida en la feria ganadera de Ñahuinpukio, en Ayacucho. Las conocí a través de su primo Alejandro, un estudiante universitario de antropología a quien entrevisté inicialmente para mi proyecto durante mi primer mes en Ayacucho. Después de una de nuestras reuniones, me llevó a conocer a estas hermanas, que eran sus primas directas. Mencionó que ellas a menudo hablaban quechua y que eran sumamente extrovertidas. Las jóvenes habían nacido y vivían en el asentamiento humano Ñahuinpukio (también conocido como "27 de octubre"), ubicado en el distrito de San Juan Bautista (a 20 minutos del centro de la ciudad en ómnibus, o a diez en taxi). Vivían solas la mayor parte del año, en tanto que sus padres viajaban constantemente entre Ayacucho y su chacra en Manallasac (en el distrito de Chiara), a cuatro horas de la ciudad en ómnibus.

Completé más de 22 sesiones de observación participante con esta familia, lo que sumó 41 horas y 5 minutos, en los siguientes lugares: la feria del ganado (cinco visitas); la tienda propiedad de la madre en la avenida Cuzco (ocho visitas);[7] la casa familiar (antes de que fuera una tienda; dos visitas); la casa de la familia con tienda (seis visitas); restaurantes en la plaza de Armas (dos visitas); y actividades sociales en la vecindad (v. g. la fiesta de la yunza o partidos de fútbol; cinco visitas). En estos espacios tengo un total de 14 horas y 17 minutos de datos grabados en audio, incluidos los de las entrevistas. Se transcribieron diez horas de datos en audio para su análisis lingüístico y sociocultural. Los datos adicionales incluyen más de 30 fotografías digitales del barrio y de miembros de la familia en cada uno de los lugares mencionados. El mapa 1 muestra los espacios donde las hermanas desarrollan sus actividades sociales, y el apéndice F presenta más información sobre esos lugares, incluidos el tiempo que pasan en ellos y el tipo de transporte empleado.

---

7. La madre tuvo un puesto en el mercado en la avenida Cuzco (a diez minutos de la plaza de Armas y a quince de su casa) hasta marzo de 2010. Luego instaló una tienda en su casa en Ñahuinpukio.

Mapa 1. Los espacios donde las hermanas Hernández desarrollan sus actividades sociales.

El ego o centro de esta familia son las cuatro jóvenes hermanas adultas: Anita, Sofía, Susana y Gabriela. Conocí primero a Sofía y Susana cuando trabajaban en la feria del ganado, y desde entonces he mantenido un contacto regular con ellas. La familia inmediata está conformada por las cuatro hermanas, sus padres y las parejas de las dos hermanas mayores junto con sus hijos. Sus padres son campesinos dominantes en quechua que tienen una chacra en Manallasac (en el distrito de Chiara). Aunque a veces están lejos de sus hijas, los padres se comunican diariamente con ellas a través del teléfono celular.[8] El cuadro 1 muestra a los miembros de la familia Hernández que participaron en la investigación, con datos personales de cada uno, como el nivel de educación; comienza con las cuatro hermanas en el orden en que las conocí. Para los fines del presente estudio las consideraré como una unidad, puesto que pasaban la mayor parte del tiempo juntas y compartían casi todas las mismas actividades diarias. Los participantes que aparecen a continuación son vínculos de primer orden, todos miembros de la familia.

Otros miembros de la red son los vecinos de Ñahuinpukio (adultos, jóvenes y niños), las amistades de las hermanas y los clientes de la bodega familiar y de la feria del ganado (varones y mujeres de toda edad). Los integrantes de la familia extensa (a los cuales conocí y con quienes hablé) incluyen a una tía de las hermanas (hermana de la madre), el compadre, un primo varón directo (Alejandro) y las familias de las parejas (sus padres, hermanos y primos). En todas mis interacciones me reuní con al menos cuatro de los primos de las parejas de las hermanas, y con todos sus hermanos. Las parejas y sus primos tienen todos veintitantos años, en tanto que los hermanos son niños y adolescentes. Los miembros de las redes que viven en el barrio también tienen antecedentes rurales, lo que significa que sus padres son igualmente campesinos, y que los hijos y familias van y vienen de sus chacras.

Esta familia mantiene una doble residencia, en tanto los padres viven tanto en la chacra como en la ciudad. La chacra es el principal sustento familiar, pero para cubrir otros gastos, se ha instalado una bodega en la casa y todos los domingos Sofía y Susana venden comida en la feria del ganado.[9] Anita y Gabriela

---

8. La mayor parte de la provincia rural de Chiara cuenta con cobertura celular.

9. La feria ganadera está a diez minutos de su casa, en la zona semirural de Ñahuinpukio. La pareja de Sofía usualmente las lleva y las recoge.

Cuadro 1

Miembros de la familia Hernández que participaron en la investigación

Participante	Edad	Educación	Lugar de nacimiento	Ocupación	Información adicional	Frecuencia de los contactos entre una hermana y un miembro de la familia
Sofía (hermana Hernández)	21	Secundaria con algunas clases de costura	Ciudad de Ayacucho	- Madre de un niño de tres años - Vendedora de comida - Se ocupa de una bodega - Trabaja en la chacra de la familia	Vive parte del tiempo con la familia de su pareja en el mismo barrio que la suya	
Susana (hermana Hernández)	20	Secundaria con algunas clases en una academia preuniversitaria	Ciudad de Ayacucho	- Cuida a unos sobrinos (niña y niño) - Vendedora de comida - Tiene una bodega en la casa - Se ocupa de las labores del hogar - Trabaja en la chacra de la familia	Dirige la casa cuando los padres se encuentran en la chacra	
Gabriela (hermana Hernández)	18	Secundaria	Ciudad de Ayacucho	Igual que Susana	Igual que Susana	

Anita (hermana Hernández)	24	Secundaria	Lima	- Madre de una recién nacida (2010) - Se ocupa de las labores del hogar - Ayuda en la tienda de la familia, solía dirigir la tienda de la madre - Trabaja en la chacra de la familia	Su pareja vive en la casa del al lado con toda su familia	
Madre	42	Primaria	Incarjay, Cangallo, departamento de Ayacucho	- Campesina - Se ocupa de las labores del hogar	Pasa la mayoría del año en la chacra de la familia	Contacto diario en persona o por celular (cuando está en la chacra)
Padre	45	Secundaria	Manallasac, distrito de Chiara, Ayacucho	- Campesino - Chófer de taxi	Pasa la mayoría del año en la chacra de la familia, pero viaja a menudo a Lima para entregar su cosecha de papas; asistió a la escuela secundaria en Lima	Contacto diario en persona o por celular (cuando está en la chacra)
Jacobo (pareja de Sofía)	25	Secundaria y algo de estudios técnicos	Ciudad de Ayacucho	- Chófer de taxi, combinado con trabajos eventuales	Vive en Ñahuinpukio, en casa de los padres, quienes venden comida en un mercado vecino	Contacto diario en persona

Luis (pareja de Anita)	23	Secundaria	Ciudad de Ayacucho	Desconocida	Vive en la casa de al lado con su familia	Contacto diario en persona
María (prima de la pareja de Sofía)	23	Secundaria, comenzó la preparación universitaria	Huamanguilla, Huanta, departamento de Ayacucho	- Campesina; - Ayuda a la familia con cualquier trabajo cuando está en la ciudad	Vive en Huamanguilla, pero viaja frecuentemente a Ayacucho	Visita varias veces al mes
Sara (prima de la pareja de Sofía)	25	Universitaria (en Ica)	Ciudad de Ayacucho	Enfermera	Ayuda en la feria del ganado; vivió muchos años en Ica (en la costa), habla quechua y trabajará en un pueblito de Ayacucho como enfermera	En 2010 se mudó a la casa de la familia de Jacobo, pero viaja a trabajar al campo
Alejandro (primo de las hermanas)	26	Graduado de la universidad en antropología	Manallasac, distrito de Chiara, Ayacucho	- Estudiante universitario - Trabaja para organizaciones no gubernamentales belgas - Trabaja en la chacra familiar		Visita varias veces al mes y en ocasiones llama por teléfono

también trabajan los domingos vendiendo chicha y gelatina a quienes juegan fútbol en el barrio. Además de trabajar, las hermanas tienen numerosas labores domésticas. Deben cuidar de los sobrinos (niña y niño), limpiar y cocinar. Gabriela, la hermana menor, se encarga de pasear a los carneros por el barrio.

Las actividades que las hermanas llevan a cabo en su tiempo libre incluyen asistir a misa varias veces a la semana y acudir semanalmente al centro de la ciudad a comprar en el mercado y a buscar ropa. De noche, las actividades fuera del barrio son extremadamente limitadas, puesto que los micros solo pasan por él hasta las ocho.[10] Aunque las hermanas se quedan en la ciudad la mayor parte del tiempo, a menudo manifiestan su interés por ir a la chacra familiar en Manallasac. Durante la temporada que pasé allí, solo una de ellas ayudó en la cosecha de la papa, aunque luego de dejar Ayacucho, las hermanas me contaron por teléfono que habían visitado la chacra varias veces para colaborar con sus padres.

Todas las hermanas y su padre completaron la secundaria; en cambio, su madre y su tía solamente terminaron la primaria. Susana, la segunda hermana, estaba terminando el curso de preparación preuniversitaria durante el tiempo que pasé en Ayacucho, pero como el primer bebé de su hermana mayor acababa de nacer, decidió quedarse en casa para ayudar con él.

La vida mezcla de rural y urbano también se ve en las distintas características sociales y culturales de las hermanas, como la vestimenta, las ocupaciones, las actividades en su tiempo libre. Por ejemplo, las preferencias en la vestimenta parecerían ser generacionales y depender del lugar de nacimiento. La madre, según contaron las hermanas, nació en el campo y viste como otras campesinas: lleva pollera, sombrero y los largos cabellos trenzados. Aunque las hermanas no usan polleras ni trenzas, a menudo sí llevan a sus sobrinos en la espalda envueltos en un *qipi* (un tejido que se usa en los Andes para envolver bebés). Entre sus actividades sociales en el barrio figura la de pasear a las ovejas todos los días. Las hermanas hablan de comer platos "del campo" provenientes de la chacra, como el yuyu picante (un plato de hierbas con papas), y de tomar chicha de jora (una bebida natural de maíz); no obstante, ocasionalmente

---

10. En Ayacucho, los buses o micros no pasan por esta zona después de las 8 p. m., por lo cual la única forma de desplazarse luego de esa hora es en taxi, que cuesta por lo menos ocho soles desde el centro.

beben una Inca Kola o Coca Cola de su tienda. A menudo comen carnero, pollo y otros animales que crían en casa. Por otro lado, dicen preferir la música en quechua, los huaynos en especial, aunque también escuchan música en español, preferentemente chicha. Cuentan que solían ir a los conciertos de chicha y a bailar de noche a discotecas, pero dos de ellas tienen ahora niños pequeños y prefieren quedarse en casa viendo televisión.

Mi gran amistad con las hermanas Hernández me permitió pasar bastante tiempo con ellas y conversar sobre temas que escapaban de las entrevistas y encuestas formales. Hacia el final de mi estadía en Ayacucho, las hermanas me confesaron que les gustaría que yo viviera en su barrio si algún día regresaba a la ciudad. Jamás tuve la oportunidad de conocer su chacra, porque mientras estuve en Ayacucho, ellas pasaron la mayor parte del tiempo en la ciudad. Sin embargo, también hubo restricciones porque no pertenecía a la familia. Estando en su casa, jamás se me invitó a pasar más allá de la tienda o la cocina. Nuestras interacciones asimismo se vieron limitadas por su horario laboral, así como por el tiempo que pasaban cuidando de los niños pequeños y realizando labores familiares.

La familia Martínez

La familia Martínez vive en Carmen Alto, a diez minutos en bus de la plaza de Armas de Ayacucho. Este barrio se alza sobre el cerro de Acuchimay, desde donde puede vislumbrarse el centro de la ciudad. Carmen Alto posee un mirador y un parque turístico, por lo que es frecuentemente visitado por turistas tanto peruanos como extranjeros. Muchas de sus familias también tienen una casa en el campo, en las provincias vecinas.

Conocí a la familia Martínez a través de una amiga estadounidense que dirige un programa extracurricular para niños de bajos ingresos en Carmen Alto. Mi amiga me dijo que esta familia tenía una tienda a unas cuantas cuadras de su colegio, donde compraba alimentos para su programa. Contó que cuando entraba a la tienda, todos estaban hablando quechua, y que estarían encantados de conocerme. En octubre de 2009 comencé a visitar a los Martínez por mi cuenta y como parte del programa extracurricular. La investigación que realicé con esta familia incluyó más de 26 sesiones de observación participante, las cuales sumaron 30 horas y 20 minutos. Me reuní con ella en los siguientes lugares: su casa (que también es una bodega; 19 visitas); el centro de la ciudad (dos visitas); la alameda de Carmen Alto (para asistir a la pollada de FINCA Perú; dos visitas);[11] y la iglesia evangélica de Carmen Alto (dos visitas). En mi experiencia, dichos espacios eran donde los miembros de la familia pasaban más tiempo. En el transcurso de las interacciones mencionadas, reuní 4 horas y 5 minutos de datos grabados como audio y 2 horas de datos transcritos. La grabación de las sesiones de observación participante con esta familia fue limitada debido a los niveles extremos de ruido que había en la tienda y casa, puesto que la mayoría de las veces había cinco niños presentes. Los datos asimismo incluyen detalladas notas de campo etnográficas y más de una docena de fotografías tomadas de la familia y los miembros de la red social en los lugares ya mencionados. El mapa 2 muestra los espacios donde la familia Martínez desarrolla sus actividades sociales, y el apéndice G contiene más información sobre el tiempo que pasa en esos lugares, así como sobre el tipo de transporte utilizado para llegar a ellos.

El ego o centro de esta familia es Jenny, la segunda hija (de 18 años de edad). Ella había terminado la secundaria y para el momento de la investigación seguía decidiendo qué carrera estudiar en una universidad o en un instituto. De los siete hermanos (cinco hombres y dos mujeres), Jenny es la mayor de las mujeres. Samantha, su hermana menor, tiene dos años de edad. Jenny pasa la mayor parte del tiempo ayudando a sus padres a cuidar a sus hermanos menores, contribuyendo con las tareas domésticas (como la cocina y el lavado de la ropa) y encargándose de la bodega de la familia. Junto con su madre y sus hermanos, Jenny también participa en los sermones que se imparten en la iglesia evangélica de Carmen Alto (una vez a la semana o más), a cinco minutos de su casa.

Los vínculos de primer orden de Jenny son sus padres y hermanos. Sus padres están cerca de los cuarenta y nacieron en el campo ayacuchano, a unas 6 u 8 horas de la ciudad de Ayacucho. Su primera lengua es el quechua, la segunda el español. La madre se ocupa de la tienda familiar y asiste a las reuniones de FINCA Perú. El padre ayuda con la tienda, pero como muchos otros padres de Carmen Alto, pasa la mitad de la semana en la chacra de su familia, a seis

---

11. Para mayor información sobre los programas y actividades de Finca Perú (una organización de microcrédito en Ayacucho), véase su página web: <http://www.fincaperu.net/cms/index.php/en/>.

Mapa 2. Los espacios donde la familia Martínez desarrolla sus actividades sociales.

horas de este distrito. Sus siete hijos (de los dos a los 19 años de edad) nacieron en Ayacucho. El cuadro 2 muestra a los miembros de la familia Martínez que tomaron parte en la investigación, comenzando por Jenny, el ego.

La red incluye a vecinos que compran en la bodega, parientes y miembros de la iglesia evangélica del barrio. Los vecinos/clientes son adultos, jóvenes e incluso niños. Sin embargo, el contacto que ellos tienen con la familia es esporádico, pues solo la ven cuando necesitan comprar algo. Los miembros de la familia que viven en los poblados rurales circundantes rara vez la visitan; solo los que residen en Ayacucho lo hacen con frecuencia. Asimismo, no me fue posible interactuar con ellos porque siempre que entraban a la casa, se dirigían directamente a la cocina a conversar en privado. Por último, según Jenny, todos los integrantes de la iglesia evangélica son sus amigos y ella es su "hermana". En este caso se trata fundamentalmente de mujeres, la mayoría ancianas o jóvenes madres que acuden al templo con sus hijos. El pastor es un amigo de la familia y ocasionalmente la visita. Dada la influencia de la comunidad eclesial, los lazos que Jenny y sus hermanos mantienen con los miembros de su iglesia son fuertes.

Solo el padre de la familia Martínez tiene una doble residencia rural/urbana, pues es el único que va y viene de la chacra. Por lo demás, esta familia tiene una rutina parecida a la de los Hernández. El padre solo está en casa tres o cuatro días a la semana, porque viaja a su pueblo a trabajar en la chacra. La familia se mantiene con su bodega, donde se venden alimentos (algunos provenientes de la chacra, como queso y papas) y artículos domésticos de uso cotidiano. Para ayudar al negocio familiar, la madre es miembro de FINCA Perú, una organización que proporciona préstamos y asistencia a los propietarios de pequeñas empresas en Ayacucho. Los niños a menudo ayudan a manejar la tienda y venden comida a los vecinos. La familia no cuenta con mucho tiempo libre que dedicar a otras actividades. Los niños frecuentemente juegan en la calle con otros vecinos. Jenny y Raúl, en cambio, se quedan en casa y ven DVD cuando no están trabajando.

Las familias Martínez y Hernández tienen prácticas sociales rurales/urbanas similares. Gloria, la madre de los Martínez, al igual que la de los Hernández, suele vestir pollera y sombrero. En la calle, carga a su hija más pequeña en una manta y lleva sus pertenencias en un pequeño bolso típico de las campesinas. Cuando está en casa, el padre normalmente usa pantalones con una chompa o una camisa. Los niños visten pantalón de buzo o jeans, también con

Cuadro 2

Miembros de la familia Martínez que tomaron parte en la investigación

Nombre	Edad	Estudios	Lugar de nacimiento	Ocupación	Información adicional	Frecuencia del contacto entre Jenny y un miembro de su familia
Jenny	18	Secundaria	Ciudad de Ayacucho	- Alumna de una academia de preparación preuniversitaria - Ayuda a manejar la bodega de la familia - Labores domésticas	Cuida de los hermanos menores, acompaña a la madre y a sus hermanos a la iglesia evangélica	
Raúl	19	Secundaria, con algunos cursos de preparación preuniversitaria	Ciudad de Ayacucho	- Estudiante universitario - Ayuda a manejar la tienda familiar - Labores domésticas	Pasa el tiempo en el barrio en cabinas de internet y con amigos	Diariamente en el hogar
Madre	38	Primaria	Distrito de Chiara, Ayacucho	- Ama de casa; - Se encarga de la bodega familiar - Los fines de semana vende caramelos y bocadillos en un carrito en el mirador de Carmen Alto	Miembro de FINCA Perú, asiste con regularidad a la iglesia evangélica local	Diariamente en el hogar

Nombre	Edad	Estudios	Lugar de nacimiento	Ocupación	Información adicional	Frecuencia del contacto entre Jenny y un miembro de su familia
Padre	40	Primaria	Pueblo al sur del departamento de Ayacucho	- Campesino - Se encarga de la bodega de la familia - Labores domésticas	Viaja al menos cuatro veces por semana a su pueblo natal a trabajar en la chacra. Regresa con queso, papas y otros productos que vende en la bodega de la familia	Cuatro días por semana
Marco	14	Secundaria	Ciudad de Ayacucho	- Estudiante - Ayuda a manejar la bodega de la familia y su carrito en el mirador de Carmen Alto - Vende palomitas de maíz en el mirador		Diariamente en casa
Abraham	10	Primaria	Ciudad de Ayacucho	Igual que Marco		Diariamente en casa
Mateo	6	Primaria	Ciudad de Ayacucho	Igual que Marco		Diariamente en casa
Alonso	5	Primaria	Ciudad de Ayacucho	Igual que Marco		Diariamente en casa
Samantha	2	S/d.	Ciudad de Ayacucho	S/d.		Diariamente en casa

una camisa. Fuera de la cocina, la familia tiene un pequeño corral con ovejas, cuyes y gallinas; solo lo vi a través de la puerta. Los Martínez se alimentan con platos simples, como quinua y arroz o queso y papas de la chacra. A veces comen carne de los animales que crían en el hogar, aunque más bien suelen venderlos. En el caso de una cena especial, la madre sacrifica a los cuyes en casa.

Siempre se me consideró una forastera en la familia, a pesar de que mantuve una estrecha relación con ella, razón por la cual no pude ingresar a muchos de los espacios familiares. Jamás se me invitó a pasar más allá de la bodega de su casa. Cuando llegaba, usualmente se me pedía que me quedase dentro de la tienda, en la entrada principal de la casa o afuera. Pedí permiso para asistir al servicio celebrado en su iglesia. No tuvieron ningún problema en llevarme con ellos y se sintieron más bien honrados de que fuera su invitada. También me presentaron a los miembros de su iglesia, ¡e hicieron que me pusiera de pie delante de todos y que me presentara en quechua! Ellos le dijeron a Gloria que les preocupaba que no tuviera un lugar seguro y cómodo donde vivir, y que alguien de la congregación podía darme un cuarto. En el templo, todos se dirigían a mí llamándome “hermana”. Me parece que mi amistad con la familia se fortaleció enormemente después de visitar con ella su iglesia. Después del servicio, Jenny y su familia me acompañaron al paradero del micro y me dijeron que no olvidara que su hogar siempre estaría abierto para mí. Al final, insistieron en pagarme un taxi. Gloria me llamó a los diez minutos para asegurarse de que había llegado a mi casa sana y salva. Como amiga e investigadora, traté a la familia con igual respeto y cuidado. Solía ayudar a la hija mayor con sus tareas de inglés y siempre compraba alimentos en su tienda. Por encima de todo, importa que Jenny y yo nos hicimos buenas amigas y que ella me consideraba un modelo a seguir. Después de eso, nos llamamos todos los meses por teléfono, estando yo en Estados Unidos o en Arequipa.

En Ayacucho, también llevé a cabo mi investigación con una tercera familia que habla diariamente tanto quechua como español. Sin embargo, en este caso la calidad de las grabaciones fue extremadamente mala, porque tuve que usar una vieja grabadora digital, luego de que me robaran la otra. Por ello, esta investigación fue eliminada del presente estudio.

Los participantes en la investigación en Arequipa

Cuando llegué a Arequipa en junio de 2010, acudí primero a mis contactos académicos en la Universidad Nacional de San Agustín, el centro público de educación superior de esta ciudad. Allí me reuní con profesores de antropología e historia, al igual que con otros profesionales quechuahablantes locales. Comencé a trabajar con jóvenes, gracias a contactos previos o a que los conocí en distintos espacios públicos de la ciudad (la plaza, cafés, etc.). Todos ellos eran estudiantes universitarios y de institutos, a quienes recluté entre junio y septiembre. En esta ciudad, donde me topé con una dinámica sociocultural sumamente compleja, tuve que enfrentar otros problemas a la hora de reclutar a jóvenes quechuahablantes. Debido a la fuerte migración que ha recibido durante años Arequipa, hay una clase profesional de quechua y aimarahablantes de segunda y tercera generación proveniente fundamentalmente de Puno, que vive en el centro urbano. En las entrevistas informales que mantuve con distintas personas, así como en mi interacción con ellas en la ciudad, se criticaba abiertamente a los quechua y aimarahablantes que no son profesionales.[12] Me enteré de este modo de que los quechuahablantes de primera generación y de la clase trabajadora viven en las partes marginales de la ciudad, como los cerros circundantes y los asentamientos humanos. Trabajan, además, en los mercados al aire libre de la ciudad, como El Avelino, la Feria de las Incas y la parada pesquera (un gran mercado de pescado y alimentos), ubicada esta última a unos 20 minutos del centro de la ciudad. En estos espacios evalué informalmente el conocimiento que los jóvenes tenían del quechua. La mayoría de las veces decían no saber nada de esta lengua, pero sí entenderla un poco. Sin embargo, a menudo volví a hablar con la misma persona, quien cambiaba de versión, admitiendo que en su casa hablaba un poco de quechua con sus padres. Estudios previos indicaban que los jóvenes de Arequipa niegan su origen quechua o aimara, así como su conocimiento de dichas lenguas (Gugenberger 1990, 2005).

En consecuencia, recluté a los participantes en la investigación mediante el contacto previo y el efecto "bola de nieve". El trabajo de campo etnográfico

---

12. Por ejemplo, durante un viaje en taxi por el centro de la ciudad, mi chófer, que era un puneño de tercera generación, además de profesor de colegio, le gritó a un carro que le cerró el paso, diciendo que su conductor seguramente era puneño.

se llevó a cabo con una familia originaria de Puno, en tanto que las entrevistas sociolingüísticas se hicieron con una docena de jóvenes hablantes de quechua/ español a quienes conocí en la ciudad (véase la lista de participantes en el apéndice E). Muchos de ellos, provenientes de Cuzco y Puno, vivían solos desde muy jóvenes. En numerosos casos, también, los vínculos con su familia extensa en Arequipa eran muy débiles, por lo que no logré conocer sus redes sociales. En lugar de ello, pasé breves momentos con mujeres y varones a quienes entrevisté.

La familia Mamani

Conocí a Walter, el hermano mayor, en un instituto de inglés ubicado en el distrito de José Bustamante y Rivero, a 15 minutos de la plaza de Armas. Una parte de su familia vive en Miguel Grau y la otra en Ciudad Blanca, dos asentamientos humanos situados en el distrito de Paucarpata. En el caso de esta familia, la investigación comprendió 13 sesiones de observación participante que sumaron 32 horas y 30 minutos. Me reuní con sus miembros en los siguientes lugares: su casa (seis visitas); la casa de una tía (seis visitas); mi casa (dos visitas); el puesto que tienen en el mercado (dos visitas); el distrito donde se halla el instituto de inglés (una visita); y el centro de la ciudad (una visita). Completé 4 horas y 36 minutos de datos grabados en audio provenientes de estas interacciones. En muchas ocasiones no llevé mi grabadora al hogar de la familia Mamani, porque vivía en un barrio que no era seguro y porque la mayoría de mis visitas las llevé a cabo avanzada la tarde o de noche, cuando sus miembros estaban en casa. Asistí, además, a varias actividades familiares (v. g. fiestas de cumpleaños, un velorio), en donde una grabación no resultaba apropiada ni era factible. Los datos incluyen detalladas notas de campo etnográficas y más de una docena de fotografías de la familia y de su red social, tomadas en los lugares ya indicados.

Los jóvenes de esta familia son cuatro hermanos que viven solos en una casa en el asentamiento humano de Miguel Grau, cerca del volcán Misti, en el distrito arequipeño de Paucarpata. En ese barrio hay varios cientos de viviendas y muchos de los residentes son familias de primera y segunda generación provenientes de Puno. Las casas son algo grandes (de dos y tres pisos) y tienen todos los servicios básicos (agua, luz y desagüe). Muchas cuentan también con una pequeña bodega.[13] El mapa 3 muestra los espacios donde la familia Mamani desarrolla sus actividades sociales, y el apéndice H presenta el tiempo que pasa en cada uno de esos lugares, al igual que el tipo de transporte utilizado para llegar a ellos.

Los egos o centro de esta red son Walter, el hermano mayor de 25 años, y Linda, la hermana mayor, que tiene 23. Walter trabaja como chófer de taxi y soldador, y estudia la carrera técnica de soldador y también inglés para poder vivir algún día en Estados Unidos. Linda es profesora de primaria. Ambos comparten casa y viven, además, con sus respectivos cónyuges e hijos (cada uno tiene una hija) y con sus hermanas menores Sara y Amanda, de 16 y 13 años, que todavía están en la secundaria. Sandra (21 años), la esposa de Walter, nació en la sierra de Moquegua y es ama de casa. Cuando la conocí, estaba esperando a su segundo hijo; tenía ocho meses de embarazo. Estos miembros de la familia no saben hablar quechua.

Los padres de Walter nacieron en Puno y se mudaron a Arequipa cuando tenían veintitantos años. Actualmente residen en Estados Unidos, donde trabajan a tiempo completo en las industrias de servicios y construcción. Los abuelos paternos y la tía más joven de Walter (Luisa) viven en una vivienda de tres pisos en Ciudad Blanca, a cinco minutos de la casa de Walter. Los abuelos eran campesinos en Puno y ahora tienen un pequeño puesto en un mercado de chatarra cerca del centro de la ciudad, donde venden balones de gas usados. El abuelo recoge, además, botellas de plástico que recicla y vende. La tía Luisa, de 35 años y también de Puno, cumple un importante papel en la familia. No tiene trabajo a tiempo completo, por lo que pasa la mayor parte del día ayudando a Walter y a sus hermanas en sus labores. Luisa habla tanto quechua como español, aunque en casa suele conversar solo en quechua con su madre. El cuadro 3 presenta a los miembros de la familia Mamani que participaron en la investigación desde la perspectiva de Walter.

Los miembros de la familia extensa con quienes Walter mantiene fuertes vínculos incluyen a tías y tíos que ocasionalmente lo visitan en su casa (véase el capítulo 4). Otros miembros importantes de la red son la madre de Sandra y María, la comadre de Luisa, que vive cerca de la casa de Walter. Ambas visitan

---

13. El mercado de alimentos al aire libre más cercano se halla a diez minutos en micro, y el supermercado más próximo (v. g. la cadena nacional de Plaza Vea), a 15-20 minutos de distancia en bus.

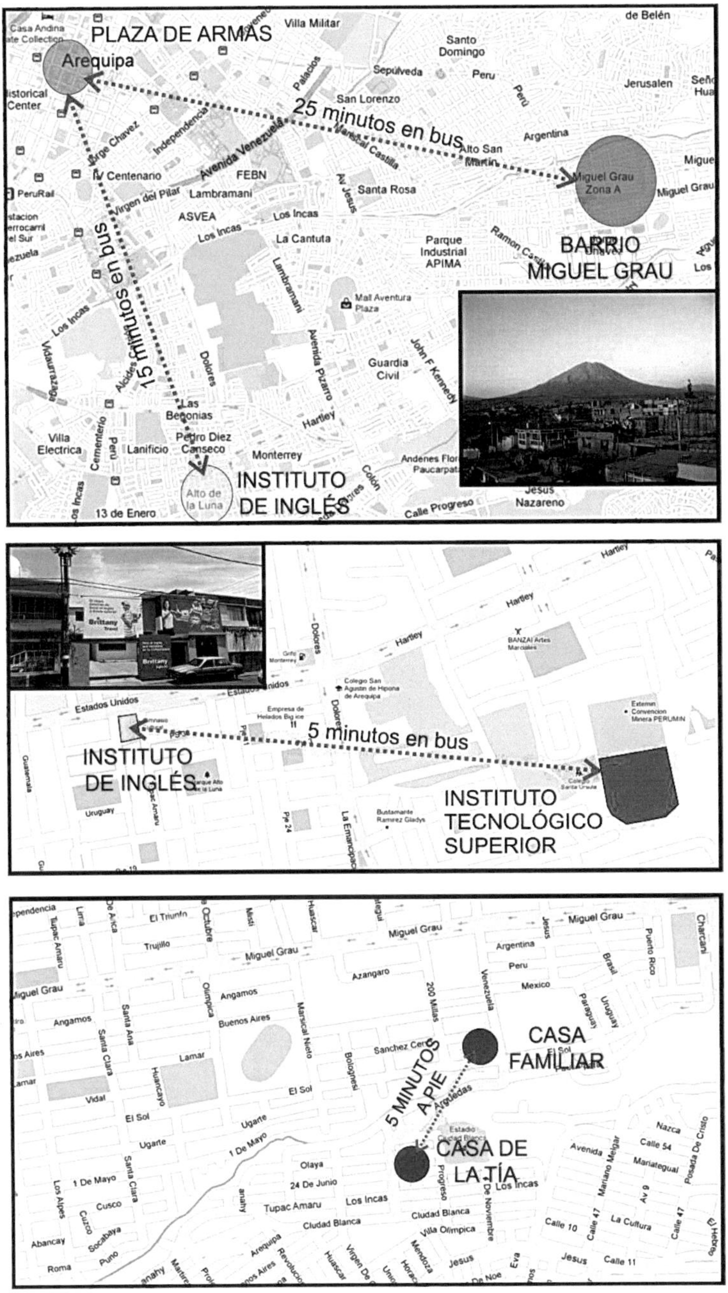

FAMILIA MAMANI

Mapa 3. Los espacios donde la familia Mamani desarrolla sus actividades sociales.

Cuadro 3

Los miembros de la familia Mamani que participaron en la investigación

Nombre	Edad	Educación	Lugar de nacimiento	Ocupación	Información adicional	Frecuencia del contacto entre Walter y este miembro de la familia
Walter	25	Estudios técnicos y clases de inglés	Arequipa	- Chófer de taxi - Soldador y estudiante a medio tiempo	- Hermano mayor a cargo de la familia; trabajó varios años en Moquegua como soldador	
Sandra (esposa de Walter)	21	Secundaria	Moquegua	- Ama de casa	- Los miembros de su familia son campesinos. Viven a unas cinco horas de Arequipa. Su madre comprende el quechua	Contacto diario en casa
Linda (hermana de Walter)	23	Estudios universitarios	Arequipa	- Profesora de primaria	- Casada, tiene una hija de cuatro años; estudia quechua en la universidad	Contacto diario en casa
Alfredo (esposo de Linda)	24	Capacitación profesional técnica	Arequipa	- Chófer de taxi - Soldador	- Primera generación en Arequipa, no habla nada de quechua; sus padres son de Cuzco	Contacto diario en casa

Madre de Walter	38	Secundaria	Puno	- Trabaja lavando platos en un restaurante de Nueva York	- Vive en Nueva York hace cuatro años	Contacto telefónico diario
Padre de Walter	42	Secundaria	Puno	- Soldador	- Vive en Nueva York hace cuatro años	Contacto telefónico diario
Amanda (hermana de Walter)	16	Cursa la secundaria	Arequipa	- Colegiala		Contacto diario en casa
Sara (hermana de Walter)	13	Cursa la secundaria	Arequipa	- Colegiala		Contacto diario en casa
Luisa (tía de Walter)	35	Secundaria	Arequipa	- Vende chatarra en el puesto de sus padres en el mercado	La tía más joven, habla quechua y español	Contacto diario en casa
Tío	44	Secundaria	Puno	- Exoficial del ejército	Bilingüe quechua/ español	Visita la casa esporádicamente; a veces juega fútbol con Walter los fines de semana

Nombre	Edad	Educación	Lugar de nacimiento	Ocupación	Información adicional	Frecuencia del contacto entre Walter y este miembro de la familia
Abuela paterna	65	Primaria	Puno	- Excampesina - Trabaja en el puesto de chatarra que la familia tiene en el mercado	Dominante en quechua, habla un poco de español	Visitas diarias
Abuelo paterno	60	Secundaria	Puno	- Excampesino - Reciclador de botellas	Trilingüe en quechua, aimara y español	Visitas diarias
María (comadre de Luisa)	42	S/d.	Cuzco	- Propietaria de varios puestos de chatarra en el mercado	Vive cerca de la casa de Walter	Visitas varias veces a la semana

a veces a la familia. María nació en el Cuzco y se mudó a Arequipa siendo niña; ya no tiene ningún vínculo con su lugar de origen y admite haber olvidado el quechua. Tiene varios puestos en el mercado, uno de ellos junto al de la familia de Walter en La Cachina.

A diferencia de muchas familias de Ayacucho, los Mamani no tienen conexión alguna con áreas rurales y no crían animales en su casa. Su vivienda tiene dos pisos e incluso un cuarto con computadora y acceso a internet. La casa tiene varias líneas telefónicas fijas, de modo que la familia puede responder rápidamente cuando los padres llaman de Estados Unidos. Walter, su esposa y su hermana mayor salen a menudo los fines de semana a comer en pollerías y bailar en discotecas, ubicadas a 10 o 15 minutos de su casa.

A diferencia de las familias de Ayacucho, en la de los Mamani solo los abuelos conservan ciertas costumbres rurales. Por ejemplo, la abuela es la única que usa pollera y sombrero; las jóvenes jamás emplean un *qipi* para cargar a sus hijos. Sin embargo, tal como veremos en el capítulo 4, los jóvenes de esta familia mantienen algunas tradiciones puneñas serranas.

Otros jóvenes quechuahablantes

En Arequipa logré establecer contacto con muchos otros jóvenes quechuahablantes. Esta ciudad es el centro de gente proveniente de la sierra y costa sur del Perú. Numerosos jóvenes de comunidades de Cuzco, Puno e incluso Ayacucho se dirigen a ella en busca de oportunidades laborales o educativas. La lengua nativa de estas poblaciones es el quechua. Aprenden el español en su pueblo o en la escuela en Arequipa. Estos jóvenes suelen vivir con algún pariente o solos. Me topé y conversé con ellos en bodegas, parques o restaurantes de la ciudad y descubrí que hablaban quechua y que provenían fundamentalmente de Cuzco y Puno. Concerté una entrevista con varones y mujeres luego de pasar varias veces el rato con ellos. En cambio, fue difícil llevar a cabo la observación participante con este grupo porque la mayoría estudiaba o trabajaba y tenía poco tiempo.

La recolección de datos y los instrumentos usados

La recolección de datos comprendió: la observación etnográfica participante de las actividades cotidianas de los jóvenes que tomaban parte en la investigación; grabaciones de audio de estas actividades; entrevistas sociolingüísticas con participantes escogidos sobre sus asociaciones lingüísticas y culturales, así como sobre sus antecedentes sociolingüísticos; la redacción de notas de campo etnográficas; y fotografías.

La observación participante

Fue luego de reclutar a quienes habrían de tomar parte en la investigación y de conseguir su permiso oral para las sesiones de observación participante, que comencé a visitarlos en diversos espacios. En Ayacucho, la observación participante se llevó a cabo desde octubre de 2009 hasta mayo de 2010. Completé estas sesiones de observación con tres familias.[14] Con estas tres familias, las sesiones tuvieron lugar entre noviembre de 2009 y mayo de 2010, lo que sumó un total de 81 horas y 25 minutos y de 22 horas y 12 minutos grabadas.

En esta ciudad, la observación participante tuvo lugar después de dos meses de vivir en ella y de haber conocido a los contactos. Las sesiones se desarrollaron con estos últimos y sus amistades. Visité los hogares y centros de trabajo de los miembros de la familia durante mi segundo y tercer mes en la ciudad. Logré, como ya se indicó, entablar amistades duraderas con las participantes femeninas. Sin embargo, en muchas actividades sociales y laborales también estaban presentes los miembros varones de las redes sociales, de modo tal que los datos incluyen su observación.

En Arequipa, las observaciones y grabaciones provienen de las sesiones de observación participante celebradas con la familia Mamani. La investigación realizada con esta familia comprendió 13 de estas sesiones, lo que sumó un total de 32 horas y 30 minutos. A diferencia de Ayacucho, donde fue difícil llevar a cabo las sesiones con jóvenes varones, en Arequipa no tuve este inconveniente con Walter Mamani y su familia. Como Walter estaba casado y tenía un hijo, no tenía problema alguno en ser amigo mío y del amigo peruano que me acompañó la mayoría de las veces que visité su casa.

---

14. Al inicio del proyecto también completé más de diez sesiones de observación participante en colaboración con alumnos universitarios bilingües, pero ellas no constituyen la parte principal de mis datos.

Al comenzar la investigación, los participantes me invitaron a su casa o centro de trabajo. Procedí entonces a visitarles una o dos veces por semana en esos lugares, por entre media hora y dos horas. A medida que la relación se fortalecía y me conocían mejor, fueron invitándome a otras actividades sociales. Después de un mes de conocerlos, las sesiones se extendían de 30 minutos a cuatro horas, dependiendo del tipo de evento. Las mujeres me invitaban a acompañarlas a su casa mientras hacían sus labores, a sus centros de trabajo o a eventos sociales o culturales. A diferencia de lo que ocurrió con los varones quechuahablantes, que solían ausentarse de la ciudad para trabajar en la chacra de su familia, el trabajo con las mujeres se vio facilitado por el hecho de que a menudo permanecían en casa.

Las grabaciones de audio

Las entrevistas sociolingüísticas tuvieron lugar con un solo participante por vez y las sesiones fueron grabadas. Grababa los sucesos cotidianos cuando no había demasiado ruido o distracciones. Cuando llegaba a un evento, siempre anunciaba que estaba sacando la grabadora y pedía permiso para encenderla. Pasado un tiempo, a menudo la dejaba sobre una mesa o una silla. A veces los vecinos o amigos pasaban por el lugar donde estaba grabando y pedían ver el aparato, pensando que se trataba de un nuevo tipo de teléfono celular. Quienes participaron en la investigación siempre les dijeron que lo dejaran en su lugar cuando estábamos grabando.

Las sesiones no eran grabadas cuando había demasiado ruido o cuando los participantes compartían información privada. Por último, no llevaba la grabadora a vecindarios que no eran seguros o a eventos privados, como fiestas de cumpleaños o el velorio al que acudí (véase el capítulo 4: la familia Mamani).

Las entrevistas sociolingüísticas individuales

Llevé a cabo entrevistas sociolingüísticas con los principales participantes jóvenes, los miembros nucleares de cada red familiar, y con otros contactos jóvenes que hablaban quechua y español. Las entrevistas duraban entre 30 minutos y hora y media, y eran tanto en español como en quechua, dependiendo de qué eligiera el participante. Estos escogían un espacio cómodo para el encuentro, que usualmente fue su casa, la mía, un café o un restaurante. Incluí una lista de preguntas acerca del uso de la lengua quechua, los antecedentes sociolingüísticos y la identidad urbana quechua (sobre la base de Honberger 1988 y Howard 2007; para la guía de la entrevista, véase el apéndice C). El objetivo era identificar los espacios y tipos de interacción (v. g., por interlocutor o por tema) que fomentan el uso de esta lengua, al igual que su experiencia al hablarla y aprenderla, lo que a su vez podía estar relacionado con el uso actual observado que hacen de ella. Las entrevistas fueron grabadas, y mientras las llevaba a cabo, fui tomando notas.

La entrevista incluyó, asimismo, preguntas metalingüísticas acerca de las características lingüísticas del quechua urbano. Sin embargo, estas preguntas las hice al final del periodo de recolección de datos, con miras a esclarecer los ejemplos encontrados durante esos meses. Transcribí partes relevantes de las entrevistas sociolingüísticas y las codifiqué para el análisis de datos. Los que obtuve de ellas fueron codificados según el contenido lingüístico de los intercambios verbales, concentrándome en los elementos del contacto lingüístico (v. g., los préstamos y cambios de código) presentes en el quechua y en las variedades andinas de español. También codifiqué y analicé los datos de las entrevistas para poder establecer conexiones entre las notas de campo, las observaciones que los participantes hacían del uso lingüístico, los comentarios culturales y la vida familiar.

Las notas de campo

Las notas de las observaciones de campo siguen los lineamientos presentados en *Writing Ethnographic Fieldnotes* (Emerson et ál. 1995). Jamás llevé conmigo una libreta para tomar notas de lo que me decían los participantes porque lo consideré algo forzado e inapropiado. Por lo tanto, después de cada sesión, me ponía a escribir de inmediato, detallando la escena: la hora, el día y el lugar, quiénes estaban presentes, y haciendo un recuento minuto por minuto de los hechos relacionados con el uso del lenguaje, así como de otros aspectos de la vida cotidiana. También tomé nota de ciertos elementos de las conversaciones que mantuve con los participantes. Los detalles incluyen cómo se sentían ese día, qué estaban haciendo, qué sucedió, cómo estaban vestidos, qué lenguas se hablaron y con quién, así como otras observaciones más.

Las fotografías

Los datos incluyen, asimismo, fotografías digitales tomadas a los participantes mientras llevaban a cabo sus actividades cotidianas, fotografías del paisaje y de las principales actividades. Antes de sacar mi cámara, pedía a los participantes permiso para hacerlo. La mayoría de las veces, cuando la veían, me la pedían prestada para tomarse fotos. En Ayacucho son muy pocas las familias que tienen cámara digital, de modo que gozaban usándola y me pedían copias de las fotos.

La transcripción y la codificación de los datos

Los datos grabados, recogidos en las sesiones de observación participante y en las entrevistas sociolingüísticas, fueron transcritos dependiendo de la calidad de las grabaciones y de las características lingüísticas del quechua. Escuché todos los archivos de audio y codifiqué los pasajes relevantes para el contacto lingüístico que eran audibles. Codifiqué, en particular, las partes de los datos en las cuales los informantes hablaban en quechua, cambiaban de código entre el quechua y el español y empleaban ciertos elementos del español andino. Además del contenido lingüístico, transcribí también partes de los datos en donde discutían ciertos aspectos de su vida familiar y sus tradiciones culturales. Se transcribió el 40% de los datos grabados (las convenciones usadas en la transcripción figuran en el apéndice B). Las notas de campo se codificaron sobre la base de los distintos espacios de las interacciones sociales.

Capítulo 3

"Tú combinas bien el quechua": el "combinado" y la identidad juvenil en Ayacucho

Una tarde lluviosa de abril de 2010, hice los 20 minutos de viaje en ómnibus desde el centro de Ayacucho al barrio de Ñahuinpukio, para visitar a las cuatro hermanas Hernández. Al llegar a su casa, entré de inmediato por la puerta principal, que es también la entrada a su bodega. Gabriela, la hermana menor (18 años), estaba viendo *El gran show*, un programa de baile en la televisión, en tanto que su hermana Sofía (21 años) perseguía a su hijo de tres años por toda la casa, y Anita, la mayor (24 años), conversaba en una mezcla de quechua y castellano con una vecina que había acudido a comprar algo en la tienda. Susana, la hermana del medio (20 años), caminaba por la casa cargando a la bebé recién nacida de Anita en un *qipi*. Gabriela me pidió que me sentara y viera televisión con ella. Susana llegó poco después y le gritó a Gabriela que dejara de ver su programa y saliera a pastorear a los carneros. Esto terminó en una discusión:

1. Gabriela a Susana, español (00:02:26) (REC 26)

1	**Gabriela**	[digiriéndose a Susana] ¡Yo he pastoreado!
2		Tú no has pastoreado a los carneros…
3		¡Anda pastorea!

Tras este intercambio, Susana acabó saliendo ella misma a pastorear a los animales y Gabriela se quedó pegada a *El gran show*. La escena anterior describe una tarde típica en casa de las Hernández, especialmente durante la cosecha, cuando tienen que ocuparse ellas solas de la casa y de la tienda.

Las hermanas Hernández viven solas la mayor parte del año en la casa de la familia en las afueras de la ciudad,[1] mientras sus padres trabajan en su chacra a cuatro horas de viaje en auto. Sus padres son campesinos dominantes en quechua. Huyeron en la década de 1980 a Lima, la capital, debido a Sendero Luminoso.[2] Sin embargo, como muchos otros campesinos, regresaron una vez que la violencia amainó para cuidar de su chacra y se establecieron en la ciudad de Ayacucho (*cf.* Reynaga 1996).[3]

Las hermanas Hernández son la primera generación de su familia que ha nacido en Ayacucho y se identifican a sí mismas como "huamanguinas" (por Huamanga, el antiguo nombre de la ciudad). Ellas representan una nueva generación de jóvenes urbanos ayacuchanos que hablan español, quechua y una variedad mixta de ambas lenguas a la cual las hermanas llaman "combinado". Además de tener prácticas lingüísticas fluidas, esta generación cuenta con redes sociales complejas que se extienden a distintos espacios urbanos y rurales, fuera de Lima. En esos espacios son posibles distintas opciones lingüísticas; ellas se relacionan —como muestro en este capítulo— con el lugar de la interacción, el(los) interlocutor(es) presentes y el tema de conversación.

Este capítulo mostrará la relación existente entre las prácticas lingüísticas y el espacio. A continuación el análisis extraerá las características lingüísticas del combinado, concentrándose en los distintos estilos de cambio de código de español/quechua, los préstamos lexicales de ambas lenguas y la adaptación

---

1. Con las "afueras de la ciudad" nos referimos a los nuevos barrios y asentamientos humanos que se han formado en Ayacucho en las décadas de 1980 y 1990, que se encuentran muy cerca de los distritos rurales.
2. Los padres de las Hernández se mudaron a Lima a finales de la década de 1980, durante la época de la violencia en Ayacucho. Allí vivieron con los miembros de su familia extensa y fue en esa ciudad donde nació Anita, la hermana mayor. Ella no tiene ningún recuerdo del tiempo que pasó en la capital, pues regresó a Ayacucho cuando solo tenía dos o tres años de edad.
3. Reynaga (1996) también menciona que aunque algunos miembros de familias huyeron a Lima durante la época de la violencia, otros permanecieron en Chiara (su provincia rural natal) para hacerse cargo de la chacra familiar.

fonológica de los préstamos tal como queda registrada en el habla que se da naturalmente.

Los espacios

Los espacios cumplen un papel en la opción lingüística, puesto que las hermanas Hernández definen claramente a ciertos ámbitos urbanos y rurales como más quechuas o más hispanos. Esto es asimismo evidente a partir de sus elecciones lingüísticas en sus espacios cotidianos (para el tiempo pasado en esos lugares, véase el apéndice F y el mapa 1 del capítulo 2). Describiré las prácticas lingüísticas partiendo de los espacios de interacción cotidiana de estas hermanas, pasando del más rural al más urbano (véase la imagen 1). Comenzaré examinando la chacra (a cuatro horas de la ciudad), para luego continuar con la feria del ganado (a diez minutos de su casa), el hogar de la familia, el vecindario inmediato y la bodega de la madre (a diez minutos de viaje en micro), y la plaza de Armas (a 20 minutos de su casa en bus).

Lo rural: la chacra en Chiara

Las hermanas Hernández frecuentemente hablan de ir a la chacra de sus padres en Manallasac, en el distrito de Chiara, provincia de Huamanga. Chiara está a apenas cuatro horas de la ciudad y fue un área principal de senderistas y militares en la década de 1980. En esa época, muchas familias del lugar huyeron a Ayacucho o a Lima (véase Reynaga 1996). Los padres pasan semanas o incluso meses trabajando y viviendo en su chacra, especialmente durante la cosecha, aunque van con frecuencia a la ciudad por unas pocas horas a visitar a sus hijas, recoger algo en la casa y hacer alguna gestión, luego de lo cual regresan inmediatamente al campo. Susana me contó que en esas ocasiones sus padres llegan muchas veces al amanecer.

Todas las hermanas han ido a la chacra a ayudar con las labores y a visitar a los miembros de su familia extensa. Me dijeron que hace tiempo que solamente van una vez al año y se quedan a lo más una semana. Quisieran ir más a menudo, pero dicen no tener mucho tiempo porque ahora hay niños pequeños en la casa (Sofía tiene un hijo de tres años y Anita una recién nacida) y deben ocuparse, además, de la tienda de la familia. Aun así, hablan a menudo de

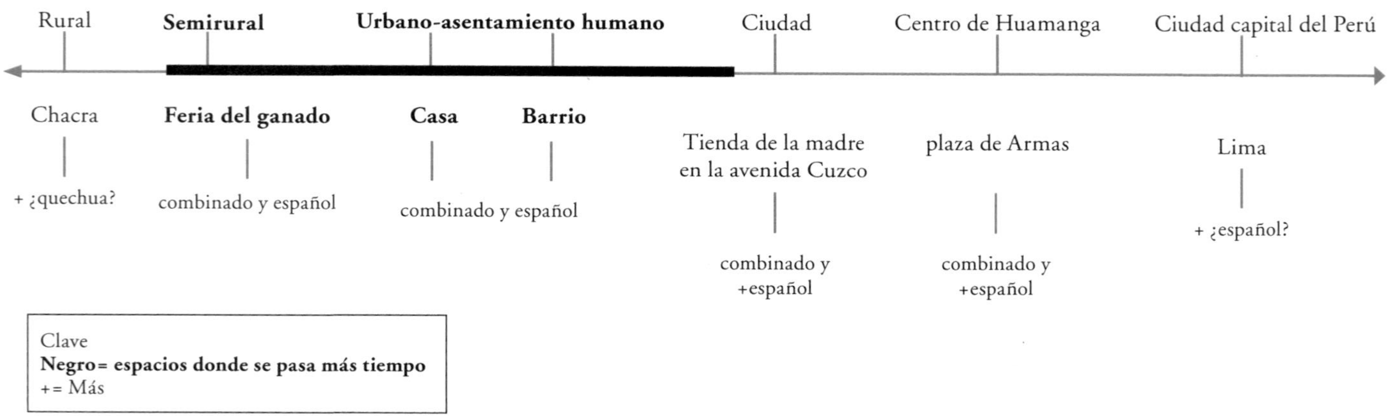

Imagen 1. Los espacios de las hermanas Hernández y su opción lingüística en ellos.

la chacra y de cuánto quisieran ir allí a trabajar y de visita los fines de semana. Un día, Gabriela, la hermana menor (18 años), me contó cuánto la fastidiaba que el mes de mayo, en su cumpleaños, sus padres estuvieran siempre lejos, y que ella en realidad jamás lo celebraba. En otra visita a la casa, vi que Gabriela estaba llorando y les gritaba a sus hermanas que quería ir a la chacra el fin de semana. Le pregunté a Anita, la hermana mayor (24 años), por qué no iba allá más a menudo. Su respuesta fue como sigue:

2. Anita y la chacra, español (00:07:21) (REC 15)

1	**Anita:**	A (Chiara) porque me enfermo no voy.
2		Se me hinchan los pies, pero si no, estaría allí.

Ninguna de las hermanas fue a la chacra mientras completé mi trabajo en Ayacucho, en tanto que sus padres estuvieron allá alrededor del 90% del tiempo. Utilizando un celular, ellas se mantenían en contacto con sus padres y otros parientes en quechua o en español. En consecuencia, la chacra siempre está *presente* en las conversaciones diarias de las hermanas.

De otro lado, aunque a ellas les gusta visitar el pueblo de sus padres, y dicen que es "su pueblo", no se identifican como provenientes de ese lugar. Ellas se consideran huamanguinas, como ya se indicó, y como tal, toman distancia de ciertas "tradiciones más rurales". También asocian a ciertas costumbres y vestimentas con el campo. Por ejemplo, su madre usa una pollera; ellas, en cambio, suelen llevar un buzo o un *jean*. Le pregunté a Susana (20 años) por qué no utilizaban polleras. Me contestó de la siguiente manera:

3. Susana con respecto a las polleras, español (00:33:46) (REC 29)

1	**Susana:**	Será porque,
2		o sea nosotros estamos aquí en Ayacucho…
3		Ella (mi madre) vive más o sea para más en la chacra…
4		Desde niña (mi madre) aún utilizaba más esas ropas.

Susana claramente relaciona el uso de la pollera con el tiempo transcurrido en la chacra: "vive más" o "para más" (línea 3) allí. Se distingue a sí misma y a sus hermanas de su madre diciendo que "nosotros estamos aquí en Ayacucho" (línea 2), en tanto que esta última pasa más tiempo en la chacra (línea 3). La ropa puede usarse en la región andina como una expresión importante de la identidad (*cf.* Stephenson 1999, Weismantel 2001). Reynaga halló que en Ayacucho, las migrantes de áreas rurales vienen reemplazando sus polleras tradicionales por *jeans* u otro tipo de pantalón (1996).[4] Por mis observaciones en la ciudad, parecería, sin embargo, que esta distinción en la vestimenta es más generacional, pues mientras que los niños y jóvenes no quieren usar más la "ropa de campo" —tal como designan a la vestimenta típica de la sierra—, sus padres y parientes mayores (las mujeres en particular) generalmente la conservan.

A diferencia de la ropa, donde la distinción es muy marcada, las prácticas lingüísticas son más fluidas. Para las hermanas Hernández, un aspecto importante de su estadía en la chacra es la posibilidad de hablar quechua. La chacra se asocia con esta lengua y se considera que dominarla es necesario para poder comunicarse con quienes viven allí. En (4) aparece un pasaje que describe el significado de la chacra como un espacio para el quechua.

4. Susana con respecto al quechua en la chacra, español (00:29:14) (REC 29)

1	**Investigadora:**	Tu papá no habla mucho quechua, ¿o sí?
2	**Susana:**	Sí habla, pero cuando está en la chacra.
3	**Investigadora:**	¿Y dónde hablas más quechua?
4		¿En tu casa o en la calle o…?
5	**Susana:**	En mi pueblo…
6		o sea tú cuando estás acá…
7	**Investigadora:**	Uh huh.
8	**Susana:**	tú hablas así normal…
9		Tú cuando llegas así a la chacra así
10		como todos hablan así, así hablas tú también.

En otra conversación, Anita (fragmento 5) coincide en que el quechua es la lengua que se usa en la chacra, puesto que es la que todos los demás hablan allí.

4. En la ciudad satélite de El Alto, en La Paz, Bolivia, las jóvenes sostienen no usar pollera porque les parece "muy pesada" y "muy cara", y porque sienten que se las discrimina por llevarla (Guaygua et ál. 2000: 109).

5. Anita, con respecto al quechua en la chacra, español (00:21:20) (REC 15)

1	**Anita:**	En la chacra sí pues,
2		porque la mayor parte te habla de quechua.

En (6), las hermanas también indican que sus vecinos jóvenes en Ayacucho hablan más quechua porque pasan más tiempo en la chacra.

6. Gabriela y Susana, con respecto a que sus vecinos hablan más quechua (00:40:06) (REC 29)

1	**Investigadora:**	Esas niñas que han venido a tu casa para...
2		han venido a tu casa esas niñas
3		parece que no hablan mucho quechua esas niñas.
4		¿No?
5	**Gabriela:**	¿Cuál de ellas?
6	**Investigadora:**	¿Te acuerdas?
7	**Susana:**	No, sí.
8		No, más bien son de la chacra.
9		Sí, más paran en la chacra.

Con estos ejemplos queda claro que las hermanas correlacionan la frecuencia del uso del quechua con el tiempo que se pasa en la chacra.

Podría decirse que para la familia Hernández, la chacra es el centro de la vida, puesto que los padres pasan allí la mayor parte del tiempo y es su principal fuente de ingreso. El padre cultiva entre siete y ocho variedades de papa varias veces al año y conduce hasta Lima (nueve horas en auto) para venderlas. Me explicó que en Ayacucho no hay mercado para sus papas y que preferiría venderlas allí.[5] Me contó que también usaba su camión como taxi —recogiendo pasajeros en el campo— para ganar algo más de dinero, porque la chacra no bastaba para cubrir todos los gastos. Por eso, también, sus hijas se encargan de la bodega familiar en la ciudad y preparan comida caliente para la feria del ganado que se celebra los domingos en las afueras.

5. Cuando entrevisté al padre de las Hernández, me explicó que en el Perú los campesinos no reciben ningún subsidio y que incurren en muchos gastos al viajar a Lima. Dijo también que sería beneficioso contar con más fábricas en Ayacucho.

Esta feria es un espacio que los forasteros consideran rural. Para las hermanas, en cambio, se trata de una extensión de su vida urbana. Este papel "dual" de la feria podría explicar por qué la mayoría de los interlocutores usaba ahí el "combinado".

La feria del ganado

Las dos hermanas del medio (Sofía y Susana) pasan las mañanas del domingo trabajando en la feria del ganado, la feria ganadera más importante de Ayacucho, que se celebra todas las semanas en las afueras de la ciudad, a menos de diez minutos de la casa de las Hernández. Ellas arman su propio puesto, donde venden menú, caldo de gallina y chicha. Usualmente pasan muchas horas preparando la comida la noche anterior y temprano en la mañana.

Jacobo, la pareja de Sofía, o el padre de Sofía (cuando está en la ciudad), se encargan de llevarla a ella y a Susana a la feria. Ambas cargan baldes de comida y provisiones, y llegan alrededor de las 7 a. m. al lugar. La primera media hora la pasan armando el toldo y la mesa, una tarea a la que contribuyen a menudo los primos de Jacobo. Estos parientes tienen veintitantos años y viven algunos en el mismo barrio que las Hernández y otros en Huamanguilla, un pueblo en las afueras de Ayacucho.[6] Su lengua nativa es el español andino y tienen distinto grado de dominio del quechua. Los padres de las hermanas también acuden a la feria cuando se encuentran en la ciudad, pero casi siempre llegan cuando está por terminar, alrededor del mediodía. Ellos van para visitar a sus hijas, comer y comprar ganado para su chacra. Las otras hermanas pasan los domingos en su casa haciendo las labores domésticas, aunque también salen unas cuantas horas al campo de fútbol del barrio para vender chicha y gelatina a los jugadores.

Los clientes pasan por el puesto de comida esporádicamente durante toda la mañana. Sin embargo, a menudo solo se detienen para averiguar el menú y los precios y se alejan sin comprar nada. Aun así, las hermanas pueden tener más de 20 clientes un domingo atareado, de modo tal que el puesto y la mesa están llenos y la clientela acaba sentándose en el piso o sobre las piedras. Muchos son clientes habituales y por ello las hermanas les llaman caseros, como

---

6. Huamanguilla es un pequeño pueblo a una hora de viaje de Ayacucho y a media hora de Huanta.

Imagen 2. La feria del ganado (2010, fotografía de la autora).

denominan también a otras personas que deambulan por la feria para atraerlas al puesto. En el Perú, en general, esta es una táctica de venta.

Los clientes pueden ser familias completas, parejas de ancianos y a veces incluso niños. Sin embargo, la mayoría son adultos de más de 40 años, pues este es el grupo etario que más acude a la feria a vender y comprar ganado. Muchos vienen de pueblos lejanos y muchos, también (especialmente los ancianos), solamente hablan quechua y visten ropa de campo. Por otro lado, no todos los que asisten a la feria son agricultores; algunos solo están involucrados en el negocio de compra y venta de ganado, y también hay profesores de colegio, enfermeras y otros profesionales que viven en Ayacucho para quienes la feria es una actividad social.

Durante mi estadía en Ayacucho, me uní a las hermanas en la feria en cinco ocasiones, entre dos y cuatro horas, observando y registrando distintos tipos de interacción. Siempre llegué al lugar en micro, un viaje que desde mi casa me tomaba una media hora. Solo había una ruta de bus que se dirigía a la feria, por lo que los vehículos se llenaban rápidamente. En el camino oía a casi todos los pasajeros adultos hablar en quechua.

El micro nos dejaba a todos al pie del cerro, al final de la ruta. En las laderas de la montaña se ubicaban los vendedores, los compradores y el ganado, y en la cima, las proveedoras de comida. Por lo tanto, para llegar al puesto de las hermanas tenía que subir a la cima pasando por vacas y toros mugientes y evitando cuidadosamente las bostas. Como las hermanas no siempre tenían su puesto en el mismo lugar, debía pasearme por cada uno de ellos hasta encontrarlo. Tan pronto como lo hacía, les ayudaba a armar el toldo y la mesa, jugando además con el hijo de tres años de Sofía. Después de una hora de trabajo, las hermanas siempre me convidaban un plato de arroz, ensalada y papas. Cuando se quedaban sin comida, empacaban sus cosas y dejaban la feria. De regreso, en las ocasiones en las que su padre estuvo con ellas, siempre se ofrecieron a llevarme en su camión. Luego a veces me quedaba un rato en su casa, aunque casi siempre regresaba inmediatamente a la mía en ómnibus. Después de la feria, Sofía y Susana solían descansar, comer algo y ayudar a las demás hermanas en las labores domésticas.

Imagen 3. Puesto de comida en la feria del ganado (2010, fotografía de la autora).

Las prácticas lingüísticas en la feria se distinguen según las tres clases de actividad que observé en ella: la actividad relacionada con la comida (instalar el puesto, organizar los platos y contar el dinero); pasar el rato; y el servicio que se ofrece en el puesto. Las dos primeras tienen lugar entre miembros de la familia, mientras que la tercera se lleva a cabo con clientes de distintas edades. Las hermanas usan el español y el combinado en todas ellas, pero muestran ciertas preferencias según el interlocutor (véase el cuadro 1 y la imagen 4).

Cuadro 1
PRÁCTICAS LINGÜÍSTICAS EN LA FERIA DEL GANADO

ACTIVIDADES EN LA FERIA	INTERLOCUTORES	LENGUA/S
a) Relacionadas con la comida: instalar el puesto, organizar los platos y contar el dinero	• Hermana a hermana • Hermana a prima • Hermana a madre	• Español y combinado
b) Pasar el rato en la feria (cuando no hay clientes)	• Hermana a hermana • Hermanas a investigadora • Hermana a hijo • Hermana a primos	• Español con algunas palabras aisladas en quechua
	• Hermana a madre y padre • Hermana a primos (en presencia de la investigadora)	• Español y combinado
c) Servicio que se ofrece en el puesto	• Clientes varones y mujeres de más de 40 años	• Español y combinado
	• Clientes niños, adolescentes y jóvenes	• Español

En los siguientes ejemplos me concentro en el grado de uso del combinado, examinando los tipos de préstamos lexicales hispanos presentes en el discurso quechua de las hermanas, así como las interacciones que incluyen el cambio de código quechua y español inter- e intrasentencial. El análisis de los préstamos se centra en los *préstamos lexicales no adaptados* del castellano usados en el discurso quechua, los préstamos lexicales hispanos que contienen sufijos morfológicos quechuas, y los préstamos hispanos adaptados solamente a la fonología quechua (Winford 2003).

En los ejemplos provenientes de la feria del ganado encontramos distintos casos de cambios de código intersentenciales (entre turnos) e intrasentenciales (en el mismo turno). Sigo el *modelo de marcadez* de Myers-Scotton (1993) para analizar los cambios como opciones marcadas, no marcadas y exploradoras (113-115).[7]

7. Myers-Scotton también se refiere al cambio de código como una secuencia de opciones no marcadas a las cuales recurrir cuando uno o más factores situacionales cambian en una conversación y se pasa de un tema a otro. El cambio de código es provocado por el hablante (1993: 113-115).

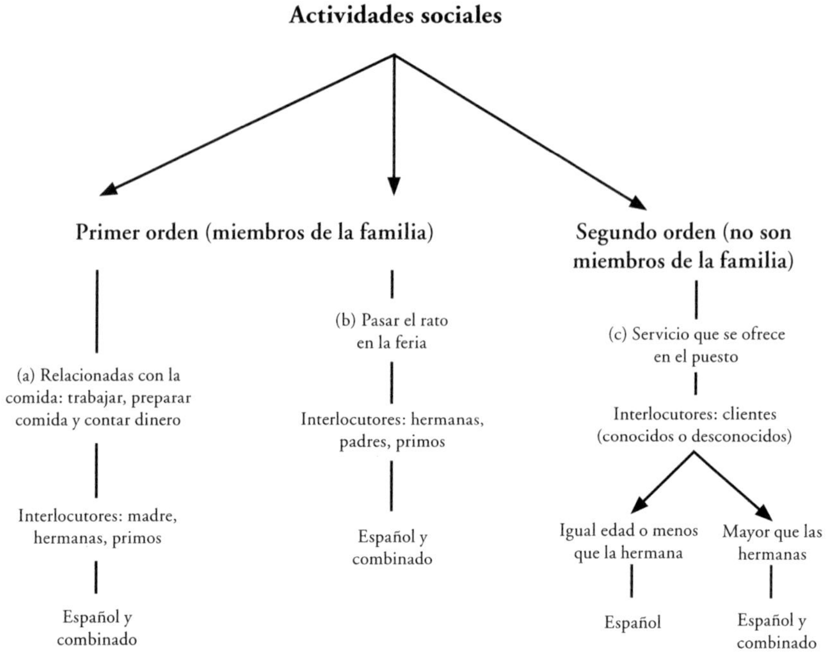

Imagen 4. Prácticas lingüísticas en la feria del ganado.

Prácticas lingüísticas en la actividad relacionada con la comida

La actividad relacionada con la comida comprende las conversaciones que tuvieron lugar cuando las hermanas estaban instalando el puesto, preparando los platos y contando el dinero de las ventas. Incluyen diálogos entre ellas, con una prima y con su madre.

Cuadro 2

PRÁCTICAS LINGÜÍSTICAS EN LA ACTIVIDAD RELACIONADA CON LA COMIDA

ACTIVIDAD RELACIONADA CON LA COMIDA	INTERLOCUTORES	LENGUA/S
Instalar el puesto, preparar los platos y contar el dinero	• Hermana a hermana • Hermana a madre • Hermana a prima	• Español y combinado

Cuando hablan entre ellas mientras organizan los platos, las hermanas tienden a usar español y combinado. En el pasaje (7) ellas preparan un plato para un cliente varón mayor que es su casero. Este pasaje muestra los cambios de código intersentenciales entre español y combinado, así como los préstamos lexicales hispanos en los enunciados en quechua de las hermanas. Esta conversación se inicia con ellas discutiendo el pedido del hombre y termina con Susana sirviéndole su plato. El casero no participa en el intercambio, pero se habla de él y es testigo del mismo.[8]

7. Sofía (21 años) y Susana (20 años), español y combinado (00:05:40) (REC 25)

1	**Susana:**	**[dirigiéndose a su hermana]** No le des al señor sin tallarín.	
2	**Sofía:**	**[dirigiéndose al casero]** ¿*Mana-chu* *kay-wan* No-Q esto con cumbina-*yku-yki-man,* combinar-CUR-2sg.-POT, casero?	¿No quiere que se lo combine con esto, casero?
3	**Susana:**	¿Jugo-*cha-n-ta* o? Jugo-DIM-3sg.-AC	¿Debo dárselo con jugo o?
4		*Psh hina-cha-ta.* Como-DIM-AC	[Suspira] Así.
5	**Sofía:**	*Hina-cha-ta.* Como-DIM-AC	Solo, así.
6		*Hina-cha-lla-ta.* Como-DIM-DEL-AC	Apenas así.
7		*Chaki-cha-lla-ta.* (3) Seco-DIM-DEL-AC	Apenas un poquito seco. (3)
8		*Chaki-cha-lla-ta.* (3) Seco-DIM-DEL-AC	Apenas un poquito seco. (3)

8. El apéndice A contiene una lista de las abreviaturas de las glosas quechuas.

9	**Marco:**	(gritando)	
10		**[dirigiéndose a Susana]** Huh. ¿qué dice? (3)	
11	**Marco:**	(gritando)	
12	**Susana:**	**[dirigiéndose a Sofía]** *Hina-cha* *chaki-cha-lla-ta.* Como-DIM seco-DIM-DEL-AC	Apenas un poquito así, apenas un poco seco.
13		**[dirigiéndose a Sofía]** *Yacha-nki-ña-m.* Saber-2sg.-SEQ-AF	Tú ya sabes.
14		**[dirigiéndose a Sofía]** Sí, dice.	
15		**[dirigiéndose a Sofía]** Así nomá. (5)	
16		**[dirigiéndose al cliente]** *Kay-qa-ya* casero Esto-TO-COR tallarín.	Aquí está lo que quieres casero, tallarín.

En el pasaje (7), las hermanas participan en un intercambio de 16 líneas en combinado y español, en el cual discuten la preparación del plato del cliente. Susana da inicio al intercambio en la línea 1, indicando a su hermana en castellano que le añada tallarines. Ella, a su vez, se vuelve hacia este último y le pregunta si quiere su plato de tallarines con salsa.

En la línea 2, Sofía se dirige al cliente varón, para quien muy probablemente el quechua es dominante, para preguntarle cómo quisiera que se le prepare su plato. El quechua es la opción no marcada del cliente que muy posiblemente es un agricultor y tal vez un consumidor regular, puesto que las hermanas lo llaman casero. La respuesta que este da no se escucha en la cinta. Encontramos préstamos españoles usados para "casero" (líneas 2 y 16) y "tallarín" (línea 16). Estos son ejemplos de *préstamos no adaptados* (Winford 2003: 43), pues no tienen modificación morfológica o fonológica alguna. Los dos ejemplos parecen asimismo ser préstamos culturales (Godenzzi 2005), ya que no hay ningún equivalente en quechua. En la misma línea encontramos también ejemplos de *préstamos adaptados* (Winford 2003) que contienen raíces españolas y sufijos morfológicos quechuas. En la línea 2, cuando Sofía le pregunta al cliente si quisiera su comida en combinación, usa la raíz hispana *cumbina* (< español "combina") con los sufijos verbales quechuas *–yku* (marcador de cortesía) y *–man* (marcador potencial), y el sufijo nominal quechua *–yki* (tu, marcador de posesión). En un diccionario quechua encontramos *tantay* o *tupachiy* para "combinar" (Cusihuaman 2001: 151).

En la línea 2 también vemos que algunos préstamos españoles están fonológicamente adaptados al quechua, en tanto que otros no. En la línea 1, Sofía le pregunta al cliente: "[...] *cumbina-yku-yki-man* casero?" y dice "cumbina" [kumbina] con fonología quechua, en lugar de la hispana [kombina]. Sin embargo, en la misma línea ella prefiere pronunciar el préstamo "casero" como [kasero], con fonología española.[9] Es evidente que incluso préstamos como "casero" y "combina" pueden pronunciarse con fonología tanto española como quechua, mostrando así distintos grados de adaptación. Por ende, sostengo que otra característica del habla del combinado incluye la adaptación fonológica variable de los préstamos lexicales hispanos.[10]

En las líneas 3 a 8, Susana y Sofía participan en un intercambio acerca de cómo preparar la comida del cliente. Esta conversación tuvo lugar en quechua, con algunos préstamos del español. Encontramos "*jugo-cha-n-ta o*" "con su jugo o", con un sufijo derivativo quechua *–cha*, el sufijo verbal quechua *–n* (posesivo de la tercera persona del singular), y el sufijo nominal quechua *–ta* (acusativo). A "jugo-*cha-n-ta*" le sigue una conjunción española "o". "*Hilli*", el equivalente en quechua de jugo, aparece en varios diccionarios quechuas (Ladrón de Guevara 1998: 184, Cusihuaman 2001: 179). Estudios previos mencionan que en Bolivia, el quechua rural y urbano (Mamani y Chávez

9. La fonología quechua sería ([kasiru]).

10. Cerrón-Palomino (2003) llama *motosidad* a este tipo de adaptación fonológica. Ella se da cuando los hablantes de una segunda lengua confunden las vocales medias abiertas del español con las vocales altas del quechua. En el Perú, y sobre todo en Lima y la región costera, se considera que esta es una forma estigmatizada de habla. Chávez y Mamani (2001: 41) son de los pocos lingüistas que examinan este fenómeno en el caso del quechua. Sin embargo, su investigación indica que todos los préstamos lexicales hispanos hallados en sus datos están adaptados a la fonología quechua.

2001) rara vez toma prestado conjunciones españolas como o. Sin embargo, en el habla de las hermanas hallamos ejemplos de esto.

Mientras las hermanas discuten en quechua cómo preparar el plato del cliente en las líneas 3-8, en la línea 10 Sofía cambia al español al decir: "¿qué dice?". En este caso, podemos asumir que Susana posiblemente se alejó de la zona de preparación de los platos y se acercó al cliente para preguntarle sobre su plato. Este cambio podría estar indicando que cuando el cliente no se encuentra directamente involucrado en la conversación, las hermanas hablan entre ellas en español acerca de la comida. Esto queda más claro en la línea 12, donde Susana indica el pedido hecho por el cliente de que la comida sea "*Hina-cha chaki-cha-lla-ta*", "Apenas un poquito así, apenas un poquito seca" (línea 12). Es posible que Susana esté citando directamente al cliente en quechua. No obstante, en las líneas 12 y 13 ella le indica a Sofía lo que el cliente dijo: "Sí, dice" (línea 14) y "*así nomá*" (línea 15). Este cambio parece darse cuando el cliente no está presente en la conversación. El combinado se usa como una opción no marcada para incluir al cliente cuando se habla de la preparación de su pedido, pero cuando las hermanas hablan entre ellas, es el español el que pasa a ser la opción no marcada.

La siguiente conversación tuvo lugar entre Sofía y su madre, quien es dominante en quechua. En el ejemplo (8), Sofía se prepara para dejar la feria y está hablando con su madre acerca del dinero de las ventas.

8. Sofía a la madre, español y combinado (00:00:11) (REC M7)

1	**Sofía:**	¿A cuánto?	
2	**Madre:**	Cincuenta.	
3	**Sofía:**	xx	
4	**Madre:**	Uh huh.	
5		*¿Hayka?*	¿Cuánto?
6	**Sofía:**	Mil cincuenta.	
7	**Madre:**	Ah.	
8		*Chay muna-pti-n-qa.* Eso querer-SUB-3sg.-TO	Eso quiere.

9	**Sofía:**	¿No tienes sencillo, mamita? *Iskay* cinco-*cha-ta-yá* dos cinco-DIM-AC-EMP cambia-*cha-yku-way*. cambiar-DIM-CUR-a mi	¿No tienes sencillo, mamita? Por favor, cámbiame ahora dos cinquitos.
10	**Madre:**	*Man' kan-chu ñuqa-pa-qa.* No' haber-NEG Yo-POS-TO	No tengo.
11	**Sofía:**	Cinco soles sencíllame xx.	
12	**Madre:**	Cinco.	
13	**Primo:**	**[digiriéndose a Marco]** [Marco] estás caminando [Marco]	
14	**Madre:**	*Ay, chiwchi-qa rupay-pi-ch* Ah pollos-TO calor-LO-DUB *wañu-ru-n.* morir-PER-3sg.	Ah, los pollos probablemente murieron de calor.
15		¡*Chiwchi-ta ranti-ra-mu-y*! Pollos-AC comprar-PER-CIS-2sg.-IMP	¡Cómprame pollos!
16		Jaja	
17	**Sofía:**	Jaja, *qollqi-ta* dinero-AC manda-*yka-mu-wankichik-ña* enviar-CUR-CIS-tú a mí pl.-SEQ pasa xx.	Jaja, todos por favor envíenme la plata, pasa xx.
18	**Madre:**	Pero *haku-chik-ñataq-yá wak* ir-3pl.-CON-EMP allá	Pero vayamos allá, pero
19	**Sofía:**	¡Rápido ya!	
20		¡Vamos ya!	
21		¡No hay nada, vamos!	

En el pasaje (8), Sofía usa distintos elementos del habla del combinado al interactuar con su madre. Aunque la lengua por defecto de esta última es el quechua, estos ejemplos muestran que ella entiende el español y lo usa en los números. Los enunciados de Sofía incluyen cambios de código al quechua y español inter- e intrasentenciales, préstamos lexicales no adaptados del español, y préstamos lexicales hispanos con sufijos morfológicos quechuas.

Sofía inició la conversación en español preguntándole a su madre: "¿A cuánto?" (línea 1). Esta comprendió la pregunta y respondió, pero luego volvió a preguntárselo a Sofía en quechua: "*hayka*" (línea 4). En la línea 9, Sofía inició su turno en español y terminó los enunciados en quechua. Sofía pasó al quechua en medio de la oración al decirle a su madre que le cambiara 25 soles. En este caso, su cambio a mitad de la oración podría deberse a que ella no sabe cómo decir esta cifra en quechua (me contó que no sabía contar del todo en esta lengua),[11] o a que a veces se prefiere el número hispano. Ella cambió a mitad de la oración, pasando de "no tienes sencillo, mamita", a una serie de palabras que son una combinación de quechua y español: *iskay*, "dos" en quechua, a cinco en español con un sufijo derivativo quechua *–cha* (diminutivo) y el sufijo nominal *–ta* (acusativo). El cambio prosiguió cuando Sofía le pidió a su madre que cambiara sus "cinquitos" diciendo "cámbiame, por favor" en quechua, usando la raíz hispana "cambia" con un sufijo derivativo quechua *–cha* (diminutivo), y un sufijo verbal *–yku* (marcador de cortesía). Este cambio intrasentencial parecería estar relacionado con la intención de Sofía, cuando pide un favor, de pasar del español, que podría ser la lengua marcada con su madre, al quechua, la lengua sin marcar con esta última. Cuando la madre responde en quechua diciendo que no tiene cambio (línea 10), Sofía pasa de vuelta al español en la línea 11 y pide el mismo monto. Podemos interpretar el paso de vuelta al español como la opción marcada, puesto que Sofía está usando dicha lengua con su madre a fin de ser más convincente y mostrar que está enojada porque no le puede dar cambio (Myers-Scotton 1993: 132).

Este pasaje contiene una segunda parte con más ejemplos de cambio de código, cuando el tema pasa a una broma en las líneas 14-17. En la línea 14, la madre está hablando en quechua y bromea sobre el clima, comentando que

---

11. En el pasaje 26 de este capítulo, Sofía le pregunta a su padre cómo decir 21 en quechua.

sus pollos deben haberse muerto de calor. Sofía sigue la broma en quechua en la línea 17, diciendo que en lugar de comprar otros pollos (para reemplazar a los que probablemente murieron de calor), ella preferiría quedarse con la plata. En la línea 18 la madre cambia de tema hablando en quechua —su lengua por defecto— de retirarse de la feria. Esto sugiere que en las interacciones informales, el combinado es la opción no marcada con la madre (Myers-Scotton 1993: 119). Sofía regresa al español en las líneas 19-21, al final de la conversación, para pedir a todos los que están en el puesto que se vayan. Aquí el español se convierte en la lengua no marcada para incluir a los miembros de la familia que se encuentran en el puesto, con los cuales Sofía jamás habla en quechua y que incluyen a su hijo y al primo de su pareja.

En este pasaje, el habla del combinado también incluye muchos ejemplos de raíces hispanas y sufijos morfológicos quechuas. En la línea 17, el préstamo es "*manda*" con los sufijos verbales quechuas *–yka* (marcador de cortesía), *–mu* (CIS, acá), *–wankichik* (tú a mí, pl.), y un sufijo independiente *–ña* (marcador de secuencia). El verbo español "mandar" cuenta con el equivalente en quechua *kamachiy* o *kamachikuy* (Cusihuaman 2001: 183). En la línea 9, "cambia-*cha-yku-way*" tiene la raíz hispana "*cambia*" con un sufijo derivativo quechua *–cha* (diminutivo) y los sufijos verbales quechuas *–yku* (marcador de cortesía) y *–way* (tú y yo). El equivalente quechua de "cambia" es el verbo *cambiyay* (2001: 146). Este préstamo aparentemente ya forma parte de la lengua quechua.[12]

Prácticas lingüísticas en la actividad de pasar el rato en la feria

Llamamos "pasar el rato en la feria" cuando las hermanas no están trabajando por falta de clientes. Los padres y primos participan en esta actividad y todos hablan y bromean en ambas lenguas. Sin embargo, los pasajes que aparecen a continuación confirman que se usa más el español.

12. Este es un ejemplo de lo que Mamani y Chávez llaman un "préstamo predecible", esto es, un préstamo que cuenta ya con un equivalente en quechua, no obstante lo cual los hablantes prefieren usar el primero (2001: 155).

Cuadro 3

Prácticas lingüísticas en la actividad de pasar el rato en la feria

Actividad	Interlocutores	Lengua/s
Pasar el rato en la feria	• Hermana a hermana • Hermanas a investigadora • Hermana a hijo • Hermanas a primos	Español, con algunas palabras en quechua
	• Hermanas a padres (madre y padre) • Hermanas a primos (en presencia de la investigadora)	Español y combinado

En el pasaje (9), Sofía y uno de sus primos de 20 años están hablando de un cliente que se fue del puesto sin pagar. La conversación tuvo lugar solamente en castellano e incluye muchos rasgos del español andino. A continuación resumiré algunos de ellos.

9. Sofía, primos e investigadora, español (00:07:00) (REC M4)

1	**Sofía:**	Y ahora ese señor…
2		¿a dónde se habrá ido?
3	**Investigadora:**	¿No había pagado?
3	**Sofía:**	No.
4	**Investigadora:**	¿No?
5	**Sofía:**	No nos ha pagado, por eso estoy dici…
6		¡Ah!
7	**Primo:**	Por esta parte no aparece.
8	**Sofía:**	Dijo acasito.
9	**Prima:**	Uh huh.
10	**Primo:**	¿A dónde se ha ido?
11	**Sofía:**	¿Cómo vas a desconfiar?
12		No me lo estás diciendo, señor confiamos en usted.
13		¿no ves?
14	**Investigadora:**	Ese.

15	**Prima:**	Ese.
16		¿Ese es eso de vasos de chicha (Sofía)?
17		Ese no lo ha comido.
18		Él no ha comido, el señor no ha comido (Sofía).
19	**Sofía:**	¿No ha comido?
20	**Prima:**	No.
21	**Sofía:**	Sí ha comido allicito.
22		Ha ha habido uno que estaba comiendo allicito.
23	**Prima:**	Ese será otro porque que eso es lo que dije el señor confía en ti es de un vaso de chicha nada más.
24		No xx hay.
25	**Sofía:**	Ah.
26		Hay otro, uno gordito con polo blanco.
27	**Prima:**	¿El que estaba sentado allí, en esa piedra?
28		Porque lo que el de chicha no xx
29	**Sofía:**	Uh huh huh.
30		Y el señor que tomaba chicha, ¿con qué color de polo está?

Las hermanas prefieren hablar con sus primos en español en la feria y encontramos menos ejemplos de combinado. Es posible que Sofía considere que algunos de sus primos son miembros del grupo de no pertenencia, porque no los conoce muy bien a todos, y que por eso prefiera hablarles en español. Es más, otros ejemplos que aparecen más adelante muestran que en la feria se prefiere el castellano con los jóvenes que no son amigos. En el pasaje (9) encontramos muchos ejemplos de elementos morfosintácticos comúnmente hallados en la variedad de español que en el Perú se encuentra en contacto con el quechua. Vemos, por ejemplo, el uso repetido de diminutivos del español (*–ito/–ita*) (Escobar 2000, 2001): "dijo acasito" (línea 8) y "allicito" (líneas 21 y 22). También vemos la reduplicación de frases (Escobar 2000: 93). Encontramos, por ejemplo, "ha comido" en las líneas 19, 21 y 22: "él no ha comido, el señor no ha comido [Sofía]". Estas características son reportadas para las personas bilingües en español/quechua, al igual que entre quienes no hablan esta última lengua. El siguiente pasaje incluye ejemplos adicionales de estas características.

El pasaje (10) es una conversación entre Sofía y sus padres, que habían acudido a la feria. Los tres estaban sentados en el puesto de comida y miraban a unas vacas que estaban en venta. El padre y Sofía hablaron en español y la madre en quechua.

10. Sofía con su madre y padre junto con la investigadora, español y quechua (00:35:05) (REC M4)

1	**Padre:**	Este negrito está bien estito.	
2	**Sofía:**	¿Cuál?	
3	**Padre:**	Estito rápidito se leva [sic].	
4	**Madre:**	Estito estito ah huh ah huh.	
5		*Kay-cha-ta.* Esto-DIM-AC	Estito.
6		Uh huh.	
7	**Sofía:**	Estito este este charkicito.	
8	**Padre:**	Estito rápidito uh reacciona.	
9	**Madre:**	*Chay baratu-raq ka-pti-n-qa* Ese barato-aún ser-SUB-3sg.-TO *ranti-rqu-nki.* comprar-PER-2sg.	Si sigue baratito, cómpralo para ti mismo.
10	**Sofía:**	¿Estito?	
12	**Madre:**	*¿Hayka-taq chay?* * cuánto-Q eso	¿Cuánto está ese?
13		xx	
14	**Padre:**	Así bonito no más compran.	
15		Es colita delgadita.	
16	**Investigadora:**	¿Es bebé, no?	
17	**Padre:**	Uh rápidito se desarrolla.	
18		*Kusi-ku-n.* Alegrar-REF-3sg.	Se alegra.
19	**Sofía:**	Con colita delgadito se compra.	

* La glosa de "hayka-taq" presenta muchas complicaciones. "Hayka-taq" quiere decir "y cuánto" (en forma cortés), pero "hayka" también significa "cuánto" (Soto 2011).

Esta conversación muestra claramente la dinámica lingüística usual cuando la madre y el padre hablan con Sofía. Ella mantiene el español durante toda la conversación, pero la madre habla en quechua, y el padre habla en ambas lenguas, pero con menor frecuencia en esta última. Él solo habla castellano tanto con Sofía como con la madre, pero cambia al quechua en la línea 18 cuando describe que la vaca "se alegra", '*kusi-ku-n*'. Aunque la madre se dirige a Sofía y a su esposo en quechua en las líneas 5, 9 y 12, la hija y el padre no le responden en esa lengua. Este ejemplo muestra, asimismo, muchas características prominentes del español andino, como el uso extendido de diminutivos: "estito" en lugar de "este" en las líneas 1, 3, 7, 8 y 10. En este ejemplo, las preferencias lingüísticas de cada interlocutor de la actividad de pasar el rato en la feria quedan más claras.

En el pasaje (11), la familia está bromeando acerca de Sofía y su hijo de tres años de edad (Marco). El padre de Sofía está hablando con Marco, pidiéndole que responda a su madre. Él pretende hacerle creer que su madre es en realidad su hermana. La mayor parte de esta conversación tiene lugar en español, a pesar de que la madre de Sofía habla en quechua. Esta última también pasa al combinado hacia el final del intercambio.

11. Sofía a sus padres y primos, español y combinado (00:37:31) (REC M4)

1	**Sofía:**	Tú eres mi bebé, ¿no?	
2	**Padre:**	No.	
3	**Sofía:**	Ven [a Marco].	
4	**Padre:**	**[dirigiéndose a Marco]** No, tú no eres mi mamá dile.	
5		Dile.	
6	**Padre:**	Dile Marco [a Marco].	
7		Tú eres mi hermana dile.	
8	**Investigadora:**	Jaja.	
9	**Padre:**	¿Ya?	
10	**Sofía:**	Ven.	
11	**Madre:**	*Hamuy*-xx-*pti-y* Venir-xx-SUB-1sg. *waqa-ku-chka-ña-s.* llorar-REF-PROG-SEQ-REP	Cuando venga ya estará llorando.
12	**Todos:**	Jajajaja.	

13	**Padre:**	xx	
14		¿A quién más xx?	
15		Tú no eres mi hija dice.	
16	**Sofía:**	A mí pes.	
17		Ah, ¡uh!, ¿a cuál de ellos? *ni-spa* *ni-chka-pti-y* Decir-SUB decir-PROG-SUB-1sg.	Diciendo lo que estaba diciendo…
18	**Padre:**	xx hace llorar.	
19	**Madre:**	*Tiyu-yki-m* *papa* *ni-pti-y* Tío-POS-AF papá dí-SUB-1sg.	Diciendo tu papá es tu tío, "es mi papá, ¿no?" .
20		"mi papá es, ¿no?". **[citando a Marco]**	
21	**Todos:**	Jajaja.	
22	**Madre:**	*Chay* *silla-yki* *chiqi-n.* Esa silla-POS romper-3sg.	Tu silla se está rompiendo.
23	**Prima:**	Ajaja.	
24	**Sofía:**	Mi silla no agunta peso pes ma…	
25	**Todos:**	Jajajaja.	
26	**Marco:**	¡Mira, mira!	
27	**Sofía:**	Silla *light* ajajaja.	
28	**Prima**:	Silla *light* jaja.	

El pasaje anterior es otro ejemplo de Sofía en conversación con sus padres, su hijo y la pareja de su prima en la feria. Ella habla en español hasta la línea 17. Luego hace una pregunta retórica —"ah, ¡uh!, ¿a cuál de ellos?"— y pasa al quechua, "*nispa nichkaptiy*", "diciendo lo que estaba diciendo". Este es un ejemplo de estilo indirecto en el quechua (véase Soto 2006). Sofía está disgustada con sus padres por tener que repetirle la pregunta a su hijo, emoción evidenciada por su interjección "ah, ¡uh!". El paso al quechua se convierte en la opción marcada porque es una forma de mostrar sarcasmo hacia sus padres, en especial hacia su madre, quien le está tomando el pelo sobre su hijo (Myers-Scotton 1993: 132).

En las últimas líneas (26-27) aparece también "*light*", un préstamo del inglés. En español se lo usa a menudo para describir las bebidas gaseosas dietéticas, pero aquí parece haber sido ampliado para referirse a la "silla". Es evidente que los hablantes de quechua (como la madre) comprenden su uso, y que los hablantes emplean esta palabra en distintos contextos.

El pasaje (12) muestra a Sofía hablando con la madre tanto en español como en combinado mientras dejan la feria.

12. Sofía a su madre, español y combinado (00:05:26) (M8)

1	**Madre:**	*¿Caru kay-kama-chu hamu-nqa?* Carro acá-hasta-Q venir-FUT-3sg.	¿Subirá el carro acá?
2	**Sofía:**	¡No *wak-man apa-sun!* allá-hacia llevar-FUT-3pl.	¡No, lo cargaremos allá!
3	**Madre:**	*¿Ka-chka-n haku-chik?* (8) Ser-PROG-3sg. Vamos -3pl.	¿Allá es? ¿Vamos? (8)
4	**Sofía:**	Sí mami, porfa...	
5		Vamos.	

En la línea 1, la madre le está preguntando a Sofía si su esposo las recogerá en la cima del cerro en su camioneta. Sofía le responde en combinado en la línea 2, pero usa la palabra española "no" en lugar del quechua "*manam*".[13] En la línea 3, su madre le pregunta si ya pueden irse de la feria, y la respuesta de su hija en las líneas 4 y 5 está en español. Aparentemente, su cambio al español es ahora la opción sin marcar que incluye a todos los miembros de la familia en el puesto —su madre inclusive— que comprenden español (para el mismo cambio al español véase el ejemplo 8).

Prácticas lingüísticas en la actividad del servicio que se ofrece en el puesto

En esta tercera actividad en la feria se dan la mayoría de los ejemplos de mezclas o combinado. Esto podría deberse al hecho de que muchos clientes son dominantes en quechua y prefieren usar esta lengua en sus interacciones. Los encuentros incluyen situaciones en las cuales la clientela compra comida y come, o cuando las hermanas toman los pedidos. También incluyen casos en los cuales las hermanas y sus primos intentan atraer a gente a su puesto. La mayoría de los clientes eran mayores que las hermanas. Por lo tanto, hay pocos

---

13. El préstamo del español "no" también se encuentra en el quechua boliviano (Mamani y Chávez 2001).

ejemplos de encuentros con gente más joven; sin embargo, los pocos que se grabaron tuvieron lugar íntegramente en español.

Cuadro 4

PRÁCTICAS LINGÜÍSTICAS EN LA ACTIVIDAD DEL SERVICIO QUE SE OFRECE EN EL PUESTO

ACTIVIDAD	INTERLOCUTORES	LENGUA/S
Servicio en el puesto	• Clientes hombres y mujeres mayores que las hermanas, de 40 años o más	Español y combinado
	• Clientes jóvenes de la misma edad que las hermanas o niños, adolescentes y adultos jóvenes	Español

Durante los encuentros en el puesto de comida es posible usar español o combinado en una sola secuencia, tal como vemos en el pasaje (13). Aquí las hermanas le preguntan a una anciana qué desea comer.

13. Sofía a una cliente anciana, español y combinado (00:04:45) (REC 25)

1	**Sofía:**	[digiriéndose a la cliente] ¿Seco no mamá?	
2		o arroz con pollo ¿o combinao-*cha-ta-chu*? combinado-DIM-AC-Q	¿arroz con pollo o combinadito?
3	**Cliente 1:**	xx	
4	**Sofía:**	Seco.	
5		¿Seco?	
6		Estufado *hina-lla-pi-m.* Estofado como-DEL-in-AF	Como en el estofado.
7		Virdi. (5)	Verde (5).
8		*Chayna-ta-pas.* (2) Así-AC-ADD	También así (2).

En este ejemplo fue difícil captar la respuesta de la cliente en la grabadora; sin embargo, se asumió que ella le habló a Sofía en quechua, puesto que la conversación tuvo lugar en esta lengua usando menos castellano. El encuentro se inicia en la línea 1 con "¿seco no mamá?", que parece ser un enunciado más "quechuizado", puesto que incluye el nombre del plato de comida y el apelativo quechua "mamá".

Aunque esta interacción tiene lugar fundamentalmente en quechua, advertimos que Sofía usa préstamos del español en el nombre de los platos, como en los siguientes *préstamos no adaptados*: "*estufado*", "seco" y "arroz con pollo". No hay equivalentes en quechua para ellos y, por lo tanto, sirven como préstamos culturales (Godenzzi 2005). Aquí, solo *estufado* ha sido adaptado en algo a la fonología quechua usando [u] en lugar de [o]: *estufado* < español "estofado". Vemos, además, el uso de la conjunción "o" del español.

En la línea 1 hay otra observación con la palabra "*combinado-cha-ta-chu*". Parecería que la raíz hispana "combinado" frecuentemente es tomada en préstamo por el quechua (véase el pasaje 7, línea 2), aun cuando el equivalente en quechua es "*tantasqa*". Aquí, "combinado" contiene el sufijo derivativo quechua *–cha* (diminutivo), un sufijo nominal quechua *–ta* (acusativo), y un sufijo independiente quechua *–chu* (marcador de negación). Asimismo, en este ejemplo Sofía dice [kombinaðo] usando la fonología española por oposición a "cumbinado" [kumbinaðo] con fonología quechua, tal como aparece en el pasaje 7 (línea 2).

Este pasaje también presenta dos préstamos adaptados a la fonología quechua. En la línea 6, Sofía dice la palabra hispana "*estufado*" como [estufaðo] con fonología quechua, y "*virdi*" (línea 9) con la misma fonología como [birði] en lugar de [berðe], como sería en la fonología española. En el quechua boliviano encontramos préstamos españoles para los colores que también han sido adaptados a la fonología quechua (Mamani y Chávez 2001: 94). En este ejemplo, el combinado es la opción sin marcar con la cliente anciana que muy probablemente es dominante en quechua, lo cual queda evidenciado con el uso más culto de esta lengua, así como las adaptaciones fonológicas de los préstamos quechuas.

El ejemplo (14) muestra cómo un cliente varón se acerca al puesto hablando en quechua, y Sofía le responde en la misma lengua.

14. Sofía a un cliente varón mayor que ella, español y combinado (00:10:30) (REC 24)

1	**Cliente:**	*¿Bolsa-yki ka-chka-n?* Bolsa-2sg haber-PROG-3sg.	¿Tienes una bolsa?
2	**Sofía:**	¿Bolsa papá?	¿Una bolsa, señor?
3		*Ka-n-chu bolsa-qa wak* Haber-3sg.-NEG bolsa-TO allí *yana-ta regala-yki-man.* negro-AC regalar-2sg.-POT	Sí tengo bolsa, podría darte esa negra.

Esta conversación tuvo lugar en quechua, pero las palabras "bolsa" y "regala" son préstamos del español. Los diccionarios quechuas dan "*wayqa*" por bolsa (Soto 1976b; Ladrón de Guevara 1998), pero el préstamo "*regalay*" ya se usa en quechua y aparece en el diccionario de su variante ayacuchana (Soto 1976a: 172). Tanto Sofía como el cliente emplean el préstamo español "bolsa" y lo pronuncian con la fonología hispana como [bolsa].[14] Esto vale también para "regala", que sigue sin adaptar. En este ejemplo, Sofía responde al cliente en quechua, la lengua que este prefiere y que también es la lengua sin marcar en este intercambio entre personas del mismo grupo, en el cual su identidad como quechuahablantes "[es] evaluada positivamente en este tipo específico de intercambio" (Myers-Scotton 1988: 150).

En el pasaje (15), Sofía toma el pedido de otro cliente utilizando el combinado. Este caso también muestra muchos ejemplos de préstamos españoles para nombres de comida.

14. "Bolsa" pronunciado con la fonología quechua sería [bulsa], reemplazándose la /o/ con la /u/.

15. Sofía a cliente varón, español y combinado (00:06:32) (REC M3)

1	**Sofía:**	Ya papa.	Sí, señor.
2		[dirigiéndose al cliente] ¿*Mayqi-cha-n-ta* Cuál-DIM-3sg.-AC papá? señor	¿Cuál de esos, señor?
3	**Cliente 1:**	xx	xx
4	**Sofía:**	Asado.	Asado.
5		Asado de res.	Asado de res.
6		¡Combinado-*cha-ta-yá* Combinado-DIM-AC-EMP *qara-mu-sayki* servir-CIS-futDIR *cha-wan*! DIM-con	¡Te serviré con un poquito combinado!
7		¿*Allin-chu*? (5) Bien-Q	¿Está bien? (5)
8		¿Ensalada-*cha*? Ensalada-DIM	¿Ensaladita?
9		*Mana-m* No-AF ensalada-*qa* xx. ensalada-TO	Ensalada no xx.

Sofía inicia este intercambio en español con "ya papá", pero luego cambia al quechua cuando toma el pedido del hombre. "Papá" es una forma de dirigirse a una persona frecuentemente usada en los Andes entre los hablantes de español que también hablan quechua. El resto del intercambio fue asimismo en quechua, excepción hecha del uso de préstamos lexicales del castellano para designar comidas que no tienen un equivalente en quechua. Al igual que en ejemplos anteriores, aquí los sufijos derivativos quechuas fueron agregados a los préstamos lexicales del español, como *–cha* (diminutivo) en "ensalada-*cha*" (línea 8), y además conservan la fonología hispana. En este ejemplo no hay cambios al español, lo que indica que el quechua es la lengua de este encuentro en el cual Sofía se adapta a sus clientes usando la lengua como una táctica de venta (*cf.* Seligmann 2004).

En el pasaje (16), Sofía está llamando a un cliente adulto varón a su puesto de comida. Para conseguir otro cliente, usa español y combinado.

16. Sofía llamando un cliente varón, español y combinado (00:02:56) (REC 7)

1	**Sofía:**	Siéntate papá, siéntate papá.	
2		*Kuti-mu-nki* *uh.* Regresar-CIS-2sg.	Regresarás, ¿no?

En este breve encuentro, Sofía intenta llamar a un posible cliente dirigiéndose a él en español con la manera informal "tú" en "siéntate", seguida de papá (y no "señor"). En la línea 2, Sofía inmediatamente cambia al quechua y le pide al cliente que regrese a su puesto. En la línea 1, usa el español como una "opción exploradora" cuando se desconoce la opción no marcada (Myers-Scotton 1993). Como el cliente no responde, Sofía emplea el quechua como una posible táctica de venta. El cambio de código en dos turnos distintos le permite al hablante "codificar dos identidades" (Myers-Scotton 1988: 153), y Sofía aprovecha su repertorio lingüístico para intentar atraer a otro cliente.

En el pasaje (17), Sofía está sirviendo a dos varones. Ellos hablan entre sí en quechua y español, y el cliente 1 le pide a Sofía ají en quechua.

17. Sofía hablando con clientes varones, español y combinado (00:11:45) (REC M2)

1	**Cliente 1:**	*Chay-lla-ta* *chay* *uchu* Ese-DEL-AC ese ají *pasa-mu-y.* Pasar-DIR-IMP.	Ese ají pásame.
2	**Sofía:**	Allí está papá, ají ahí está.	
3	**Cliente 1:**	No ves, eso no me has guardao.	
4	**Todos:**	Jaja.	

5	**Cliente 2:**	Floja está también.	
6	**Sofía:**	Nada-*cha-lla-ña-m* Nada-DIM-DEL-SEQ-AF *uchu-pas.* Ají-ADD.	Casi no queda ají.

Este ejemplo presenta muchos casos de combinado entre los clientes y Sofía. Aquellos están hablando en español y quechua y ella responde en la línea 2 en español. Sofía cambia repentinamente al quechua en la línea 6, después de que un cliente la insulta en castellano en la línea 5, y le dice que no queda ají. Ella usa el préstamo hispano de la raíz "nada" con los sufijos derivativos quechuas *–cha* (diminutivo) y *–lla* (marcador delimitador), y los sufijos quechuas independientes *–ña* (marcador de secuencia) y *–m* (marcador afirmativo). La expresión "*mana ima*" se usa para decir "nada" en quechua (Ladrón de Guevara 1998: 213). El paso de Sofía al quechua es un cambio marcado que muestra su enojo con los clientes, que le están tomando el pelo por floja. Al usar esta lengua por vez primera para mostrar su disgusto con ellos, está "afirmando una etnicidad común y negociando una relación diferente". Myers-Scotton llama a este tipo de cambio una "maniobra" y dice que es una "poderosa estrategia" que se emplea para afirmar una gama de identidades (Myers-Scotton 1988: 153).

El pasaje (18) muestra una interacción con un joven cliente varón. Sofía le dice "joven" y le llama a su puesto en español.

18. Sofía a un cliente joven, español (00:13:11) (REC 18)

1	**Sofía:**	Come, joven…
2		Hay seco de pollo, arroz con pollo con tallarín…
3	**Cliente 4:**	Arroz con pollo, ¿cuánto está?
4	**Sofía:**	Tres, papá.
5	**Cliente 4:**	Dame.
6	**Sofía:**	¿Acá la sopita te lo pongo, joven?

El pasaje (18) muestra la preferencia que Sofía tiene por hablar con los clientes jóvenes únicamente en español. En mis notas de campo registré varios otros casos de encuentros con jóvenes en la feria, y todas estas interacciones tuvieron lugar en castellano. Gugenberger sostiene que en Arequipa, los migrantes quechuahablantes solamente usan esta lengua cuando consideran que su interlocutor es un "paisano" (2005: 115). Al parecer, Sofía no siente que comparte una identidad de paisanos con los clientes más jóvenes a los que no conoce, y por eso usa el español. Es posible que con los jóvenes, las hermanas no estén seguras de si hablar en quechua o no, y que sean renuentes a efectuar una opción "exploradora" con ellos.

La feria del ganado nos proporcionó una rica gama de ejemplos del uso combinado del español y el quechua, como cuando las hermanas hablaban con la madre o con clientes que parecían ser dominantes en quechua. Muchos nombres de platos y números, en particular, parecen haber sido tomados en préstamo del español, aunque pueden tener sufijos morfológicos quechuas. Estas palabras no tienen equivalentes en esta lengua. Además, a veces los préstamos se adaptan a la fonología quechua. En la feria encontramos opciones no marcadas en encuentros propios del servicio que se ofrece en el puesto en los cuales las hermanas desean adaptarse a los clientes dominantes en quechua, "simboliz[ando] [así una] afiliación dual" y "evalua[ndo] positivamente sus propias identidades" (Myers-Scotton 1993: 119).[15] El cambio de código marcado aparece en los "momentos en que pasan el rato" y cuando las hermanas, como parte del servicio que brindan, desean "negociar un cambio en la distancia social esperada vigente entre los participantes" (1993: 132). El cambio de código como opción exploradora solamente se usó en un servicio en el cual las hermanas dudaban de la preferencia lingüística del hablante y, por lo tanto, "no estaban seguras del evento comunicativo esperado u óptimo" (1993: 142).

Los estudios antropológicos ya han señalado la vigencia del uso del quechua en los mercados urbanos andinos y su vinculación con la identidad de las vendedoras de comida en esos lugares (*cf.* De la Cadena 2000; Weismantel 2001; Seligmann 2004). Asimismo, ningún estudio previo sobre contextos urbanos o rurales ha analizado aún el papel del quechua (y del español) en los diversos tipos de mercados. La feria del ganado es un espacio semirural, aun si sumamente próximo al área urbana. Sin embargo, por su cercanía y por hallarse en el mismo distrito donde muchos de ellos viven, los participantes en el estudio la ven como una extensión de su barrio.

---

15. El cambio de código intrasentencial es una característica de las opciones sin marcar.

Imagen 5. El barrio de la familia Hernández (2010, fotografía de la autora).

La casa en Ayacucho

Como ya dijimos, mientras Sofía y Susana acuden a la feria del ganado los domingos, las otras dos hermanas se quedan en casa y venden gelatina y chicha a los jugadores de fútbol del barrio. Cuando los padres están en el pueblo, es la madre quien se queda en casa y se ocupa de las labores domésticas, en tanto que el padre sale usualmente a beber con sus amigos. Estos papeles son al parecer los esperados, a juzgar por el comentario del padre, en una ocasión en que su esposa, sus hijas y yo regresábamos de la feria, de que "fuéramos a cocinar" tan pronto llegáramos a la casa.

La vivienda de la familia se encuentra en un asentamiento humano situado a unos 15 minutos en micro de la plaza de Armas (véase la imagen 5). La casa se halla en la parte central del barrio, junto a una clínica y un campo de fútbol con tribunas al aire libre, donde también se llevan a cabo muchas reuniones vecinales.

La familia y la propia casa experimentaron muchos cambios en el transcurso de la investigación. En marzo de 2010, Anita, la hermana mayor, tuvo su primer bebé y ya no pudo ayudar a su madre en el puesto que ella tiene en el mercado, a diez minutos en ómnibus. La familia decidió entonces mudar la tienda a su casa, para poder conservarla y cuidar de la criatura. Como los padres de las hermanas están en el campo la mayor parte del año, la tienda es para ellas una importante fuente de ingreso, junto con la venta de comida en la feria del ganado.

En la época en que llevé a cabo mi investigación, la familia remodeló la casa para instalar una tienda, donde también se puede consumir algo. Pintó la fachada de color verde magenta y rosado, y colocó un letrero afuera que decía "bodega", junto con la lista de productos que se iban a vender (v. g. vegetales, frutas y bocadillos). Así, la sala-comedor se convirtió en una bodega y en un lugar donde se sirven comidas y bebidas —un espacio social para clientes, vecinos y amigos—, con anaqueles, un mostrador, mesas, bancos y un pequeño televisor en blanco y negro. Desde entonces, la puerta delantera de la casa casi siempre está abierta, lo que me permitió visitar más a las hermanas, llegar sin siquiera anunciarme, quedarme a conversar con ellas y, de paso, comprar algo.

La mayoría de mis visitas tuvieron lugar cuando la bodega ya funcionaba (ocho visitas). Usualmente visitaba a las hermanas en la tarde, cuando sabía que no estarían tan ocupadas con la tienda y con las labores domésticas. Ir de mi casa a su barrio tomaba unos 20 o 30 minutos en micro, porque yo vivía cerca de la plaza de Armas. Para llegar ahí, desde el paradero donde me dejaba el micro, debía bajar por un cerro pedregoso, porque las calles de este barrio no están pavimentadas. Cuando la puerta de la casa estaba abierta, siempre había alguien dentro. Estuvo cerrada solo en dos ocasiones, porque las hermanas estaban lavando ropa.

La vivienda de la familia Hernández se halla en una esquina. El primer cuarto que uno se encuentra al traspasar la puerta es ahora la bodega, que tiene a su vez dos puertas que conducen al resto de la casa. Una de ellas lleva a lo que llamo el "espacio de la chacra", en el cual hay una caseta que sirve de baño y un pequeño corral para animales de crianza, y la otra a la cocina. Desde este último lugar, una puerta más conduce a unas escaleras que llevan a los dormitorios en el piso de arriba.

Como vemos en el cuadro 5, la casa es un espacio que cumple diversas funciones. Dado que se usa también como bodega y como un establecimiento donde comer, hay una mezcla de vecinos, clientes y amigos que acuden a comprar, a consumir algún plato o a socializar. Por ende, es un espacio público, de "puertas abiertas", y a la vez privado o doméstico, "de puertas cerradas". La imagen 6 muestra las lenguas que se usan en cada uno de estos espacios.

Cuadro 5
ESPACIOS DOMÉSTICOS Y PRÁCTICAS LINGÜÍSTICAS

ESPACIOS DOMÉSTICOS	FUNCIÓN DEL ESPACIO	PÚBLICO/PRIVADO (DE "PUERTAS ABIERTAS"/"PUERTAS CERRADAS")	INTERLOCUTORES	LENGUA/S
A. Habitación de ingreso a la casa	Espacio ocupado por la tienda • Encuentros como parte del servicio que se brinda	Público ("puertas abiertas")	• Vecinos y clientes de veintitantos o menos años, no amigos	Español
			• Vecinos y clientes de más de 30 años, no amigos	Español y combinado
			• Parientes de las parejas de las hermanas (hermanos y padres)	Español y combinado
			• Hermanas	Español y combinado
			• Hijos de las hermanas	Español y combinado
			• Parejas de las hermanas	Español y combinado
			• Investigadora	Español y combinado
B. Habitación de ingreso a la casa		Privado ("puertas cerradas")	• Hermanas • Hijos de las hermanas • Padres	Español y combinado
B1	Ver TV y pasar el rato	Público ("puertas abiertas")	• Amigos y vecinos / clientes	Español y combinado
B2	Espacio de "respiro" familiar	Público/privado ("puertas abiertas / cerradas")	• Hermanas, amistades y padres	Español y combinado

C. Espacio de la chacra	Animales	Privado ("puertas cerradas")	• Ovejas, pollos y cuyes	S/d.
	Caseta del baño	Privado ("puertas cerradas")	• Familia, buenos amigos e investigadora	S/d.
D. Detrás de la puerta cerrada de la cocina	El resto de la casa	Privado ("puertas cerradas")	• Hermanas, parientes, parejas y niños	Español y combinado

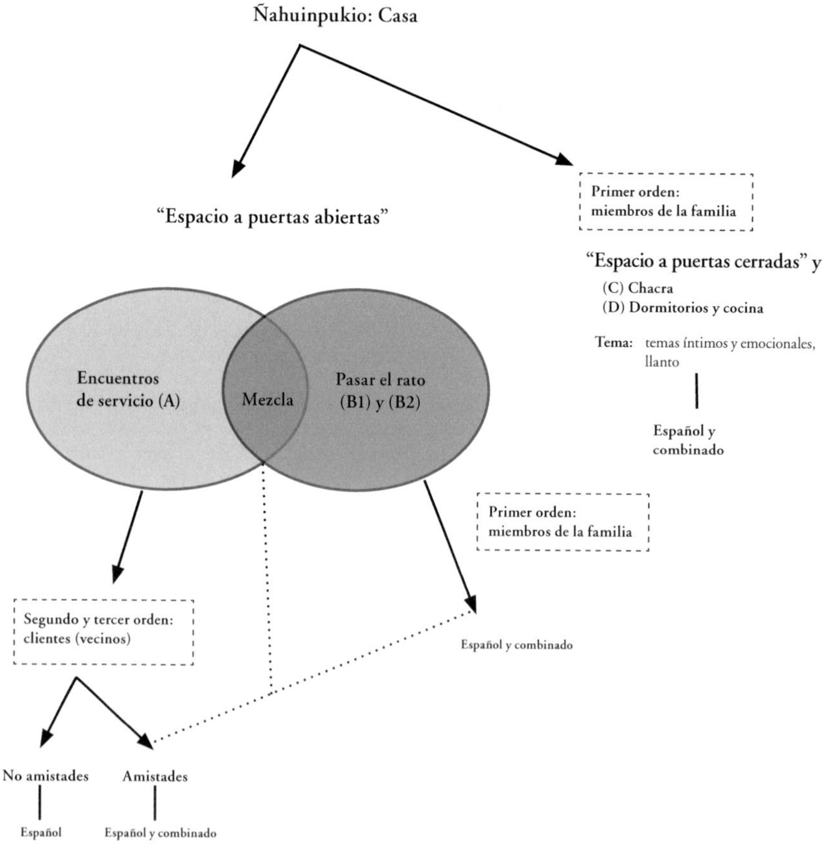

Imagen 6. Espacios domésticos y lenguas.

El espacio A ("de puertas abiertas") (cuadro 6) es un lugar complejo donde la dinámica lingüística siempre está cambiando, dependiendo del interlocutor. En las observaciones que realicé, tanto el español como el combinado eran posibles opciones lingüísticas de las hermanas, salvo con los vecinos de veintitantos años o menos y los vecinos/clientes que no son sus amigos. Esto incluye a jóvenes de ambos sexos que se aparecían en la bodega preguntando por pollo, papas fritas u algún otro plato. Aunque resulta difícil categorizar el número de interacciones de este tipo, sí observé que jamás se usó el quechua con clientes/vecinos que no eran cercanos, al menos en mi presencia.

Cuadro 6

La habitación de ingreso a la casa: el espacio de la tienda de la familia

Espacios domésticos	Función del espacio	Público/ privado (espacio de "puertas abiertas"/ "cerradas")	Interlocutores	Lengua/s
A. Habitación de ingreso a la casa	Espacio de la tienda de la familia	Público ("puertas abiertas")	• Vecinos /clientes jóvenes de veintitantos años o menos, no amistades	Español
			• Vecinos /clientes mayores de 30 años, no amistades	Español y combinado
			• Vecinos /clientes de todas las edades, amistades	Español y combinado
			• Familia de las parejas de las hermanas (hermanos y padres)	Español y combinado
			• Hermanas	Español y combinado
			• Hijos de las hermanas	Español y combinado
			• Parejas de las hermanas	Español y combinado

En el espacio de la tienda de la familia (A) en la casa había mucho movimiento avanzada la tarde, pues las hermanas y sus vecinos/clientes entraban y salían de él para socializar. Durante mis sesiones de observación, podía haber entre dos y diez personas en la tienda, entre ellas personas mayores y niños de distinta edad. Como Sofía vive con su pareja e hijo a unas cuantas casas de distancia, también visitaban asiduamente el hogar de las Hernández.

El espacio público ("puertas abiertas") es para amigos y vecinos que son amistades. En él, las interacciones sociales pueden cambiar rápidamente de públicas a privadas. Por ejemplo, un vecino/cliente, que es también un amigo, puede detenerse a comprar vegetales en la tienda y luego permanecer para socializar con las hermanas u otras amistades. Asimismo, una vecina de 40 años, en particular, llegaba a menudo con su criatura a la espalda en un *qipi* a comprar algo, y como se trataba también de una amiga, se quedaba horas conversando con las hermanas.

Cuadro 7

La habitación de ingreso a la casa

Espacios domésticos	Función del espacio	Público/privado (espacio de "puertas abiertas"/ "cerradas")	Interlocutores	Lengua/s
B. Habitación de ingreso a la casa		Privado ("puertas cerradas")	• Hermanas • Hijos de las hermanas • Padres	Español y combinado
B1	Ver TV y pasar el rato	Público ("puertas abiertas")	• Amigos, vecinos/ clientes	Español y combinado
B2	Espacio de "respiro" familiar	Público/ privado ("puertas abiertas"/"cerradas")	• Hermanas, amistades, padres	Español y combinado

El espacio B (cuadro 7) es la habitación de ingreso a la casa cuando la tienda está vacía y las hermanas se ocupan de lo suyo. En este espacio, ellas ven TV, comen, cuidan de los niños y conversan. En esta sección daré algunos ejemplos de las situaciones sociales y del uso del lenguaje que observé ahí.

Cuando hay pocos clientes, las hermanas sacan sus animales a pasear, lavan la ropa, cocinan y se relajan. Lavan la ropa a mano y preparan toda la comida en un horno de leña. Me contaron que su madre sacrifica algunos de sus animales para comerlos, pero que ellas suelen llevar los más grandes al carnicero que trabaja cerca de la casa. En unas cuantas ocasiones compartieron su comida conmigo, y una noche comimos caldo de cabeza.[16] La familia consume animales de su chacra y la madre prepara la tradicional chicha de jora (bebida alcohólica de maíz), que también se me sirvió. Anita me sirvió chicha un día y me dijo que la probara porque es "natural [...] un trago auténtico nomás". Otras labores domésticas incluyen el cuidado de la recién nacida y del hijo de tres años de Sofía. Se turnan para llevar al bebé en un *qipi*.

Las actividades sociales de la casa incluyen ver televisión, conversar y relajarse. La familia cuenta con varios televisores pequeños y ve telenovelas mexicanas y peruanas, al igual que programas peruanos de competencias de danza y canto. Las hermanas también me dijeron que ven un programa semanal en quechua llamado *El gran reto*, en el cual un muchacho canta en español y quechua y baila distintas danzas folclóricas, como la danza de las tijeras. También me contaron que se puede llamar al programa para responder *watuchiy* ("adivinanzas") en quechua y español.

Los vecinos jóvenes que son sus amigos acuden con frecuencia a la tienda para socializar y comprar comida. En el transcurso de mis visitas, las amistades del vecindario que más pasaron por allí fueron las hermanas de la pareja de Anita, que tenían entre cinco y veinte años de edad. Estas muchachas ya me conocían porque todas asistimos a la fiesta de cumpleaños del hijo de Sofía en diciembre, en donde bailamos cumbia y reggaetón. Las muchachas ya estaban en la casa en muchas de mis visitas y nos pintábamos las uñas y conversábamos en español durante horas. Se me dijo que formaban parte de una gran familia de agricultores y que sus padres rara vez estaban en la ciudad, al igual que los padres de las Hernández. Jamás oí a las muchachas hablar en quechua con las hermanas. Solo ocasionalmente empleaban palabras quechuas, como "*anañao*", "qué bonito", o "*achachaw*", "Dios mío",

---

16. Se me dijo que la carne de oveja era de un animal que tenían en casa.

cuando sentían frío.[17] Examinaré la función de estas interjecciones quechuas en la sección "La tienda de la madre".

Prácticas lingüísticas en el espacio doméstico B

Dividí el espacio doméstico B en B1 y B2 para distinguir entre "pasar el tiempo" con las amistades o solo con miembros de la familia (véase el cuadro 8). El espacio doméstico B1 se da cuando no hay clientes en la casa-tienda, o cuando estos deciden permanecer en ella para socializar y pasar el rato. Las interacciones en esta situación pueden darse en combinado o en español. A pesar de las interferencias de sonido y de las limitaciones de la grabación, encontramos algunos ejemplos de cambio de código en lo que llamo el espacio público ("puertas abiertas") de la habitación de entrada a la casa. Estas interacciones tuvieron lugar entre las hermanas cuando los vecinos estaban presentes.

Cuadro 8
Prácticas lingüísticas en el espacio B

Espacios domésticos	Función del espacio	Público/privado	Interlocutores	Lengua/s
B. Habitación de ingreso a la casa		Privado ("puertas cerradas")	• Hermanas • Hijos de las hermanas • Padres	Español y combinado
B1	Ver TV y pasar el rato	Público ("puertas abiertas")	• Amistades, vecinos/clientes • Hermanas	Español y combinado
B2	Espacio de "respiro" familiar	Público/privado ("puertas abiertas"/ "cerradas")	• Hermanas, amistades y padres	Español y combinado

---

17. En una entrevista, pregunté a las hermanas por qué sus vecinos (y también los miembros de su familia extensa) no les hablan en quechua (véase en este capítulo el pasaje 6).

A continuación presentaré un ejemplo típico de B2, el espacio de "respiro" familiar. En el pasaje (19), Gabriela y Susana hablan en español —la lengua por defecto de dicho espacio— de preparar la comida en la cocina a leña. La hermana más joven está distraída porque está esperando ver *El gran reto*, el programa de televisión en quechua.

19. Susana a Gabriela, español (00:28:33) (REC 26)

1	**Susana:**	¿Has calentao mamá la cena ya?
2	**Gabriela:**	Ahora te toca a ti.
3	**Susana:**	Yo voy a servir, pues.
4		simplemente lo prendes.
5	**Gabriela:**	Ya ahorita, ahorita, ahorita.
6		¡Ahorita!
7	**Gabriela:**	¡Hay que ver *El gran reto*!
8	**Susana:**	Todavía no está dando.
9	**Investigadora:**	¿Qué es?
10	**Gabriela:**	Es una novela.
11	**Susana:**	No es novela, es una tradición.
12	**Investigadora:**	Tradición.
13	**Susana:**	Como una tradición de acá.

Esta discusión gira en torno a las actividades familiares, tales como calentar la comida en la cocina a leña y ver televisión. Las hermanas se dicen mutuamente "*mama*", que es un término cortés quechua con el cual dirigirse a una persona, y que en Ayacucho frecuentemente se usa en español (línea 1). "Papá", la versión masculina de este término, se usó en la feria del ganado (véase en este capítulo el pasaje 15), pero este ejemplo también muestra cómo se lo emplea como termino de cariño entre hermanas. Una vez más, este pasaje revela otros casos de elementos del español andino, como el uso repetido de diminutivos en la línea "ahorita, ahorita, ahorita" (Escobar 2001).

El siguiente pasaje muestra un ejemplo de lenguaje infantil en combinado y español que también tuvo lugar en el espacio B2. Aquí, Gabriela está cuidando a la hija recién nacida de Anita y usa el quechua. La hermana se refiere a la idea de pintar las uñas de la chiquita. Respondí en castellano, indicando que ella era demasiada joven para que se las pintaran.

20. Gabriela a la bebé, combinado (00:33:07) (REC 27)

1	**Gabriela:**	[dirigiéndose a la bebé] Ya mamá *gringa-cha.* gringa-DIM	Ya señorita gringuita [extranjera].
2	**Investigadora:**	No, todavía no.	
3		Tiene que esperar.	

En esta interacción, yo era la única que se hallaba con Gabriela y hasta ese momento estuvimos hablando en español. Gabriela dijo "*gringa-cha*", que es la palabra española "gringa" con un sufijo derivativo quechua *–cha* (diminutivo). Llamó así a la bebé, porque la familia dice que ella es de tez más clara, como una extranjera. El uso de "gringacha" parece ser un préstamo cultural del español. Godenzzi sostiene que el añadido de *–cha* a distintos nombres forma parte de la variedad andina del castellano hablado en los centros urbanos, y que incluso lo pueden usar quienes no hablan quechua (2005: 166).[18]

Las hermanas me pidieron en varias ocasiones que llevase esmaltes de uña a su casa para pintarnos las uñas. En el pasaje (21) nos las estamos pintando y hablando en español. Anita está con su hija recién nacida y una amiga está pintándole las uñas. Ella entonces pregunta si también puede pintárselas a su bebé. Todas se sorprendieron con este comentario y comenzaron a reír. Las hermanas iniciaron, así, un diálogo sarcástico de dos líneas en combinado.

21. Anita, Susana, Gabriela y Sofía, la investigadora entre ellas, español y combinado (00:08:08) (REC 26)

1	**Anita:**	¿De mi hija puedo pintar sus uñas?	
2	**Gabriela:**	Noooo.	
3	**Todas:**	¡Rajajaja ajajaja!	
4	**Sofía:**	Jaja	

18. Sichra examinó las interacciones en los balbuceos infantiles en su estudio sobre el uso de la lengua quechua en la Cochabamba rural, en Bolivia; sin embargo, los ejemplos presentan secuencias más largas en quechua (2003: 313).

5	**Susana:**	[dirigiéndose a Anita] *Qam-pas* *simi-yki-ta* Tú-ADD boca-2sg.-AC pinta-*ku-ru-y*. pintar-REF-PER-IMP	Y tú píntate la boca.
6	**Sofía:**	*Pay-ta* *ama* xx. Ella-AC no xx.	A ella no xx.
7	**Investigadora:**	Cuando sea más grande, ¿no?	

En el pasaje (21) todas habían estado hablando en español hasta ese momento, y repentinamente comenzaron a bromear en quechua, ridiculizando a Anita por su idea de pintarle las uñas a su recién nacida en las líneas 5 y 6. A menudo se ha dicho que el quechua es una lengua para las bromas (Zavala y Córdova 2010), y encontramos que el cambio de código a esta lengua es una opción marcada, puesto que se trata de una broma dentro de la familia a la que uno pertenece. En el espacio doméstico, las conversaciones tenían lugar en español y en combinado, y cuando Susana y Sofía pasaron a este último para burlarse de Anita, las hermanas usaron el cambio de código marcado para excluir a la investigadora de su breve pelea (consúltese en Myers-Scotton 1993: 135 el cambio de código marcado como una estrategia de exclusión de base étnica).

Otro momento notable, en esa misma ocasión, fue cuando las hermanas me hablaron en quechua, lo que no sucedía con mucha frecuencia. Después de pintarnos las uñas, cuando las vecinas partieron, las hermanas me dijeron que debía contar mis frascos de esmalte para uñas. Me susurraron entonces en quechua: "*suya kanku*", "las amistades son ladrones".

Prácticas lingüísticas en los espacios a "puertas cerradas" C y D

Una primera puerta en el espacio de la tienda conduce a la cocina y a todo el resto de la casa. Jamás fui invitada a pasar ahí, donde me parece que ocurrían la mayoría de las interacciones familiares más privadas. Mediante la observación participante en la casa de las Hernández, vi que lo que llamo el "espacio a puertas cerradas" es un lugar importante para las interacciones en combinado, que se describen más adelante. La segunda puerta en el espacio de la tienda, que solamente crucé en una ocasión, lleva a lo que se me dijo es la chacra de la casa (cuadro 9).

Cuadro 9

El espacio de la chacra

Espacios domésticos	Función del espacio	Público/privado (espacio de "puertas abiertas"/ "cerradas")	Interlocutores	Lengua/s
C. Espacio de la chacra	Corral	Privado ("puertas cerradas")	• Ovejas, pollos y cuyes	S/d.
	Caseta del baño	Privado ("puertas cerradas")	• Familia, buenos amigos e investigadora	S/d.

El espacio C de la casa incluye el baño y la chacra. El primero es una pequeña caseta con un agujero en el suelo, sin agua ni tacho de basura. Lo otro es un lugar donde hay un corral con un carnero, pollos y otros animales pequeños. En este espacio no se hicieron grabaciones u observaciones, puesto que solamente entré una vez al baño, y sola.

Por otro lado, el espacio D (cuadro 10) es un lugar importante para las interacciones en combinado. No tengo ningún ejemplo grabado del uso del lenguaje que tiene lugar detrás de esta puerta de la cocina, pero muchas veces vi a las hermanas acudir ahí con su pareja para tener una conversación privada y oí que estos intercambios se llevaban a cabo en combinado.

Cuadro 10

Prácticas lingüísticas en el espacio D

Espacios domésticos	Función del espacio	Público/ privado	Interlocutores	Lengua/s
D. Detrás de la puerta cerrada de la cocina	El resto de la casa	Privado (íntimo) ("espacio de puertas cerradas")	• Hermanas, parientes, parejas e hijos	Español y combinado

En el espacio D, el tema de conversación tiene un papel en la elección del combinado. Gabriela, la hermana menor, nos dio un ejemplo de su uso en ese lugar. Un domingo por la tarde, uno de los jugadores de fútbol pateó la pelota directamente a las copas de gelatina que Gabriela y Anita vendían junto con chicha a los jugadores del barrio, con lo cual perdieron toda su mercancía. Gabriela entró a la casa llorando porque los futbolistas no querían pagarle la gelatina que habían echado a perder. La vi gritándole a su hermana mayor, y ambas hablaban en español y combinado mientras pasaban a la parte trasera de la casa, cerrando la puerta de la cocina tras sí.

Otros casos se dieron cuando la pareja de Anita o de Sofía las visitaban al anochecer. Vi que atravesaban la puerta de la cocina y escuché que les hablaban en español y en combinado. Muchas veces oí llanto o voces suaves detrás de esa puerta. Ello sugiere que el castellano y el combinado podrían ser lenguas que se usan para las manifestaciones emocionales, lo que incluye las conversaciones privadas con la pareja. Esto también se observó en la otra familia de Ayacucho, que analizaré en el capítulo 4.

El barrio

Ñahuinpukio (también conocido como "27 de octubre") es un pequeño barrio del distrito de San Juan Bautista, que fue antes una hacienda y ahora es el lindero meridional de la ciudad (Béjar y Pereyra 2005: 178). La mayoría de las familias que viven ahí son de primera generación. El barrio tiene más de 50 casas con agua y electricidad, pero aparentemente solo unas cuantas tienen alcantarillado.

El barrio es un área donde los niños juegan en la calle y donde los adultos se distraen jugando fútbol en su gran cancha los fines de semana. Cuenta con una pequeña escuela técnica y con una posta médica de tamaño mediano. La mayor parte de las pistas no están pavimentadas. Desde la casa de las Hernández, hay que caminar varias cuadras para llegar a la calle asfaltada por donde pasa el ómnibus.

Como estuve en Ayacucho durante la temporada de lluvias, pasé la mayor parte del tiempo dentro de la casa con las hermanas. Cuando llovía mucho, todo el vecindario se refugiaba bajo techo. Cuando no lo hacía, conversaban y chismeaban en la calle. Parecían conocerse bastante bien; las hermanas hablaban cariñosamente de sus "vecis".

Cuadro 11

El espacio del barrio y las prácticas lingüísticas

Actividades sociales en el barrio	Interlocutores	Lengua/s
Celebración de la yunza (una vez al año)	• Hermanas a hermanas	Español
	• Hermana a amistades	Español
	• Si la madre está presente	¿Español y combinado?
Partidos de fútbol (los domingos)	• Hermana a hermana	Español
	• Hermana a amigos (jugadores de fútbol)	Español
Pasando el tiempo en la calle	• Hermana a hermana	Español
	• Hermana a vecino	Español
	• Compadre a hermana	Español
Socializando en casa de los vecinos	• Hermanas a hermanas	Español
	• Hermanas a amistades	Español
	• Vecinos	¿Quechua?
Fiesta de cumpleaños	• Casi todos los invitados	Español
	• Abuelas	¿Quechua?

Rara vez se escucha hablar quechua en los distintas actividades que se organizan en el barrio. Entre los eventos públicos a los que asistí figuraron un partido de fútbol y una yunza, y entre los privados, un cumpleaños en casa de la pareja de Sofía. Todas fueron celebraciones muy ruidosas y masivas, y tanto en las privadas como en las públicas escuché hablar fundamentalmente español.

Prácticas lingüísticas en la yunza

Las hermanas Hernández me invitaron a unirme a ellas en la celebración de la yunza en la cancha de fútbol de su barrio. Esta es una tradición de la sierra que tiene lugar en febrero como parte de los carnavales, y que cada barrio apadrina y organiza. Su componente principal es un gran árbol del que cuelgan artículos de cocina, tales como ollas y sartenes. La fiesta comienza con todos bailando alrededor del árbol cogidos de la mano y recién termina al día siguiente, temprano en la mañana.

En el barrio de las hermanas Hernández, la yunza comenzó más tarde de lo planeado. Como era temporada de lluvias en Ayacucho, no era fácil caminar y bailar en la cancha de fútbol. Es más, no se podía cruzar de la casa a la cancha sin que los zapatos y las medias quedaran embarrados.

Susana me invitó a la actividad una semana antes y me dijo que llegara a las 8 p. m. Llegué una hora más tarde con un amigo peruano, pues no era seguro ir allá sola y de noche. La fiesta recién comenzó a las 10 p. m. Esperé, por lo tanto, y vi a la gran banda de cumbia organizarse sobre el techo de la casa de un vecino. Había muchos niños jugando fútbol, esperando que todo comenzara. Junto a la banda, ya en la cancha, había varios vendedores de alimentos que ofrecían alas de pollo y anticuchos, y al otro lado, puestos donde se vendía caña y cerveza. Después de aproximadamente una hora, los jóvenes comenzaron a armar el árbol de la yunza. Busqué a las hermanas y hallé a su madre caminando alrededor de la casa. Le pregunté en quechua dónde estaban sus hijas y, haciendo un esfuerzo, me dijo en español que estaban "por allí". Luego de esperar más de una hora, las hermanas salieron de la casa y se sentaron conmigo para ver a los vecinos bailar alrededor del árbol. La mayoría de sus amigos del barrio se nos unieron. Todas las interacciones entre las hermanas, así como entre ellas y sus amistades (yo inclusive), fueron en español. Sin embargo, cuando la madre estaba presente se hablaba algo de combinado.

Prácticas lingüísticas en otros eventos públicos

En dos ocasiones estuve con Anita y Gabriela un domingo por la tarde en la cancha de fútbol. Usualmente pasaban el sábado preparando gelatina, flan y chicha, que luego vendían a los jugadores. Aproveché esas oportunidades para sentarme en las graderías y conversar con ellas. Anita y Gabriela por lo general estaban solas, pero a veces algunos jóvenes vecinos pasaban y se nos unían. Todas las interacciones que observé fueron en español. No obstante, advertí que a veces los vecinos hablaban del clima y decían: "*achachaw,* qué frío", que significa "Dios mío (en quechua), qué frío". El uso de expresiones similares también se analiza en los pasajes 24 y 25. Sin embargo, como ya se indicó, estas expresiones quechuas tal vez ya forman parte de la variedad del español que se habla en la región (*cf.* Godenzzi 2005).

Otras interacciones cotidianas en el barrio incluían caminar al paradero del micro o simplemente pasar el tiempo fuera de la casa. En una ocasión en que me dirigía al paradero, a tres cuadras de la casa de las Hernández, vi a Sofía caminando con su compadre. Él es un agricultor bilingüe que vive en el vecindario. Les escuché hablar en español sobre asuntos de salud.

Prácticas lingüísticas en casa de los vecinos

En diciembre de 2010, fui a la fiesta de cumpleaños del hijo de tres años de Sofía, que se celebró en casa de su pareja. Sofía vive parte del tiempo con él y parte con sus hermanas. La casa de su pareja también cuenta con una tienda en la entrada, y Sofía lo ayuda a ocuparse de ella. Más de 20 niños del vecindario acudieron a esta fiesta junto con sus padres, al igual que dos abuelas que vestían ropa de campo. Los invitados eran sobre todo niñas de entre dos y trece años. Todos llevaron pequeños regalos (yo también) para el hijo de Sofía. La fiesta duró más de cuatro horas, y la mayor parte del tiempo, todos bailaron reggaetón y cumbia. Uno de los primos de la pareja de Sofía estaba disfrazado de Barney (el dinosaurio morado del programa estadounidense). Un amigo peruano y yo organizamos concursos de baile para los niños y tomamos fotos de la fiesta para Sofía. Las hermanas sirvieron luego caramelos, galletas, gaseosas, mazamorra con arroz con leche y chizitos. También hubo un gran pastel de cumpleaños y una piñata. A medida que los niños partían, las hermanas les entregaban las pequeñas bolsitas festivas repletas de caramelos que habían preparado. Durante la fiesta, Sofía también atendía a los clientes en la tienda. Sus padres no asistieron porque estaban trabajando en la chacra. En la fiesta nadie habló quechua. Es posible que las abuelas lo hayan hecho con sus hijos y nietos, pero no tuve la oportunidad de estar con ellas, ocupada como estaba, bailando con los niños y ayudando a Sofía a armar las cosas y servir la comida.

La semana siguiente visité a Sofía en la casa de su pareja, y le di más de 40 fotografías y un CD con más de 100 fotos de la fiesta. Me quedé un rato allí y pude conocer a sus cuñados. Todos miramos las fotos y luego vimos las del CD en su televisor. Sofía tuvo que levantarse varias veces, porque debía atender a los clientes. Después de conversar unas cuantas horas, Sofía y yo visitamos a algunos vecinos que habían venido a la fiesta, para quienes también tenía copias de las fotografías. Todas las familias, sin embargo, estaban extremadamente ocupadas y ninguna nos dejó pasar. También advertí que muchos de los niños estaban atareados cocinando con sus padres o pastando a las ovejas. Las familias eran grandes (seis miembros o más), y observé que muchos de los padres y abuelos vestían ropa de campo. Nadie habló quechua al momento de recibir las fotos. No obstante, sí escuché a algunas familias hablarlo dentro de sus casas. Parecería que en el barrio su uso se limita al entorno doméstico. Las únicas ocasiones en que percibí que se lo utilizaba fuera de la casa, fue cuando la madre de las hermanas u otra madre dominante en quechua se hallaban presentes. Sin embargo, es necesario realizar más observaciones fuera del hogar.

La tienda de la madre en la avenida Cuzco

La madre tenía anteriormente un puesto en la avenida Cuzco, fuera de un pequeño mercado al aire libre, a unos diez minutos de donde viven las hermanas. Asimismo, como ya se mencionó cuando Anita tuvo a su bebé, cerró el puesto e instaló una bodega en la casa. En el mercado, se trataba de un cobertizo de mediano tamaño con varios estantes donde se exhibían productos agrícolas y otros alimentos, como latas de atún, pastas, papas fritas, café y té. Las hermanas se sentaban ahí, en bancos de plástico y de madera, mientras esperaban a los clientes. Anita solía atender en la mañana y Susana en la tarde. Gabriela muchas veces también ayudaba, aunque jamás lo hacía sola porque decía que había muchos ladrones y pandillas en la zona. Los domingos, los padres, las tías, el compadre, el hijo de Sofía y los primos visitaban el puesto. Además, durante la semana las hermanas eran frecuentadas por otros niños que ayudaban a sus padres en el puesto de al lado. El lugar tenía poco movimiento cuando lo visitaba los días de semana y los domingos entre las dos y las cuatro de la tarde, cerca de la hora de cierre. En el transcurso de mis visitas, observé que las caseras eran mujeres mayores que vestían ropa de campo, otros adultos y niños pequeños. En esas ocasiones, me sentaba usualmente en una de las bancas y charlaba con las hermanas y con quien estuviera ayudándolas. Como había pocos clientes, pasamos el tiempo conversando y viendo televisión en el pequeño aparato en blanco y negro que habían instalado ahí.

La tienda que la madre instaló en la avenida Cuzco, observé dos actividades sociales: los encuentros que se llevaban a cabo como producto del servicio que se brindaba; y los momentos de descanso que se pasaban con la familia y los amigos (véase el cuadro 12 y la imagen 7). El servicio tenía lugar en español. No obstante, a partir de observaciones que hice sobre el uso del lenguaje en otros espacios, pienso que es posible que las hermanas hablaran quechua con las mujeres que vestían ropa de campo. Debido a la escasa clientela, solo pude grabar las conversaciones que tuvieron lugar entre las hermanas, los parientes y los amigos. En los momentos de descanso, los diálogos entre las hermanas y sus amistades eran en español con algunos préstamos del quechua, mientras que con los padres y el compadre se usaba tanto el español como el combinado. A continuación presento ejemplos de conversaciones en estas dos lenguas durante los ratos de calma en que se esperaba la llegada de clientes.

Cuadro 12

Prácticas lingüísticas en la tienda de la madre en la avenida Cuzco

Actividades sociales	Interlocutores	Lengua/s
a) Encuentros como producto del servicio que se brinda	• Hermana a los clientes (varones y mujeres de todas las edades)	Español
b) Pasando el tiempo	• Hermana a los padres • Hermana a la familia extensa (tía) • Hermana al compadre	Español y combinado
	• Hermanas a las amistades que iban a visitarlas • Hermana a hermana	Español con una pocas palabras o expresiones quechuas

Entre ellas y con sus amistades, las hermanas usualmente hablan en español en la tienda. Sin embargo, hubo unos cuantos casos en que usaron palabras quechuas, especialmente cuando bromeaban con sus amigos y con niños.

El primer ejemplo tuvo lugar cuando un conocido se acercó a la tienda y saludó a las hermanas, supuestamente con ánimo de fastidiar. Cuando pasó al costado de Gabriela, ella bromeó y le gritó "*chuti siki*", "pantalones abajo" en quechua. El muchacho, avergonzado con el comentario, le espetó: "gordita". El segundo ejemplo ocurrió en la tienda, cuando unos niños pequeños

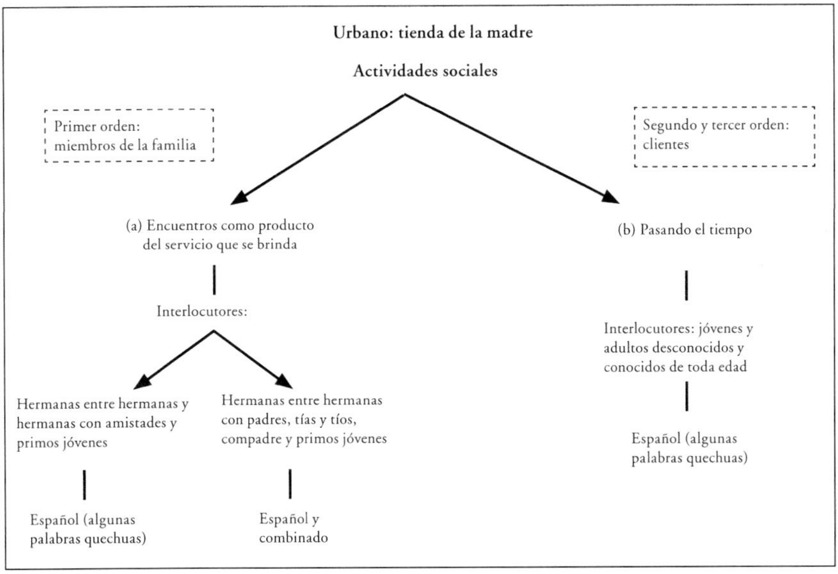

Imagen 7. Actividades sociales y uso lingüístico en la tienda de la madre en la avenida Cuzco.

preguntaron si vendían carne. Un amigo de Susana, que la estaba acompañando en esa ocasión, dijo entonces en broma: "*kuchi kuchi*", que significa "chancho chancho" en quechua.[19]

A continuación presento varios ejemplos de las hermanas hablando en español, la lengua por defecto en este espacio. En los pasajes (22) y (23), ellas y yo hablamos de reunirnos en Semana Santa para ver una corrida de toros. Jamás habían asistido a este tipo de actividad, a pesar de tener un coso a apenas quince minutos de su casa. Susana quería que fuera con ella y hablamos de qué ropa usar para la ocasión.

22. Susana a investigadora, español (00:17:03) (REC 16)

1	**Susana:**	[digiriéndose a la investigadora] Amy, iremos al cerro, ¿no?
2		Con nuestro polito de jala toro, ¿no?

19. "*Kuchi kuchi*" tiene un doble sentido, puesto que en español se usa como expresión de cariño hacia los niños.

23. Susana a investigadora, español (00:17:26) (REC 16)

1	**Susana:**	Y nos compramos nuestro polito rojo,
2		y nos vamos.

Los ejemplos anteriores muestran diferentes elementos morfosintácticos encontrados en la variedad del español que está en contacto con el quechua. Por ejemplo, en (22), línea 2, y en (23), línea 1, Susana usa la palabra "polito" con el diminutivo hispano *–ito*, en lugar de "polo" (línea 2). Además, en el pasaje (23) vemos el uso redundante de "nuestro" con el reflexivo "nos compramos" de "nos compramos nuestro polito" (línea 1). Según Escobar, el uso redundante de pronombres posesivos junto a los reflexivos es otro elemento común de esta variedad del español (2000: 105).

Los siguientes ejemplos se concentran en el uso del quechua en este espacio. Como ya se dijo, esta lengua se utilizaba para bromear con las amistades que pasaban por la tienda. Sin embargo, los ejemplos adicionales constan de frecuentes interjecciones quechuas empleadas en el discurso en español. Estos ejemplos fueron grabados en la tienda y no dependen del espacio. Examinaré otro ejemplo en la sección "Otros espacios urbanos".

En el pasaje (24), línea 1, Susana usa en el mismo enunciado la interjección "*anañao*" en quechua y "qué bonito" en español. Las hermanas frecuentemente emplean esta interjección quechua cuando hablan en español. En el siguiente pasaje estoy mostrando a Susana algunas fotos en mi cámara sobre comida en los Estados Unidos.

24. Susana, "*anañao*", español (00:15:16) (REC 16)

1	**Susana:**	¡*Anañao*, qué bonito!
2		En las comidas nomás, ¿no?

En el pasaje (24), vemos que Susana usa la palabra quechua "*anañao*" como "qué bonito", y la repite directamente en español al decir "qué bonito". Encontramos otro ejemplo del uso de "*anañao*" en una conversación informal que tuve con las otras hermanas y algunas amistades en (25).

25. Susana a una amiga y la investigadora, "*anañao*", español (00:19:40) (REC 16)

1	**Amiga 1:**	[digiriéndose a la investigadora] ¿Tienes *piercings*?
2	**Susana:**	Sí tiene.
3		Aquisito, acasito.
4	**Amiga 1:**	¡Qué bonito!
5	**Investigadora:**	Gracias.
6	**Susana:**	¡*Anañao* [qué bonito], mira!
7		¡Qué bonito!

Una vez más, ambos ejemplos de "*anañao*" vienen acompañados de su traducción al español, lo que demuestra que "*anañao*" y "qué bonito" son expresiones que pueden emplearse de modo intercambiable. En mis observaciones del uso del lenguaje en la ciudad, planteé la hipótesis de que algunas interjecciones quechuas, como "*achachaw*" ("Dios mío") y "*anañao*" (pasajes 24 y 25), forman parte de la variedad de español hablada en Ayacucho, aun cuando hay pocos estudios sobre este tema.[20]

El siguiente ejemplo proviene de un día en que los padres se quedaron con las hermanas en la tienda después de la feria del ganado, un domingo por la tarde. Aquí las interacciones tienen lugar en su mayoría en combinado, muy probablemente debido a la presencia de la madre.

20. Godenzzi (2005) menciona que ciertas interjecciones quechuas que expresan sensaciones, como *ananaw* ("qué bien"), y *achachaw* ("Dios mío"), son comunes en el español hablado en los Andes del sur. Otras expresiones son una reacción al frío: *alaláw*; a quemarse: *achacáw, achacháw, acacáw*; a un dolor intenso: *achacáw, achicáw*; al disgusto: *atatáw*; y a algo placentero: *ananáw* (2005: 166). Calvo Pérez (2007) también halló el uso de interjecciones quechuas en la variedad de español usada entre los migrantes sudamericanos en España.

26. Sofía, Susana, madre, padre e investigadora en español y combinado (00:21:44) (REC 4)

1	**Madre:**	[digiriéndose a la investigadora] ¿Pero *qam-qa* *qari-ta* tú-TO hombre-AC *muna-nki-ña-chu*? querer-2sg.-SEQ-Q ¿*hina-chu*? así-Q presenta-*na-yku-paq*, presentar-NA-3pl.-a	¿Pero ya quieres un hombre? Si quieres uno, te podría presentar [a alguien].
2		señorita.	
3	**Investigadora:**	Jaja.	
4	**Madre:**	*Ka-chka-n-mi* Ser-PROG-3sg.-AF *familia-yku.* familia-3pl.	Tengo alguien en mi familia.
5	**Investigadora:**	Jajaja hmm.	
6	**Madre:**	¿*Muna-nki* *aw*? ¿Querer-2sg. o no?	¿Te gustaría o no?
7	**Investigadora:**	Arí. Sí.	Sí.
8		*Muna-ni.* Querer-1sg.	Me gustaría.
9	**Susana:**	*Arí* *muna-ni,* jaja. Sí querer-1sg.	Sí me gustaría, jaja.
10	**Todos:**	Ajajaja.	Ajajaja.
11	**Susana:**	Amy *ka-chka-ña.* ser-PROG-SEQ	Amy ya tiene uno.
12	**Padre:**	Normal.	Por supuesto.
13	**Investigadora:**	**[señalando al primo]** *Pay-wan.* Él-con	Con él.

14	**Sofía:**	*Pay-pas.* Él-ADD	Él también.
15		*Trabajadur-mi* *wawa-lla* Trabajador-AF bebé-DEL pero *qam-chik* *wawa-yki.* tú-3pl. bebé-2sg. *Hina-ta* *qida-nki.* Así -AC permanecer-2sg.FUT	Es un trabajador, apenas un bebé, pero tú también serás su bebé.
16	**Investigadora:**	*¿Hayka* *wata-yuq?* Cuántos años-POS ¿Hayka wata-yuq pay? Cuántos años-POS él	¿Cuántos años? ¿Qué edad tiene?
17		Ñuqa iskay chunka Yo dos diez *pusaq-ni-yuq.* ocho-V-POS	Tengo 28 años.
18	**Padre:**	¿Quince, quién no?	
19		Ajajaja.	Ajajaja.
20	**Sofía:**	¿Veintiuno en este quechua?	
21	**Padre:**	*Iskay chunka* *huk-ni-yuq.* Dos diez uno-V-POS	Veintiuno.

El pasaje (26) es una interacción juguetona entre la madre y el padre y Susana y Sofía. Todos bromean en quechua y en español. Hay aquí unos cuantos aspectos interesantes sobre los préstamos del español. En la línea 15, Sofía usa la palabra "*trabajadur-mi*", un préstamo del español "trabajador". Ella la pronuncia con la fonología quechua como [trabaxadurmi], enunciando la "o" final como "u", y añadiendo además un sufijo independiente en quechua *–mi* (afirmación), con el que reconoce que vio la información que está declarando. En este ejemplo advertimos también que Sofía no sabe decir todos los números en quechua (línea 20), y que tiene que pedirle a su padre que se los traduzca.

Otros espacios urbanos

Las hermanas no tienen demasiadas oportunidades de visitar el centro de la ciudad, puesto que están muy ocupadas con las labores domésticas. Van a la plaza de Armas una vez por semana para asistir a la iglesia, y con menos frecuencia van al centro con el fin de comprar suministros para su tienda o adquirir ropa. Es más fácil hacer esto de día mientras hay ómnibus, pues estos dejan de llegar a su barrio a las 8 p. m. Después de esa hora, hay que caminar unos diez minutos para tomar otra ruta o agarrar un taxi. De noche, los taxis pueden costar unos seis soles, mientras que de día el micro vale 0,50 soles. Las hermanas no suelen salir de noche debido al alto precio de los taxis.

En el cuadro 13 enumero las pocas veces en que pasé algún tiempo con las hermanas en o cerca del centro de la ciudad, entre ellas, nuestra fiesta de despedida, que fue en una heladería en la plaza de Armas. Me comentaron que jamás habían entrado a las tiendas o restaurantes de ese lugar.

Cuadro 13

PRÁCTICAS LINGÜÍSTICAS ALREDEDOR DE LA PLAZA DE ARMAS

SITUACIONES MÁS CERCA DE LA PLAZA	INTERLOCUTORES	LENGUA/S
a) Pasando el rato: heladería en la plaza de Armas	• Investigadora a las hermanas	Español y algunas palabras/expresiones quechuas
b) Trabajando en la feria de Semana Santa (Carmen Alto)	• Investigadora a las hermanas y una amiga • Hermanas a clientes	Español

En estos espacios grabé el uso del lenguaje en mis conversaciones y entrevistas informales con las hermanas. Aunque parte de la entrevista estuvo estructurada, nuestras conversaciones informales también mostraron elementos quechuas en el discurso español. En el pasaje (27) expongo un ejemplo de interjecciones quechuas e inglesas en una misma conversación.

27. Gabriela e investigadora, "*achachaw*" y "*wow*" (00:02:33) (REC 29)

1	**Investigadora:**	Sí, mi hermana trabaja turno de noche.	
2	**Gabriela:**	¡*Achachaw*! ¡Dios mío!	¡Dios mío!
3	**Investigadora:**	Siete de la noche hasta las siete de la mañana.	
4	**Susana:**	¡*Wow*!	
5		Pesado.	
6	**Investigadora:**	Sí, pero le gusta, le gusta.	
7	**Susana:**	Le gusta, le gusta.	
8	**Gabriela:**	¡*Achachaw!*	¡Dios mío!

En el pasaje (27), líneas 2 y 8, Gabriela utiliza la interjección quechua "*achachaw*" como parte de su habla cotidiana. Luego, en la línea 4, Susana dice "wow" (una expresión que emplean a menudo) para expresar la misma idea que "*achachaw*". Esto muestra la frecuencia con que expresiones como esta pueden darse fuera del entorno doméstico; se las usa en las conversaciones cotidianas informales entre amigos en lugares públicos, como la heladería. Aquí podemos observar que las hermanas están llevando una variedad más "quechuizada" del español al centro de la ciudad. Estos préstamos lexicales se dan, una vez más, como "reacciones a determinadas sensaciones" (Godenzzi 2005: 165).

Conversaciones por teléfono celular

El último espacio que deseo incluir es más bien una forma de comunicación. El teléfono celular es un medio común en Ayacucho porque la mayoría de los hogares no cuenta con una línea fija. El celular puede usarse en cualquier lugar, incluso en las áreas rurales. Sin embargo, como estas conversaciones son costosas, normalmente son muy breves. La mayor parte del tiempo se usa mensajes de texto porque son más baratos y rápidos. Para las hermanas, el celular es muy importante porque sus padres se encuentran casi siempre en la chacra, y el teléfono les ayuda a mantenerse en contacto.

Escuché conversaciones por celular en los distintos espacios descritos en este capítulo. Podía oírlas fácilmente porque a menudo se usaba la modalidad de manos libres. A continuación muestro algunos ejemplos.

Cuadro 14

Prácticas lingüísticas por teléfono celular

Hermana a (interlocutor)	Lengua/s
Madre	Español y combinado
Padre	Español
Tía/parientes	Español y combinado

El pasaje (28) es una típica conversación telefónica entre Susana y una tía que es dominante en quechua. Susana la llamó para decirle que su madre había traído *cachipa* (un queso de la sierra) de su chacra, y que podía pasar a recogerlo. Susana solo le habló en español, en tanto que la tía le respondió en quechua.

28. Susana a la tía por celular, español y quechua (00:04:02) (REC 27)

1	**Tía**	¿Aló?	
2	**Susana:**	Aló, tía.	
3	**Tía:**	Ajajaja.	
4	**Susana:**	Tía, buenas noches.	
5		Tía,	
6		¿quizás quieres *cachipita*?	
7		Mi mamá había traído cachipa, 80 cachipas había traído.	
8	**Tía:**	¿xx *hamu-chu?* viene-Q	¿xx está viniendo?
9	**Susana:**	Sí, tía.	
10		Sí, pero han regresado al toque.	
11	**Tía**	*¿Haykataq?* *mana-m* Cuántos no-AF *ati-ku-y* *paqarin* *qawa-y-ta.* poder-REF-INF mañana ver-INF-AC	¿Cuántos? Mañana no puedo ocuparme de esto.

12	**Susana:**	Ah, ya tía.	
13		Este, ayer ha venido tía, y de nante se ha ido, tía, a las cuatro de la mañana.	
14	**Tía:**	Ah, ya, ya.	
15		*Paqarin* *hamu-sun.* Mañana venir-FUT.3pl.	Mañana vendremos
16	**Susana:**	Ya, tía.	
17		Ya, tía.	
18		Chau, tía.	
19	**Tía:**	Ya.	

En este intercambio, la tía pasa del español al quechua, a diferencia de Susana, que mantiene el español en toda la conversación. La tía solamente usa expresiones discursivas en castellano, como "*Ah, ya, ya*" (líneas 14 y 19). Sin embargo, como Susana estaba usando mi celular y hablaba con su tía delante de mí, es posible que esto haya influido en su elección del idioma, para que yo pudiera comprender todo. Ello no obstante, está claro que en su vida cotidiana, las hermanas interactúan frecuentemente con el quechua, ya sea cara a cara o telefónicamente, siendo este también un "espacio" adicional importante en su vida diaria.

La siguiente conversación por celular tuvo lugar íntegramente en español entre Sofía y su padre.

29. Padre con Sofía, llamada en celular en español (00:04:38) (M9)

1	**Padre:**	Aló.
2	**Sofía:**	xx papa.
3	**Padre:**	Dime.
4	**Sofía:**	¿Vienes a la casa ya?
5	**Padre:**	Todavía, ahorita ya vamos a llegar, ya.
6		¿Qué pasa hija?
7	**Sofía:**	¿y (Marco)?
8	**Padre:**	Está conmigo.
9	**Sofía:**	A ver, pásame.

Otro ejemplo de lenguaje telefónico lo obtuve cuando alguien llamó a Gabriela. Ella cogió el teléfono y dijo "*¿ima?*", que significa "quién" en quechua. Debe señalarse que esta es la lengua preferida al contestar el teléfono, quizás porque las hermanas esperan que sea algún miembro mayor de la familia quien esté llamando (especialmente los padres). En este caso, Marco, el hijo de tres años de Sofía, oyó la conversación, se rió y dijo "*¿ima sutiyki?*" ("cómo te llamas" en quechua). De inmediato le pregunté: "*¿imatataq ruwachkanki?*" ("¿qué estás haciendo?"), a lo que me respondió en español diciendo "jugando". Marco parece tener cierto conocimiento pasivo del quechua, pero su lengua dominante es al parecer el español.

A partir de mis observaciones y de los datos que grabé, queda claro que los parientes pueden llamar en quechua, y que las hermanas pueden responder en español y en combinado. Sin embargo, parecería que el español es la lengua por defecto para el uso lingüístico directo con el padre. Esto nos muestra una imagen interesante de la relación y también se hace eco del uso lingüístico entre el padre y las hermanas en la feria del ganado (acápite "Prácticas lingüísticas en la actividad de pasar el rato en la feria").

Lima y las actitudes hacia el quechua

Lima, la capital del Perú, se encuentra a unas nueve horas de la ciudad de Ayacucho en ómnibus. Hay muchas compañías de transporte que hacen ese viaje diariamente, con distintos precios. No obstante, hasta el 2009 ninguna de las hermanas Hernández había viajado fuera de Ayacucho.[21] Luego, solamente tres han ido a Lima, fundamentalmente para acompañar a su padre a vender los productos de la chacra. Las hermanas cuentan con primas, tías y tíos que viven en Lima, y solo en los últimos años pudieron visitarlos. De este primer viaje que duró unos cuantos días hicieron algunas observaciones interesantes. Un tema que surgió fue el de la "vergüenza" de hablar quechua o usar pollera en la capital. Tuvimos esta discusión en una heladería como parte de una entrevista informal en español. El pasaje aparece a continuación.

---

21. Anita, la hermana mayor, vivió en Lima unos cuantos años durante la época de Sendero Luminoso (a comienzos de la década de 1990), pero toda la familia volvió a Ayacucho poco después.

30. Susana sobre el quechua en Lima, español (00:31:51) (REC 29)

1	**Susana:**	Algunos tienen vergüenza hablar el quechua y ya no hablan.
2		Mayormente en Lima también hablan.
3	**Investigadora:**	Ah, ¿sí?
4	**Susana:**	Allí también en Lima que o sea…
5		Te desprecian o sea…
6		Cuando tú vas con tu pollerita, algo así.
7	**Investigadora:**	Uh huh.
8	**Susana:**	La gente te mira con un desprecio, ¿o sí?
9	**Investigadora:**	¡Qué feo! ¿No?
10	**Susana:**	Racistas, algo así.
11	**Investigadora:**	¿Tú viste eso cuando estabas en Lima?
12	**Susana:**	Uh huh.
13		Sí.
14	**Investigadora:**	¿Y cómo te sentiste?
15	**Susana:**	Mal.
16		Y somos del mismo país.

Susana vincula el uso de la lengua quechua y la discriminación en Lima con el uso de la pollerita. Dice enfáticamente que "somos del mismo país" (línea 16) para subrayar el hecho de que, aun siendo así, los peruanos discriminan. Susana me había contado que había visto un programa televisivo acerca de la inminente desaparición de las lenguas indígenas. Le pregunté qué pensaba de eso y comenzó a hablar de Lima.

31. Susana sobre el quechua en Lima, español (00:34:36) (REC 29)

1	**Investigadora:**	¿Y ustedes piensan que, como has visto en el programa, el quechua va a desaparecer pronto?
2	**Susana:**	Sí.
3	**Investigadora:**	¿Tú crees eso?
4	**Susana:**	Sí.
5		Todos porque había unas encuestas también y
6		la gente, por ejemplo, de Lima, no quiere saber nada del quechua.
7	**Investigadora:**	Uh huh.
8	**Susana:**	Ni los estudiantes, no.

Su visión sobre el futuro del quechua en Lima es desalentadora. Después de su primer viaje a la capital, adquirieron esta idea de la pérdida de la lengua y la discriminación en su país. Sería interesante saber qué lengua usan cuando están en Lima y si piensan regresar luego de esta experiencia. La imagen que tienen de Lima podría sugerir que para ellas Ayacucho es el espacio familiar, el lugar donde su madre puede usar pollera sin sentirse discriminada, donde la gente puede hablar quechua sin ser excluida. Esto podría estar indicando que las hermanas perciben a Ayacucho como una región cultural y lingüísticamente distinta.

Conclusiones

En este capítulo he presentado los distintos usos del combinado y el español que hacen las cuatro hermanas ayacuchanas en espacios cotidianos. Creo que cada espacio muestra cómo su vida diaria transcurre entre ámbitos más rurales o más urbanos. Sin embargo, es evidente que pasan más tiempo en la casa/tienda, que se relaciona más con el ámbito rural que con el de la ciudad.

El espacio, su orientación hacia lo rural y las redes sociales vinculadas a él son los factores más significativos para comprender el uso del combinado. Este es más fuerte en la feria del ganado y en la casa, donde las hermanas están en contacto con agricultores y con otros quechuahablantes que tienen lazos con las áreas rurales. El habla del combinado muestra distintos préstamos del español, muchos de los cuales son nombres de alimentos que no tienen un equivalente en quechua, así como cambios de código inter- e intrasentenciales. Los cambios de código pueden ser una opción marcada, sin marcar o exploradora tanto en la feria del ganado como en la casa. Las hermanas cambian del quechua al español "para minimizar los costos y maximizar las recompensas para los hablantes" (Myers-Scotton 1993: 101). En casa, el quechua puede asumir distintos papeles en los espacios privados y públicos, y el tema de conversación es importante en el "espacio a puertas cerradas". ¿Qué nos dice esto acerca de la vitalidad del quechua en las ciudades andinas? En los primeros ejemplos, las hermanas opinaron que Lima es un lugar donde el quechua no sobrevivirá, porque parece identificarse con el campo andino. Las hermanas claramente vinculan el uso del quechua, o tal vez un conocimiento más "puro" del mismo, con las áreas rurales. En el pasaje (32) le pregunté a

Anita si le parecía que esta lengua desaparecería pronto de Ayacucho. Anita respondió del siguiente modo:

32. Anita, con respecto a la vitalidad del quechua en Ayacucho, español (00:08:21) (REC 15)

1	**Anita:**	No creo.
2		Porque la mayor parte que hablan quechua son los del campo.
3		Hay momentos algunas de mis vecinas empiezan a hablar quechua y nosotros igual le seguimos en quechua.
4	**Investigadora:**	Uh huh.
5		Pero al menos cuando estabas en tu casa
6	**Anita:**	porque si tú también eres contadora o alguna profesión
7		Siempre va a haber personas que hablan en quechua

De esta manera, las hermanas no creen que el quechua vaya a desaparecer de Ayacucho, y más bien opinan que es necesario estudiarlo a fin de emplearlo en las carreras profesionales. Ellas creen que el quechua tiene un *capital simbólico y cultural* (Bourdieu 1994), pero no queda claro si alguna vez tendrán la oportunidad o las ganas de estudiarlo o de usarlo en una carrera profesional. Por otro lado, tampoco creen que el combinado vaya a desaparecer y planean incluso usarlo con sus hijos. Conocer la lengua que ellas utilizan en la chacra habría ayudado a entender toda la gama de opciones lingüísticas, dado que allí la principal es el quechua, algo que no fue posible y que constituye, por lo tanto, una limitación del presente estudio.

Es importante señalar que las hermanas me dijeron que hablan combinado. Aunque esta variedad mixta de español y quechua parece ser común en Ayacucho, ellas se dan cuenta de que podría no ser la forma *correcta* de hablar quechua, tal como vemos en el siguiente ejemplo.

33. Susana, con respecto al uso que Gabriela hace del combinado (00:38:02) (REC 29)

1	**Susana:**	Ella le dice en quechua y en el español.	
2		Le dice *alcanza-mu-y.* alcanzar-CIS-IMP	Le dice "alcánzalo así".
3		*Alcanza-mu-y.* alcanzar-CI-IMP	Alcánzalo así.
4	**Gabriela:**	Jajaja.	
5	**Investigadora:**	Combina.	
6	**Susana:**	Uh huh.	
7		No está bien hablado, ¿sí?	
8	**Gabriela:**	Jaja.	

Como vemos en el ejemplo (33), Susana dice que todas sus hermanas hablan bien el quechua, salvo Gabriela, la menor. No obstante, este podría ser un acto verbal de tomarle el pelo, puesto que en muchas ocasiones vi a esta última hablando en combinado (o quechua), especialmente en eventos emotivos. Más adelante en la conversación, Susana me contó que su madre y su abuelo reconocían su forma combinada de hablar.

34. Susana sobre el combinado, español (00:38:16) (REC 29)

1	**Investigadora:**	Pero tú ya sabes mucho quechua, ¿no?
2	**Susana:**	Sí.
3		Justo no sé.
4		denantes estaba hablando con mi mamá.
5	**Investigadora:**	Uh huh.
6	**Susana:**	Por el celular.
7		Y mi tío me dice: tú combinas bien el quechua, me dice.

En el pasaje anterior, Susana menciona que los miembros de su familia dominantes en quechua advierten que su forma de hablar es distinta a la de la generación de sus padres. Sin embargo, el tono del pasaje sugiere que esto es visto de modo más bien positivo. Las hermanas pueden hablar ambas lenguas y combinarlas, una habilidad de la que la generación de sus padres tal vez carece.

Resumen de los resultados

Este capítulo mostró que el combinado, una nueva variedad mixta de español y quechua, constituye una gran parte de la identidad de las hermanas, y que el continuo rural/urbano es importante para que la familia mantenga prácticas económicas tanto rurales como urbanas. Las hermanas conservan —y con ello revitalizan— la lengua y cultura de la familia en su casa y en otros espacios, especialmente cuando sus padres, que hablan el quechua como primera lengua, están ausentes. Como vemos, para los jóvenes de primera generación la separación entre lo urbano y lo rural es a menudo borrosa, porque el campo está presente en sus conversaciones en la ciudad y también porque pasan bastante tiempo en él.

Capítulo 4

Otros dos casos de quechua en Ayacucho y Arequipa

Carmen Alto, con una población de 16.000 habitantes en 2005 (INEI 2007a), es un distrito de la provincia de Huamanga, en el departamento de Ayacucho. Ubicado en el cerro de Acuchimay, se alza sobre el centro de la ciudad de Ayacucho. En este barrio los fines de semana son sumamente tranquilos, puesto que muchas familias se ausentan para trabajar en su chacra. Las que se quedan se entretienen en el mirador, la principal atracción turística de la ciudad. Ciertas familias instalan puestos allí para vender puca picante (un plato tradicional de papa picante) y chicharrones, mientras que otras venden en carritos, bocadillos empaquetados. Los niños caminan alrededor del mirador ofreciendo bolsitas de cancha a los turistas y vecinos por igual.

La familia Martínez hace todo lo anterior. Gloria, madre de siete hijos, se ocupa de la tienda de la familia en la casa de Carmen Alto, y los fines de semana vende bocadillos en un carrito en el mirador. Roberto, el padre, ayuda en la tienda, pero también viaja a la chacra de la familia, ubicada a seis horas de la ciudad. Todos sus hijos ayudan en la tienda y los hermanos menores (de 5, 6, 10 y 14 años de edad) pasan los fines de semana vendiendo cancha en el mirador. Los domingos, antes de ir al mirador, la familia asiste al sermón en la iglesia evangélica de Carmen Alto, el sermón más "festivo" de la semana, que se pronuncia tanto en quechua como en español.

Un domingo de 2010, llegué temprano a casa de los Martínez, luego de un breve viaje de diez minutos en micro desde el centro. Al llegar, me encontré con Gloria y Roberto detrás de la puerta de la tienda en su casa, enfrascados en una conversación en quechua sobre asuntos familiares. Detrás de esa misma puerta vi varios cuyes, pollos y ovejas corriendo. Jenny, la hermana mayor (18 años), estaba en su habitación vistiéndose, y Raúl, el hermano mayor (19 años), estaba en una cabina de internet.[1] Gloria me vio desde dentro de la tienda y salió a recibirme. Luego le gritó a Jenny, diciéndole en castellano que había llegado. Como a Jenny le tomó un rato alistarse, su madre volvió a gritarle en español y quechua que se apresurara para no llegar conmigo tarde a la iglesia. Jenny respondió gritándole en castellano que estaba casi lista. Cuando finalmente salió de su cuarto, Gloria envolvió a su hija de dos años en un *qipi*, se la puso a la espalda y se colocó el sombrero. Todos estaban listos para partir. Gloria, Jenny, varios de sus hermanos menores y yo fuimos caminando a la iglesia evangélica de Carmen Alto con varias biblias en quechua y español en la mano. Entramos al templo por una escalinata subterránea y Gloria, Jenny y yo nos sentamos en el lado izquierdo del altar, donde estaban las demás mujeres, mientras que los hermanos menores se sentaron solos en el lado derecho, junto con los otros hombres. Cuando llegamos, vimos a varias ancianas vestidas con pollera y manto, sentadas en la primera fila, frente al altar. Ellas ya habían comenzado a entonar cantos bíblicos en quechua y español, y estaban sacudiendo sus panderetas. Gloria, Jenny y yo abrimos nuestras biblias y cantamos con ellas. Toda la congregación sacudió sus panderetas durante más de dos horas, cantando y alabando a Dios en quechua y castellano.

Durante mi investigación en Ayacucho, a menudo vi a familias escuchar música en quechua en la iglesia y en casa. Observé una preferencia musical similar en la ciudad de Arequipa. Seis meses más tarde, un sábado por la noche en Arequipa, Walter Mamani (25 años de edad) buscaba sus canciones favoritas en su computadora, la mayoría de las cuales eran huaynos en quechua. Walter y su esposa Sandra (de 21 años y en ese entonces con ocho meses de embarazo), su hija de dos años, las tres hermanas menores de Walter, sus tías,

---

1. La mayoría de las familias de Ayacucho no tiene computadora. En cada barrio de la ciudad hay más de una docena de cabinas de internet.

tíos y abuelos, estaban todos reunidos en su casa en el distrito arequipeño de Paucarpata, para celebrar el cumpleaños de Sandra. Sus padres no habían asistido a la fiesta porque viven en Estados Unidos, pero llamaron varias veces. Walter quería que hubiese baile, así que buscó algo de su música favorita en su computadora. Todos acabaron bailando en círculo al son de huaynos y chicha, tanto en quechua como en español. Walter y sus tíos no pararon de traer cajas de cerveza, y Sandra sirvió conejo a los invitados. Todos bebieron y bailaron durante toda la noche. Los tíos, tías y abuelos de Walter a menudo se sentaban entre una canción y otra para descansar y conversar entre ellos en quechua y en español. A eso de medianoche, Walter preguntó en español a sus abuelos si ya deseaban regresar a casa, ofreciéndose a llevarlos en su taxi. Los abuelos decidieron quedarse un rato más, de modo que Walter salió en su automóvil para reabastecerse de cerveza.

Las narrativas anteriores muestran dos realidades cotidianas distintas para los jóvenes de primera generación en las ciudades de Ayacucho y Arequipa, respectivamente. Estas familias urbanas tienen economías diferentes, lo cual influye en sus redes sociales y en los espacios que frecuentan. En Carmen Alto, la familia Martínez cría cuyes, ovejas y pollos para consumirlos y los niños tienen que vender cancha los fines de semana. El padre también trabaja en su chacra cosechando quinua y papas para mantener a la familia. Su vida familiar y su situación económica limitan la mayor parte de sus actividades sociales y familiares a su barrio urbano. De otro lado, los jóvenes de la familia Mamani de Arequipa tienen acceso a una más amplia gama de espacios urbanos. Walter adquirió un taxi para trabajar y con fines de transporte, y él y sus hermanas pasan la mayor parte del día estudiando y trabajando en distintas partes de la ciudad. Las hermanas estudian inglés con miras a tener la oportunidad de unirse a sus padres en los Estados Unidos en un futuro cercano. Sin embargo, ninguno de los jóvenes de ambas familias visita las áreas rurales o tiene contacto directo con esos espacios. Estos jóvenes jamás han viajado al pueblo de sus padres; de hecho, solo lo han visto en fotografías y videos.

Aunque la economía familiar de los hermanos Martínez y Mamani es distinta, todos ellos comparten un legado lingüístico y cultural. Ellos conforman la primera generación que ha nacido en la ciudad y hablan un español andino, en tanto que sus padres nacieron en comunidades rurales de la sierra, hablan quechua y tienen un cierto nivel de competencia en español. En ambos casos, padres y abuelos hablan entre ellos tanto en quechua como en español, y muchas veces se dirigen a sus hijos y nietos en quechua. La pregunta entonces es: ¿de qué manera el quechua forma parte de su vida cotidiana? A continuación presentaré a cada familia por separado, haciendo referencia a los espacios, redes sociales y actividades diarias, para así exponer otros dos casos más de formación de una identidad urbana andina.

Carmen Alto, Ayacucho: la familia Martínez

La familia Martínez tiene siete hijos cuya edad oscila entre los dos y los 19 años. Los niños se identifican como "huamanguinos" y hablantes nativos de español. La familia es extremadamente unida. Si no están en la escuela, los niños pasan la mayor parte del tiempo en casa. Raúl, el hermano mayor, es más independiente y pasa el rato en las cabinas de internet y buscando trabajos eventuales, mientras que Jenny, la hermana mayor, lo pasa en su casa ayudando a sus hermanos menores. Jenny y Raúl aspiran a estudiar en la universidad local, para lo cual deberán prepararse varios meses en una academia preuniversitaria a fin de rendir el examen de ingreso.

En este capítulo analizaré las prácticas lingüísticas de los dos hijos mayores: Jenny (de 18 años) y Raúl (de 19). Ambos hablan un dialecto del español andino y dicen comprender el quechua, pero solamente hablan unas cuantas palabras. Sin embargo, tienen un contacto directo diario con esta lengua en su casa, en el barrio, en el mercado y en la iglesia. Jamás discuten el combinar su habla, ni tampoco usan otra lengua, fuera del castellano.

En este capítulo examino ejemplos de su contacto con el quechua a partir de las notas etnográficas de campo y de las grabaciones de audio, según los espacios donde pasaban la mayor parte del tiempo. Sus espacios cotidianos figuran en el cuadro 1, al igual que en el apéndice G (véase en el capítulo 2 el mapa 2). Organicé los espacios comenzando por la chacra (un lugar que no frecuentan pero que forma parte de sus conversaciones), para continuar con la casa, el barrio, la iglesia (a cinco minutos de distancia), el centro de la ciudad de Ayacucho (a diez minutos) e Ica (a seis horas en ómnibus) (véase el cuadro 1 y la imagen 1).

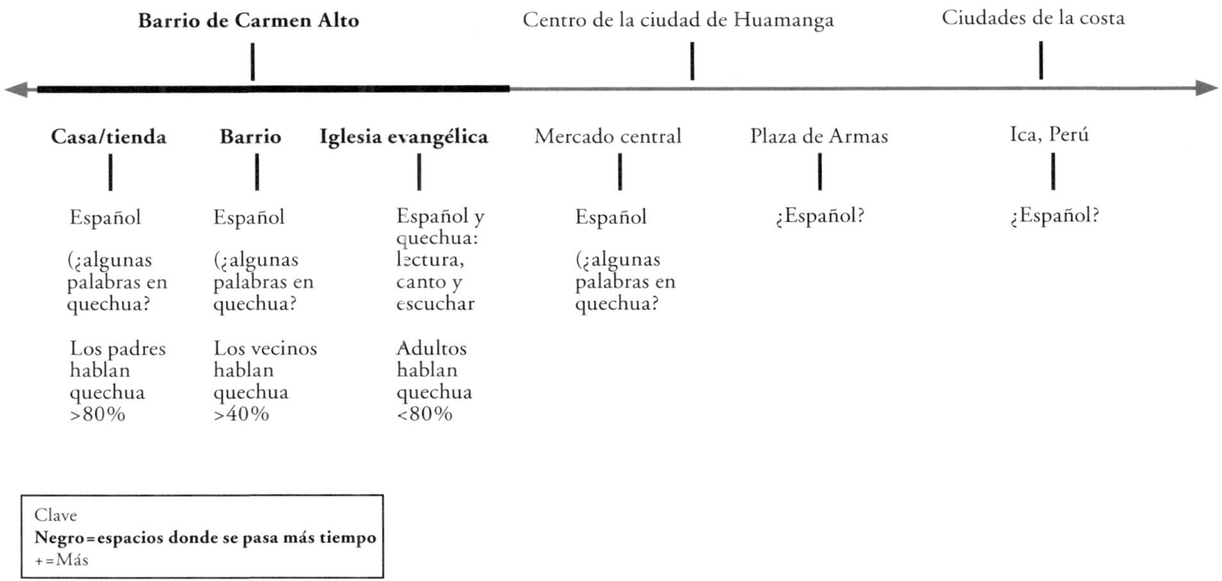

Imagen 1. Los espacios de la Familia Martínez y su opción lingüística en ellos.

Cuadro 1
Los espacios cotidianos de la familia Martínez

Espacios	Miembros de la familia presentes	Frecuencia de las visitas	Duración del tiempo pasado allí	Distancia del hogar	Transporte usual al espacio
Chacra	Madre (Gloria)	1-2 veces al año	-----	4-5 horas	-----
	Padre (Roberto)	La cosecha	4-5 días a la semana	Más de 6 horas	En ómnibus y luego caminando
Casa/tienda	Todos	-----	-----	-----	-----
Barrio • Carmen Alto • Mercado • Mirador	Todos	Todos los días	Hasta el anochecer	Un radio aproximado de 1,5 km alrededor de la casa	Caminata
Iglesia evangélica de Carmen Alto	Jenny, la madre y los hermanos menores (incluida la bebé)	1-3 veces por semana	2-3 horas	5 minutos	Caminata
El centro de Ayacucho	Toda la familia	Varias veces por semana	Un par de horas	10 minutos	En ómnibus y caminando
Ica	Jenny y Raúl	Una visita	Una semana	6 horas	En ómnibus

La chacra

Los hermanos Martínez nunca han viajado al campo. No conocen, por lo tanto, ni siquiera el pueblo natal de sus padres, donde está la chacra. Aun así, esta última forma parte de sus conversaciones cotidianas. Roberto, el padre, pasa cuatro días de la semana en ese lugar durante la temporada de lluvias (de octubre a abril), cultivando y cosechando cereales y papas. Lleva a la ciudad parte de la cosecha para el consumo de la familia y para venderla en la tienda. Gloria, de otro lado, no viaja a su comunidad de origen desde hace años, si bien recibe visitas de sus parientes. En esas ocasiones, las conversaciones con miembros de su familia, tanto jóvenes como ancianos, siempre son en quechua, en lo que yo llamo el "espacio a puertas cerradas" de la casa (véase la sección "La casa/tienda en Carmen Alto"). La chacra forma parte de la vida de los hermanos

Martínez, pero no los define.[2] Los hermanos jamás manifiestan públicamente interés por visitarla o trabajar en ella. Para ellos, la chacra solamente existe en fotografías, videos y relatos. Las actividades cotidianas y la socialización de esta familia tienen lugar en el vecindario y en la casa, donde se encuentra su tienda.

La casa/tienda en Carmen Alto

El hogar de los Martínez se halla en la calle principal de Carmen Alto, a unas cuantas cuadras cerro abajo del mirador. Ahí funciona también la tienda, que se abre todos los días de 8 a. m. a 9 p. m. Todos los integrantes de la familia ayudan a manejar este local, donde se venden productos domésticos, bocadillos, frutas y vegetales. Este espacio tiene también un televisor con DVD, de modo que la familia puede ver películas durante su tiempo libre. La tienda sirve, asimismo, como un espacio de socialización donde clientes, amigos, vecinos y parientes entran para pasar el rato. Visitaba a la familia al menos tres veces por semana, y pasé allí entre una y tres horas cada vez. Estuve todo el tiempo en la tienda porque jamás fui invitada a pasar al resto de la casa. Observé que dicho "espacio a puertas cerradas" incluía la cocina, el baño, un corral para animales pequeños y los dormitorios. En la siguiente sección examinaré el papel del lenguaje en el "espacio a puertas abiertas", conformado por la tienda y la acera delante de la casa, así como en el mencionado "espacio a puertas cerradas" (véase el cuadro 2 y la imagen 2).

El "espacio a puertas abiertas" está abierto la mayor parte del día, por lo que los vecinos, clientes y amigos pueden aparecerse en él a cualquier hora.[3] Yo tomaba un micro o un taxi a su casa y casi siempre la puerta estaba abierta y la familia estaba adentro atendiendo a los clientes. A los amigos, clientes y vecinos siempre se les daba la bienvenida y se les invitaba a sentarse en una banca dentro de la tienda. Los visitantes a menudo también se sentaban afuera de la casa, en una banca o en la acera. Cuando llegaba, usualmente saludaba a todos en la tienda y me sentaba en la banca. Durante mis visitas, Gloria por lo general

---

2. En el pasaje (2) de este capítulo los niños ven un video del pueblo natal de sus padres y lo llaman "su pueblo" en quechua.

3. La familia mantiene la puerta principal abierta desde temprano en la mañana hasta las 8 o 9 p. m.

Cuadro 2
El uso doméstico del lenguaje entre la familia Martínez

Espacios domésticos	Actividad social	Interlocutores	Lengua/s
a) Espacio a "puertas abiertas" Espacio de la tienda de la familia, donde también se pasa el rato	Encuentros como producto del servicio que se ofrece en la tienda y de socialización	Padres a clientes/ vecinos y a sus hijos	Español y quechua
		Jóvenes a clientes/ vecinos	Español
	Socialización (tiempo muerto), con la investigadora presente	Madre y padre	Quechua
		Padres a hijos Padres a la investigadora	Quechua y español
		Jóvenes	Español
b) Espacio a "puertas cerradas"	Conversaciones privadas de la familia	Hermanos a hermanos	¿Español? ¿Algo de quechua?
	Cocina, otras habitaciones	Padres a hijos	¿Quechua y español?

estaba en la tienda con su hija de dos años y Roberto en la chacra. Jenny y Raúl iban y venían de la tienda al "espacio a puertas cerradas". Los demás hermanos pasaban el rato en cualquiera de los espacios o salían a jugar a la calle.

En el "espacio a puertas abiertas" los niños siempre hablaban en español. Sus padres hablaban entre sí sobre todo en quechua, pero podían hablar indistintamente a sus hijos en castellano o en quechua. Observé que los niños tienen un fuerte conocimiento pasivo del quechua, puesto que pueden seguir instrucciones en esa lengua. Sin embargo, sus respuestas en este espacio siempre son en español.

El siguiente ejemplo proviene de una noche en que estábamos pasando el rato en la tienda. Estábamos hablando de las tradiciones del pueblo natal de la madre, cuando ella me contó que tenían un video que un amigo suyo había hecho del lugar. En el pasaje (1) la madre está diciéndole a Jenny que traiga el video para verlo.

Imagen 2

El uso del lenguaje en casa de la familia Martínez

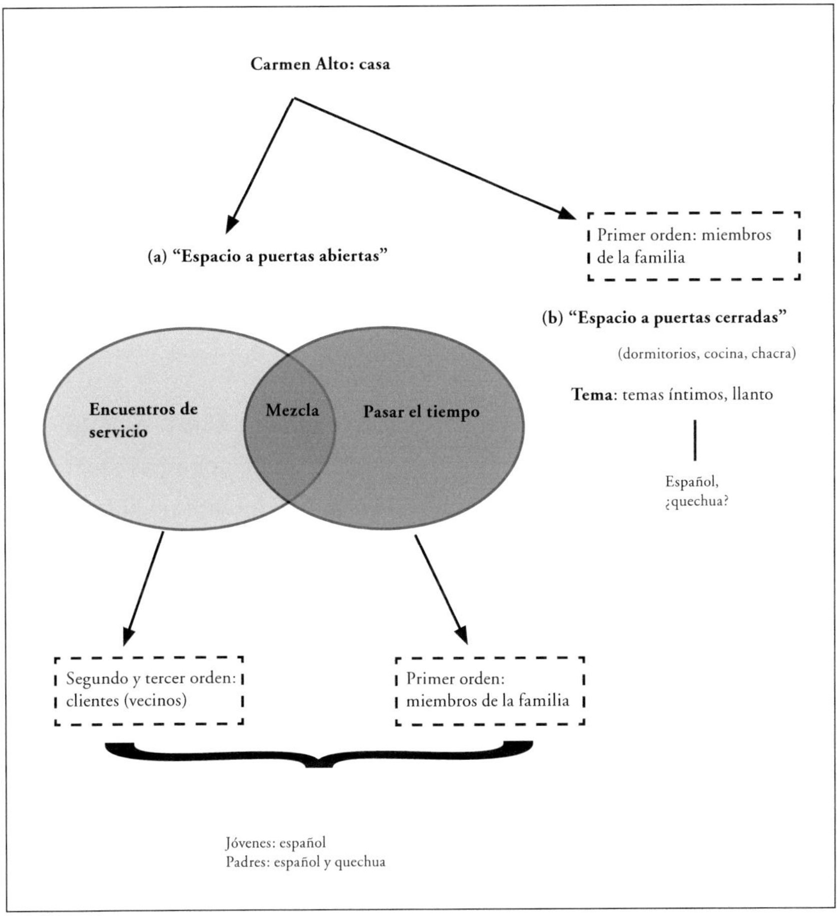

1. Gloria (madre) a Jenny, quechua (10 de enero de 2010) (notas de campo)

1	**Madre:**	**[digiriéndose a Jenny]** *¡Hamu-y!* Venir-2sg.IMP	 *¡Apa-mu-y!* Traer-CIS-2sg.IMP	¡Ven! ¡Trae!

En el pasaje (1), Gloria se dirige a Jenny usando dos comandos en quechua: "*hamu-y*" ("ven") y "*apa-mu-y*" ("tráelo"). Jenny cumple las órdenes de su madre y trae el video a la tienda para que todos lo veamos. Ella y sus hermanos siguen instrucciones en quechua sin ningún problema.

Mientras veíamos el breve video, les hice algunas preguntas en español sobre la fiesta que aparecía en él. Para ese entonces, todos estábamos hablando en español, pero repentinamente Marco, el hermano de ocho años de Jenny, habló en quechua.

2. Marco a todos, quechua (10 de enero de 2010) (notas de campo)

1	**Marco:**	¡*Llaqta-yku*! Pueblo-POS.3pl	¡Nuestro pueblo!
2	**Jenny:**	Sí.	

Resulta interesante examinar el esporádico uso que Marco hizo del quechua. Aunque solamente dijo dos palabras, es evidente que podía distinguir entre las formas posesivas inclusiva y excluyente del quechua. Dijo "nuestro pueblo" usando el sufijo quechua *–yku* (nuestro-excluyente). Si hubiese dicho "*llaqta-nchik*" (pueblo-nuestro inclusivo) usando el sufijo *–nchik* (nuestro inclusivo), habría indicado que todos los que estaban en la habitación, yo inclusive, éramos de allí.

Otro aspecto interesante sobre el uso del lenguaje en la tienda entre los jóvenes surgió durante la visita de un vecino. Mientras veíamos el video de la madre, este joven de veintitantos años pasó por delante de la tienda y se detuvo a verlo. Gloria entonces le dijo en quechua que estaban viendo un video de su pueblo natal. El joven le respondió en español. Esta situación es otro ejemplo de la típica dinámica lingüística entre jóvenes y adultos en los espacios públicos de Carmen Alto y del conocimiento (aun si tal vez solamente pasivo) de la otra lengua.

En el siguiente ejemplo, Roberto, el padre de las hermanas Martínez, está en casa ayudando a sus hijos a contar la mercadería de la tienda en un momento en que no hay clientes. Los hijos más pequeños están jugando y Jenny y Roberto se encuentan en el "espacio a puertas cerradas". En el pasaje (3), Roberto le pide a Jenny que lo ayude en la tienda.

3. Padre a Jenny, quechua y español (00:18:19) (REC 1010)

1	**Padre:**	¿Jenny?	
2	**Jenny:**	¿Qué?	
3	**Padre:**	¡Bin *mamá* *hamu-y*! Ven señorita venir-2sg.IMP	¡Ven, señorita, ven!
4		*Hamu-y* *ratu-lla.* Venir-IMP ratito-DEL	Ven solo un ratito.

En el pasaje (3), Roberto llama a Jenny en quechua y en español. En la línea 1 la llama por su nombre y ella responde en castellano diciendo "qué". En la línea 3 vuelve a llamarla en español diciendo "*bin*" en lugar de "ven".[4] En esa misma línea la llama "*mamá*", 'señorita', un término de cariño en quechua que se usa con la familia y con las amistades (véase el capítulo 3). En esta misma línea repite "ven" con el quechua "*hamu-y*", y luego lo repite una vez más en la línea 4, seguido por "*ratu-lla*", 'ratito', otra palabra mixta quechua. Jenny eventualmente sale del "espacio a puertas cerradas" para hablar con su padre. Este pasaje es un ejemplo típico del habla padre-hija en esta familia.

El espacio que la tienda ocupa en la casa también comprende la acera, donde hay un pequeño carrito repleto de bocadillos y una banca. La bodega tiene anaqueles llenos de productos, un escritorio donde la familia lleva las cuentas y varias bancas donde se sientan los visitantes, clientes y parientes. También hay una cortina que separa este espacio de una pequeña esquina donde hay una cama en la cual ocasionalmente los hermanos duermen la siesta. La familia se beneficia con la cercanía de la casa al mirador, pues muchas personas pasan por ahí en busca de un bocadillo o de una bebida. Los clientes, que son numerosos, son vecinos y amigos de todas las edades. La tienda usualmente está llena hacia el mediodía y en la noche, cuando la gente regresa del trabajo. Vi también que algunos vecinos ancianos quechuahablantes pasan ocasionalmente por ahí pidiéndole a la familia comida o dinero.

Todos los hijos (menos la menor, que tiene dos años) ayudan en la tienda con los clientes. Los niños siempre inician la conversación en español. En raras ocasiones vi que algunos clientes, sobre todo mujeres mayores, pedían artículos

4. "Bin" es un ejemplo de la variedad del español como segunda lengua (español L2), en la cual la /e/ queda reemplazada con la /i/ (véase Cerrón-Palomino 2003).

en quechua, estuviesen o no los padres en la tienda. De estar ahí, Gloria o Roberto los ayudaban, hablando en quechua a la mayoría de los clientes adultos y casi siempre en castellano a los jóvenes y niños. En caso de no estar los padres, eran Jenny y Roberto quienes se ocupaban de los clientes, hablándoles en español. Sin embargo, no es raro que los Martínez se dirijan a sus hijos en quechua mientras atienden a los clientes, y que luego se vuelvan a estos últimos y les hablen en español. En el pasaje (4), Raúl y su padre están organizando la mercadería, mientras que hay clientes dentro y fuera de la tienda.

4. El padre a Raúl, quechua y español (00:11:33) (REC 1010)

1	**Raúl:**	No hay, papá.	
2	**Padre:**	¿Es mi culpa no hay?	
3		¿Cuántos hay, hijo?	
4	**Raúl:**	Esto pes, papá.	
5	**Padre:**	*Kay simi kuru.* Esto boca gusano	Esto, boca de gusano.
6		No hay acá, hija.	
7		*Chay-manta-ña apa-yku-y* Eso-de-SEQ traer-CUR-2sg.IMP *yapa-yku-y* hija* contar-CUR-2sg.IMP hijo	Llénalo desde ahí, cuéntalo, por favor, hijo.
8	**Raúl:**	Tres sublimes.	
9		Tres cincuenta.	

* Este es un ejemplo del castellano L2 de los quechuahablantes, con la asimilación de la "o" final a la que se convierte en una "a" en "hija".

En esta conversación, Raúl habla en español y su padre va y viene del quechua al español. Raúl inicia el diálogo en castellano y su padre le sigue en esta lengua en la línea 3, preguntándole: "¿Cuántos hay, hijo?", refiriéndose a chocolates marca Sublime. Cuando Raúl le responde en la línea 4 en español diciendo "Esto pes, papá", su padre parece enojarse y le responde en quechua. En la línea 5, insulta a su hijo llamándole en quechua "boca de gusano", para luego decir en la línea 6, en español, que no quedan chocolates. El padre entonces le pide a Raúl que vuelva a llenarlo con chocolates y cuente nuevamente (línea 7). En las líneas 8 y 9, Raúl cuenta en voz alta en español cuántos chocolates hay. Él comprende las instrucciones de su padre y cuenta los chocolates, pero su respuesta siempre es en español. Jenny y Raúl pueden participar en las conversaciones en quechua, pero no queda claro si responden en castellano porque prefieren esa lengua o porque no saben contestar en quechua.

En la feria que se organiza en el mirador de Carmen Alto en Semana Santa, la bodega de los Martínez también opera como un lugar donde se sirve comidas y bebidas. Para esas fechas, muchos llegan a Ayacucho desde pueblos lejanos y toman un ómnibus o caminan cerro arriba para visitar el mirador. Las calles se llenan de gente, de vendedores ambulantes y de animales (v. g. llamas y gallinas). El mirador se convierte en una inmensa feria con puestos de comida, juegos y diversas actividades.

La feria tiene lugar en la calle principal de Carmen Alto y en el parque del mirador (véase la imagen 3). Son cientos de personas las que pasan, entonces, por la casa de los Martínez. La familia aprovecha esta oportunidad y convierte su tienda en un pequeño restaurante con unas cuantas mesas con mantel y bancas. Todos sus miembros ayudan cocinando distintos platos ayacuchanos, como el puca picante, el mondongo (un guiso de tripas y mote) y el choclo con queso, que venden a cinco soles cada uno.

Imagen 3. Llamas y algodón dulce en la feria de Carmen Alto (2010, fotografía de la autora).

El día de la feria fui a casa de los Martínez a pasar el tiempo con ellos y comer en su local. Cuando llegué, Jenny estaba armando grandes letreros para anunciar la comida. Ella y Raúl ayudaron a sus padres a prepararla y servirla, y luego dieron la bienvenida a los clientes, diciéndoles en español que se sentaran. Mientras, sus padres seguían cocinando en el "espacio a puertas cerradas". Roberto abrió ligeramente la puerta para preguntarle a Jenny en quechua qué pedidos había. Muchos de los clientes hablaban con la familia en esta lengua, pero la respuesta de los hijos siempre era en español. Solamente pude pasar media hora allí porque la bodega estaba repleta.

Cuando visitaba a los Martínez, siempre me sentaba en la banca de madera. Observé entonces que la familia iba y venía del espacio que había detrás de la puerta cerrada. A ese lugar lo llamo el "espacio a puertas cerradas" y, como ya dije, comprende la cocina, el corral, el baño y los dormitorios. Observé que solamente la familia inmediata y extensa podía llegar ahí. Los vecinos, clientes y amigos jamás cruzaron esa puerta y solamente socializaban en el "espacio a puertas abiertas". El "espacio a puertas cerradas" es, entonces, aquel en donde los parientes visitan a la familia y discuten asuntos privados. En muchas ocasiones vi que Gloria y Roberto recibían a parientes de distinta edad, desde jóvenes hasta ancianos. Siempre conversaban con ellos en quechua en este espacio, con la puerta entreabierta. Sin embargo, también advertí que todas las conversaciones privadas tenían lugar en dicho espacio solo cuando había visitantes o clientes en el "espacio a puertas abiertas". Por ejemplo, en una visita me encontré con el padre manteniendo una conversación en quechua con un pariente en la tienda. Cuando entré ahí a saludar a la familia, el padre y su pariente pasaron al "espacio a puertas cerradas" a proseguir su plática en quechua. Resulta evidente que mientras que la parte de la casa convertida en tienda es un espacio abierto que puede servir para socializar y vender, el "espacio a puertas cerradas" se reserva a la familia y sus asuntos privados. Estos asuntos incluyen el uso de la lengua quechua. Es por lo tanto posible que los investigadores, incluso aquellos que son amigos cercanos, tengan problemas para acceder a este espacio, en donde es posible que la lengua quechua sea más fuerte para toda la familia.[5] Planteo así la hipótesis de que los hijos de la familia Martínez usan más frases en quechua

5. En el capítulo 3, el "espacio a puertas cerradas" también servía a las hermanas Hernández como un lugar para la lengua quechua.

en este espacio. Gugenberger (2005) señala que muchas familias migrantes de Arequipa hablan quechua en espacios cerrados donde otros no pueden escucharles. Ella atribuye este uso sumamente privado del quechua a la discriminación de que es objeto en las esferas públicas de Arequipa. Pero en el caso de Carmen Alto no parecería haber discriminación alguna contra el quechua, pues se trata de un barrio en el cual la mayoría de los adultos y ancianos lo habla en los espacios públicos. Es, empero, posible que la situación esté cambiando para la nueva generación de este lugar.

El distrito de Carmen Alto

Carmen Alto es uno de los distritos más antiguos de Ayacucho (véase la imagen 4). Fue reconocido como tal en la década de 1920, cuando era el barrio de artesanos mestizos (Béjar y Pereyra 2005). Está muy cerca del centro de la ciudad (a diez minutos en bus), y se puede incluso caminar cerro arriba desde la plaza de Armas hasta el mirador. Carmen Alto comprende la alameda, que está a cinco cuadras de la plaza y del mercado central de Ayacucho, y se extiende cuesta arriba hasta donde se halla el mirador. El barrio está rodeado de asentamientos humanos levantados a lo largo de las últimas décadas.

Imagen 4. La calle principal del distrito de Carmen Alto (2010, fotografía de la autora).

Hoy en día, muchos de los residentes de Carmen Alto son campesinos del distrito de Chiara, provincia de Huamanga, que tienen una casa allí y viajan constantemente a su chacra. Según Chirinos, el 63% de la población de Carmen Alto habla quechua como primera lengua (2001: 71, 74). En el uso de esta lengua hay, sin embargo, una brecha generacional. En el barrio es bastante común escuchar a los adultos y ancianos hablar entre ellos en quechua. Ocasionalmente oí a adultos que hablaban a sus hijos en esa lengua, pero los niños siempre respondían en español. Nunca escuché a los niños o jóvenes hablar entre ellos en quechua. Hay también una brecha generacional en el atuendo. Las mujeres mayores del barrio usan polleras, en tanto que los niños y los jóvenes visten *jeans* o faldas y pantalón de buzo. Además de la vestimenta, otras tradiciones campesinas permanecen en Carmen Alto. Es común que las familias críen animales dentro y fuera de su casa, y muchas mujeres y niños pastorean sus ovejas por el vecindario.

Carmen Alto ha experimentado numerosos cambios desde el fin del conflicto armado interno vivido por el Perú entre 1980 y 2000. Ahora es una zona tranquila, aunque desde comienzos del siglo XXI se han reportado actividades de pandillas juveniles formadas por hijos de campesinos (Strocka 2008). En los últimos años han proliferado los negocios pequeños, los recreos, las cabinas de internet y las pollerías. Carmen Alto es, asimismo, sede de dos reconocidas organizaciones sin fines de lucro extranjeras que brindan asistencia a niños pequeños. Estas organizaciones invitan a voluntarios extranjeros a ayudar a los niños y, por ello, es común ver a europeos caminando por ahí.

Para todos los jóvenes de la familia Martínez, este barrio es su principal espacio social. De día, Jenny y Raúl pasan el tiempo en las cabinas de internet o en el mercado de Carmen Alto, a pocas cuadras de su casa. Aunque no tuve la oportunidad de acompañarles a este mercado —donde observé que el quechua es fuerte—, planteo la hipótesis de que hablan a las vendedoras en español basándome en lo que presencié en la tienda de la familia, donde los clientes a veces les hablaban en quechua pero ellos siempre respondían en castellano.

La familia Martínez sabe que muchos de sus vecinos solamente hablan quechua. Hay, por ejemplo, una mujer de noventa y tantos años que se sienta al otro lado de la calle, frente a la tienda, y vende cancha. Esta anciana viste la misma ropa todos los días, una larga pollera rosada y un gran sombrero. Yo me acercaba a menudo y le hablaba en quechua porque ella no hablaba nada de español. Pregunté a los Martínez sobre esta mujer y me dijeron que era una "paisana", indicando así que sus antecedentes eran similares a los suyos.

Otro espacio importante del barrio es la zona del mirador (con estatuas religiosas), que incluye un pequeño parque y el museo de Carmen Alto. La familia Martínez a menudo sube ahí a jugar, socializar y pasar el rato. Los domingos, la madre y sus hijos llevan también un carrito y venden bocadillos, frutas, caramelos y cancha. Visité a la familia tres veces en el mirador. En una ocasión, jugando con ella a señalar todas las frutas y verduras que ofrecía, señalé una de las frutas y todos me dijeron su nombre en quechua. En el mirador, los adultos hablan en quechua y español, mientras que los niños y los jóvenes solo hablan español.

La alameda de Carmen Alto

La alameda de Carmen Alto se encuentra a unos cinco minutos cerro abajo de la casa de los Martínez, muy cerca del mercado central y de la plaza de Armas. Consta de un largo sendero con muchas iglesias, casas y bodegas y de un parque con bancas. La familia Martínez pasa poco tiempo en esta zona, pero suele cruzar el parque para llegar a la plaza de Armas.

Invitada por Gloria, en noviembre de 2009 asistí a la alameda con los Martínez a una feria auspiciada por Finca Perú,[6] la organización que brinda a la familia el crédito con el que opera su tienda. Se trataba de un gran evento con payasos, juegos y otras actividades para promover su programa de créditos financieros. En la entrada, un gran letrero anunciaba en quechua: "*Fincawan negociuyki wiñanqa*", "Con Finca tu negocio crecerá" (véase la imagen 5). Finca Perú lleva a cabo sus reuniones tanto en español como en quechua, pues la mayoría de sus clientes son quechuahablantes. La feria buscaba captar más clientela.

El evento comenzó a eso de las 11 a. m. y continuó toda la tarde. Había muchos puestos de comida y de información. Me reuní con los Martínez ahí y estuve con ellos varias horas. Toda la familia asistió, salvo Roberto, que se encontraba en la chacra. Gloria trabajó en él, ocupándose del puesto de pollo

6. Para mayor información sobre su programación y actividades, consúltese la página web de Finca Perú: <www.fincaperu.net>.

Imagen 5. Afiche de FINCA PERÚ (2009, fotografía de la autora)

a la brasa, lo que incluía vender a los asistentes boletos para que consumieran ese plato. Esperé sentada en el césped con todos los hijos, mientras la madre armaba el puesto de comida. Los niños y yo vimos actuar a los payasos y otros actos musicales. Los miembros de la familia extensa de Gloria también acudieron a la feria. Ahí conocí a su sobrina de 18 años y a sus dos hijos pequeños, que viven en un asentamiento humano cercano. La sobrina vestía pollera y sombrero, lo que contrastaba marcadamente con la ropa de Jenny y Raúl. En este espacio observé que las conversaciones entre los parientes, y entre la madre y sus clientes en la pollería, eran siempre en español. Deduje que Gloria le hablaría a su sobrina en quechua, porque se trata de un miembro de la familia, vive cerca de un área rural y viste pollera, pero sus pláticas con ella también fueron en español. Es posible que el hecho de que la alameda se encuentre tan cerca del centro haga que se lo considere un espacio para ese idioma. A pesar de eso, Finca Perú se promovió en los alrededores de la alameda con letreros tanto en quechua como en castellano.

La iglesia evangélica de Carmen Alto

En Carmen Alto hay varias iglesias católicas y un solo templo evangélico, ubicado en un espacio subterráneo. Con un total de 23.454 miembros, los evangélicos constituyen la segunda afiliación religiosa en la provincia de Huamanga después de los católicos, que cuentan con 132.406 miembros (de un total de 161.394 personas encuestadas; INEI 2007a).

Gloria forma parte de la iglesia evangélica desde hace 20 años. Su fe constituye una parte importante de la vida de los Martínez. La familia acude a la iglesia del distrito todos los domingos, y a veces a los servicios más breves en el transcurso de la semana. La iglesia es un espacio sumamente importante para que la familia lea y cante en quechua. En mis visitas a su hogar, los padres me mostraron sus distintos libros de canto en esa lengua. En casa, la familia también escucha con regularidad música religiosa en quechua.

Después de varios meses de visitar a la familia, le dije a la madre que me interesaba aprender más sobre el quechua en su iglesia. Gloria se mostró sumamente emocionada de enseñarme sus biblias y la música religiosa en su idioma, y me invitó a unirme a ella y sus hijos en el siguiente servicio. En dos ocasiones acompañé a Jenny, su madre y hermanos a la iglesia por más de tres horas. La primera vez escuché un breve sermón la noche de un miércoles.

Llegué a casa de los Martínez una hora antes del servicio y me encontré con que el pastor estaba visitando a la familia y hablando en quechua de asuntos religiosos con los padres. Estos últimos le explicaron que deseaba asistir al servicio y que estaba aprendiendo quechua. Conversé con el pastor, quien me dio más información sobre la iglesia. Me dijo con orgullo que daba sermones tanto en quechua como en español para que los 40 miembros de la iglesia pudieran participar plenamente. El pastor usa biblias en cada uno de estos idiomas, porque descubrió que algunas mujeres mayores pueden leer en español pero no en quechua. Después de esta conversación, me invitó a la iglesia. A las 7 p. m. acompañé a Gloria, Jenny, dos de sus hermanos menores y la bebé al templo. Caminamos unas cuantas cuadras cerro abajo usando linternas para ver en la oscuridad, porque en las calles no hay alumbrado público. Llegamos a la iglesia y bajamos por las escaleras a un sótano, donde encontramos a la pequeña congregación cantando.

Nos sentamos al lado izquierdo del templo, donde estaban todas las mujeres. La mayoría de los asistentes eran mujeres y en dos filas había ancianas vestidas con pollera. El resto de la congregación estaba conformado por jóvenes madres con sus hijos pequeños. No había ningún adolescente, excepto por Jenny. Todos llevaban sus propias biblias y libros de canto. Me senté junto a Jenny y compartimos su biblia. Comenzamos leyendo con la congregación y repitiendo versículos del Nuevo Testamento en español. El pastor leyó entonces otros versículos en quechua. Observé que Jenny los entendía, pues en ciertos momentos asentía con la cabeza. Al final del sermón, el pastor dio inicio a la oración en silencio. Las madres y las ancianas rezaban sin hacer ruido, pero susurrando algunas palabras en quechua. En ese momento, las mujeres comenzaron a llorar ruidosamente. Jenny y los niños pequeños estaban callados. Durante este servicio llegó un pastor invitado, quien leyó a la congregación cartas en quechua comentando ciertos asuntos en Estados Unidos y el huracán en Haití, y criticando la celebración de los carnavales en Ayacucho. Este servicio se extendió hasta las 9 p. m., y al acabar, todos se pusieron de pie y se dieron la mano.

La segunda vez que visité la iglesia fue un domingo por la mañana, durante el servicio extenso usual que, según se me había dicho, era el sermón "más festivo" de la semana. En esta oportunidad, tres de los hermanos pequeños se unieron a su madre, a Jenny y a su hermana de dos años de edad. Nos reunimos todos en su casa y caminamos hacia la iglesia a las 10 a. m. Al llegar, nos sentamos en nuestros lados respectivos del templo. Esta vez un muchacho nos dio fotocopias de los cantos en español. Después de iniciado el servicio, la madre anunció a la congregación que yo era una visitante. El pastor me pidió entonces que me pusiera de pie y que me presentara en quechua. El sermón duró dos horas e incluyó cantos y lecturas de la Biblia. Jenny y su familia participaron en todo momento, cantando en español y en quechua.

Al finalizar el sermón, todos salieron del templo y uno de los miembros de la iglesia preparó sándwiches de palta para vendérselos a los demás. Se trataba de una anciana dominante en quechua que usaba pollera. Todos conversaban con ella y todos, también, le compramos. Yo adquirí un par de sándwiches más para Gloria y sus hijos. Esta última hablaba con los miembros de la iglesia en quechua y con sus hijos en español. Aunque los hermanos Martínez hablaban entre ellos y con su madre en castellano, Raúl repentinamente miró la canasta de sándwiches de la mujer y habló con su madre en quechua:

5. Raúl a su madre en quechua (4 de abril de 2010) (notas de campo)

1	**Raúl:**	Ñuqa-wan. Yo-con	Conmigo.

Parecería que en el pasaje (5), Raúl deseaba captar la atención de su madre preguntándole en quechua si podía comer otro sándwich. Si bien este es el único ejemplo en el que él habla en quechua a su madre en la iglesia, es posible que use esta lengua con ella en ciertas ocasiones. Sin embargo, su conocimiento y uso del idioma tal vez se encuentra limitado a ciertas palabras y expresiones breves, como la que aparece en este pasaje.

La iglesia evangélica es un espacio importante para el uso del quechua entre los jóvenes. Jenny asiste a ella con regularidad y este es un lugar significativo para la comunidad. Lo interesante es que a Jenny jamás se le enseñó a leer la Biblia en quechua, pero aparentemente puede leer y cantar con ese libro. Tampoco sabe leer quechua fuera de la iglesia. Este es un hallazgo común en los Andes peruanos. En el pueblo de Umaca, en Andahuaylas, Zavala examinó las prácticas de alfabetización seguidas por las familias quechuahablantes en casa y en la iglesia evangélica. Descubrió así que estas familias preferían leer la Biblia en español como una forma de practicar esta lengua en casa, pero que consultaban la versión en quechua para buscar las palabras que no conocían (Zavala 2002: 183). Esta autor también menciona que los quechuahablantes tal vez consideran que leer la Biblia forma parte de una *performance*, puesto que se hace en voz alta durante el sermón. Podrían, por ende, leer los sermones en quechua pero no leer en esa lengua en otros contextos (2002: 184). Sostengo que la iglesia sirve como una *comunidad de práctica* —"un colectivo de personas que se reúnen en torno a un proyecto en particular" (Eckert 2000: 35)— para el uso de la lengua quechua.[7] Aunque Jenny y Raúl no leen ni cantan en quechua en ningún otro

7. Un ejemplo del uso de la lengua indígena en una comunidad de habla y *de práctica* específica proviene del estudio que Zavala y Bariola (2008) hicieron de los migrantes shipibos bilingües (castellano/shipibo) en Lima. Los autores señalan que en esta ciudad, las mujeres shipibas se han ganado un papel activo en la comunidad gracias a su participación en las reuniones comunales de su etnia. En el transcurso de estas reuniones, las mujeres muestran estrategias discursivas en las cuales hacen un gran uso de su lengua, junto con ciertas estrategias discursivas y préstamos lexicales del shipibo.

espacio o actividad, esta lengua constituye una parte sumamente importante de su vida en la iglesia.

Afuera de Carmen Alto

Mientras que Roberto va y viene de la chacra, el resto de los Martínez pasa la mayor parte de su tiempo en Carmen Alto. Los miembros de la familia también se dirigen ocasionalmente al centro de la ciudad, al mercado principal o a cumplir ciertas tareas. El primer viaje que Jenny y Raúl hicieron fuera de Ayacucho tuvo lugar en 2010, cuando hubo la oportunidad de conocer Ica. Describiré ahora estos dos espacios.

Mientras llevaba a cabo mi investigación, me topé a veces con Gloria y sus hijos caminando cerca del mercado central o en el centro, haciendo algunos recados. Jenny y Raúl rara vez acompañan a su madre al centro porque normalmente deben quedarse en casa para ocuparse de la tienda.

Una excepción tuvo lugar un viernes por la noche, cuando invité a Jenny al centro para ponernos al día. Me interesaba saber cómo había sido su primer viaje, en el que había conocido Ica. Mientras estuvo fuera, me llamó numerosas veces desde su celular. Jenny estaba emocionada de salir conmigo y de contarme su experiencia. La recogí a las 4 p. m. Cuando llegué a su casa, llevaba dos trenzas y vestía un pantalón de buzo. Se cambió rápidamente, se puso *jeans* y se recogió el pelo en una colita.[8] Tomamos un micro a la plaza y encontramos un café donde comer y tomar té, y donde conversamos horas sobre su viaje a Ica. Jenny me contó que era la primera vez que entraba a un café en la plaza. Luego caminamos de arriba abajo por las calles, conversando y relajándonos. Fuimos en dirección a la alameda de Carmen Alto, pero luego decidimos entrar al mercado central. Ahí escuchamos a muchos jóvenes y vendedoras hablando en quechua. Mientras caminábamos por el mercado, pasamos a dos adolescentes que también hablaban en esa lengua.

---

8. Solamente en esta visita vi un cambio en el estilo de peinado de Jenny. Resulta interesante que se haya destrenzado el pelo intencionalmente para ir a la plaza de Armas. Llevar trenzas parece estar asociado con tradiciones no urbanas. Observé también que en Ayacucho eran pocas las jóvenes que llevaban los cabellos recogidos en trenzas.

En el pasaje (6) presento lo que Jenny repitió al azar y en voz alta después de pasar a las muchachas.

6. Jenny, repetición en quechua en el mercado (4 de mayo de 2010) (notas de campo)

1	**Jenny:**	*¿Maypi* Dónde	*ka-chka-n?* estar-PROG-3sg.	¿Dónde está?

En los mercados andinos es sumamente común escuchar a la gente hablar en quechua; son considerados un espacio para esta lengua (Weismantel 2001, Seligmann 2004). Jenny forma parte del mundo quechua e hispano, pero en el mercado solamente participa como oyente del quechua. Ella dice jamás usar el quechua en ese lugar porque no sabe hablarlo. El ejemplo anterior muestra que puede repetir frases en esa lengua, tal como lo hace en la iglesia, aunque tal vez no sea capaz de armar sus propias oraciones. A pesar de que no tengo ningún otro ejemplo de Jenny repitiendo algo en quechua, en la siguiente sección comentaré un caso en el que me habla en ese idioma por teléfono.

El mercado de Ayacucho ofrece una amplia variedad de comida, además de artesanía, artefactos eléctricos, productos domésticos y ropa. Camino a ese lugar, pasamos por un puesto de polleras. Le pregunté a Jenny si le gustaba esa prenda, porque a diferencia de su madre (que la usa todos los días), jamás le había visto llevar una. Jenny respondió enfáticamente en español que "ni hablar". Aquí nuevamente observamos un cambio generacional en la vestimenta. Jenny tiene una actitud negativa hacia esa prenda, parecida a la de las hermanas Hernández cuando, comentando que su madre usaba también polleras, dijeron que era una forma "campesina" de vestir (véase el capítulo 3). Diversos estudios han analizado los cambios en el atuendo de una generación a otra, especialmente en los centros urbanos andinos (*cf.* Reynaga 1996, Guaygua et ál. 2000, Ødegaard 2010).

Como ya mencionamos, en abril de 2010, Jenny y Raúl viajaron por vez primera fuera de Ayacucho a la ciudad costera de Ica, a seis horas de viaje en ómnibus, para visitar a unos primos. Su padre ahorró dinero para el viaje, emocionado de que sus hijos conocieran el océano Pacífico. No iba a dejar que su hija viajara sola, de modo que Raúl la acompañó. Durante el camino, Jenny me llamó varias veces para contarme sus primeras impresiones. Me dijo que deseaba quedarse más tiempo en Ica y que ya estaba pensando en su siguiente viaje, que definitivamente sería a Lima. Pero si bien a Jenny y Raúl les emocionaba viajar, la idea de visitar grandes ciudades, como la capital, les generaba ansiedad. La madre de Jenny únicamente la dejará ir a Lima cuando sea mayor y solo acompañada de algún miembro de su iglesia. Sin embargo, la realidad socioeconómica de Jenny y Raúl impide que sus actividades se desarrollen más alla de su casa y de su barrio.

Conversaciones por teléfono celular

Para las familias de Ayacucho, el teléfono celular es un medio importante para comunicarse. Jenny, Raúl y sus padres tienen todos sus propios celulares. No escuché muchas conversaciones telefónicas entre ellos, porque la familia usualmente está junta y no se llaman con frecuencia. Asimismo, Jenny y Raúl siempre respondieron en español cuando el celular sonó, mientras que sus padres pasaban del español al quechua con sus parientes y amigos.

Aunque en la mayoría de los espacios y prácticas lingüísticas Jenny y Raúl solo hablan en español, y siempre responden en esta lengua cuando se les habla en quechua, planteo una vez más la hipótesis de que es posible que sepan y hablen más quechua de lo que quieren admitir. Mi suposición proviene de una llamada por celular que recibí de Jenny después de partir a Arequipa en julio de 2010. Ella me llamó una noche para transmitirme los saludos de su familia. Primero me conversó en español, pero después comenzó a hablarme en quechua usando oraciones largas para rogarme que regresara y que fuera a visitarla (notas de campo, 5 de julio de 2010). No queda claro si sus padres le dijeron lo que decir, pero esa llamada sugiere que es posible que sepa más quechua que lo que admite saber.

Conclusiones

Jenny y Raúl viven en la comunidad sumamente unida de Carmen Alto y tienen escasas oportunidades de viajar. Al ser los hermanos mayores, tienen la gran responsabilidad de cuidar a los menores y de ayudar a sus padres con la tienda. A diferencia del padre que todavía se encuentra ligado a la chacra, las actividades cotidianas de los hijos solo giran en torno a los espacios urbanos. El factor más importante en el uso del lenguaje parecería ser el acceso que los jóvenes tienen a los ámbitos urbanos, más relacionados con el español que con el quechua, y el tiempo que pasan en ellos. Encontramos otra situación lingüística en Arequipa, la segunda ciudad más grande del Perú.

Arequipa: la familia Mamani

La familia Mamani vive en Miguel Grau, un asentamiento humano ubicado en el distrito de Paucarpata, en la ciudad de Arequipa. Paucarpata es uno de los 28 distritos de la ciudad y Miguel Grau es uno de los muchos pueblos jóvenes o llamados asentamientos humanos que existen en él (véase la imagen 6). En 2005, el distrito de Paucarpata contaba con una población de 125.255 habitantes (INEI 2005). La mayoría de los residentes de sus asentamientos humanos proviene del departamento de Puno. Miguel Grau cuenta con todos los servicios básicos (electricidad, agua y alcantarillado) y sus calles están pavimentadas. Los ómnibus de la ciudad recorren todo el asentamiento humano, incluso avanzada la noche. En este barrio hay muchas casas grandes de dos y tres pisos, y son numerosas las familias que usan la habitación de entrada en el primer piso como tienda (el supermercado más cercano está a unos 15 minutos de distancia en bus).

Walter Mamani (25 años de edad) vive con su esposa, su hija (de dos años), sus hermanas (de 14, 18 y 23 años) y el marido y la hija de cuatro años de su hermana mayor en la casa de dos pisos que su familia levantó en los últimos años. Walter se casó hace varios años con Sandra, una exanunciadora radial de Moquegua, Perú y la madre de su hija. Cuando conocí a Sandra, estaba esperando su segundo hijo; tenía ocho meses de embarazo. Walter pasa la mayor parte del día trabajando en un taller de soldadura y también asiste a clases de formación vocacional técnica y de inglés. Su esposa no trabaja, así que se queda sobre todo en casa, cuidando de su hija.

Los padres de Walter viven en Nueva York hace cuatro años. La madre trabaja en un restaurante y el padre en construcción. Los hermanos Mamani solían vivir con ellos en una vivienda de una sola habitación, pero ahora lo hacen en otra de dos pisos que construyeron con el apoyo de sus padres, que envían con regularidad dinero y otros regalos de Estados Unidos. Todos los hermanos han viajado a Lima con sus padres, y también lo han hecho por los departamentos de Arequipa y Moquegua. Su siguiente destino es Estados Unidos.

Walter tiene seis tías y tíos, varios primos y abuelos maternos y paternos que viven en distintas zonas del distrito de Paucarpata. Sus abuelos y su tía Luisa viven juntos a unas cuantas cuadras de su casa, en otro asentamiento humano llamado Ciudad Blanca, a solo cinco minutos de Miguel Grau. Sus padres, tíos y abuelos son todos migrantes, originarios de distintos pueblos de Puno (a cinco horas en ómnibus de Arequipa).[9]

Imagen 6. Paucarpata, Arequipa (2010, fotografía de la autora).

Luisa, la tía de Walter que vive en Ciudad Blanca, pasa gran parte del día en casa de su sobrino, ayudándolo a él y a sus hermanas a cocinar y lavar. Su madre (la abuela de Walter) frecuentemente la acompaña.

Los abuelos de Walter eran campesinos en Puno y su lengua nativa es el quechua. Su abuelo dice hablar bastante bien español; su abuela solo lo entiende. Los padres, tías y tíos de Walter hablan ambas lenguas. Hay una brecha en el conocimiento de la lengua quechua entre la generación de los padres y la que nació en la ciudad de Arequipa. En la familia Mamani, los jóvenes

9. Walter explicó que es posible que gente de Puno se haya mudado a Paucarpata debido a que se encuentra cerca de la carretera que conduce a la región.

solamente hablan y conocen unas cuantas palabras en quechua. A diferencia de los hermanos Martínez, Walter y sus hermanas rara vez entienden a sus padres, tíos y abuelos cuando hablan en ese idioma, por lo cual esos miembros de la familia solamente se dirigen a ellos en español. Esta familia no tiene ya conexión alguna con las áreas rurales y, como veremos más adelante, los abuelos dicen no tener ningún deseo de regresar a Puno.[10]

En esta sección presento ejemplos de comprensión del quechua, tal como quedaron grabados en los diálogos de los jóvenes de primera generación con sus abuelos, así como en preguntas con la investigadora. A pesar de escucharlo todos los días, estos jóvenes cuentan con una capacidad de producción limitada en quechua. De hecho, durante ciertas reuniones familiares, Walter y sus hermanas quedaban excluidos de muchas de las conversaciones en esa lengua. La imagen 7 que aparece a continuación muestra los espacios de la familia Mamani.

El uso del lenguaje en el espacio doméstico

La mayoría de mis observaciones de la familia Mamani tuvieron lugar en su casa o en la de su tía Luisa, ambas ubicadas en el distrito de Paucarpata. Para llegar, tomaba un taxi o un bus desde mi casa, que estaba a 15 minutos de distancia. En otras ocasiones, Walter me recogía en su propio taxi. La casa de Walter tiene muchas habitaciones, la mayor parte sin amoblar, y en ella se llevan a cabo distintas reuniones familiares. Su dormitorio sirve también como sala de estar: tiene un gran televisor, DVD y altoparlantes. Pasé la mayor parte del tiempo ahí sentada en su cama con su esposa e hija, viendo televisión, comiendo bocadillos y conversando. El resto de la familia también suele estar en esta habitación viendo la pantalla chica. En el cuadro 3 describo las distintas actividades sociales que observé en la casa.

Las tías, tíos y abuelos de Walter pasan la mayor parte del día en la casa de Walter, por lo que ahí uno escucha a menudo quechua. Aunque jamás oí a Walter o sus hermanas hablar quechua con esos miembros de la familia, escuché unas cuantas veces a Walter decirle a su abuela un par de palabras sueltas

10. Walter tiene unos cuantos parientes lejanos en Puno, pero no tiene vínculos estrechos con ellos.

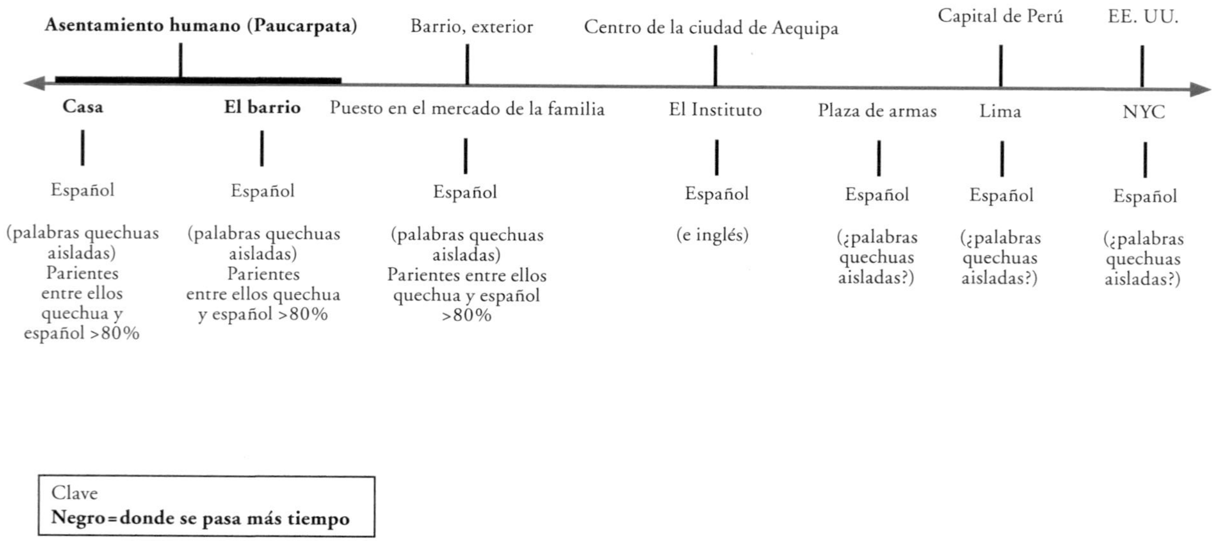

Imagen 7. Los espacios de la familia Mamani y el uso lingüístico.

Cuadro 3

ACTIVIDADES SOCIALES DESARROLLADAS EN LA CASA

ACTIVIDADES	INTERLOCUTORES	LENGUA/S
a) Pasar el tiempo	Hermanos Mamani	Español y unas cuantas palabras en quechua
		Quechua y español
		Quechua
b) Eventos familiares • Velorio del bebé • Fiesta de cumpleaños • Fiesta de la investigadora	Hermanos Mamani	Español y unas cuantas palabras en quechua
	Tías y tíos	Quechua y español
	Abuelos	Quechua y algo de español

en esa lengua. En esta sección presento varios ejemplos. En el pasaje 7, Walter está llevando a su abuela de vuelta a casa en su taxi y le dice que han llegado.

7. Walter a la abuela, quechua (01:28:17) (REC 34)

1	**Walter:**	**[digiriéndose a su abuela]** ¡*Hamu-y*! Venir -2sg.IMP	¡Ven!

Con sus abuelos, Walter usa ocasionalmente expresiones de una sola palabra tales como "*hamu-y*", "ven". En el pasaje (7), su abuela estaba profundamente dormida en el asiento trasero del carro y era muy avanzada la noche. Como quería despertarla para que saliera del auto, usó su limitado conocimiento del quechua para captar mejor su atención.

Walter tiene una comprensión sumamente escasa del quechua y no entiende a sus abuelos cuando estos lo hablan. En el siguiente ejemplo me hallaba en su casa sentada en la cama, pasando el tiempo con sus hermanas y abuelos. El abuelo de Walter me estaba contando de su vida en Puno en quechua. Walter entró a la habitación y se sentó a escuchar.

8. Investigadora a Walter, quechua (00:27:13) (REC 37)

1	**Investigadora:**	*¿Entendi-nki-chu* Entender-2sg.-Q	*icha* o	*mana-chu?* no-Q	¿Entiendes?
2	**Walter:**	*Mana.*			No.

En el pasaje (8), vemos que Walter comprende la pregunta que hice en quechua.[11] Su respuesta en la misma lengua fue "*mana*".

Seguí hablando con el abuelo de Walter durante al menos una hora acerca de su infancia en Puno. Walter entraba y salía del dormitorio a escucharnos y a servir comida. En el pasaje (9) le volví a preguntar en quechua si entendía nuestra conversación.

9. Investigadora a Walter, quechua (00:31:40) (REC 37)

1	**Investigadora:**	*¿Entendi-nki-chu?* Entender-2sg.-Q		¿Entiendes?
2	**Walter:**	*Mana-m* No-AF	*entendi-nki-chu.* entender-2sg.-NEG	No entiendes.
3	**Investigadora:**	*Rima-n.* Hablar-3sg.		La habla.

En el pasaje (9), le pregunté a Walter si entendía nuestra conversación repitiendo la misma pregunta, "¿entiendes?". Volvió a responder diciendo que no, pero esta vez usó "*mana-m*", "no-AF", en lugar de "*mana*", "no". A continuación repitió en quechua la pregunta que le hice, "entiendes". En lugar de responder "no, no entiendo", repitió más bien la misma pregunta. Resulta interesante que Walter distinga en su habla entre "*mana-m*" y "*mana*". Además, cuando dijo "*mana-m*", le agregó el sufijo negativo quechua *–chu* a "*entendi-nki-chu*", lo que indica una pregunta o un verbo negativo. Parecería que Walter ha captado cierta información gramatical sobre el quechua

11. La palabra "*entendi-nki-chu*" (entiendes-2sg.Q) es un préstamo del español "entender". En un diccionario quechua encontramos para Puno la entrada "*intindy*" por "entender" (véase Cusihuaman 2001: 165).

simplemente escuchando a su familia, pero que su habla no ha adquirido precisión gramatical.

Después de varios meses de pasar el tiempo con Walter y su familia, entendí que existía una gran brecha lingüística entre su generación y la de sus padres. Le hice algunas preguntas sobre su interés por el quechua y sobre cómo era crecer escuchando esta lengua.

10. Walter e investigadora, español (00:5:10) (REC 46)

1	**Walter:**	Ellos estaban conversando algo en quechua.
2		No le entendíamos.
3		Se reían.
4		Renegaban.
5		Lloraban.
6	**Investigadora:**	¿Y después a ustedes...?
7		¿Cambian?
8	**Walter:**	En castellano.
9	**Investigadora:**	Ah, ya.
10		¿No querían enseñarles quechua?
11	**Walter:**	No querían o de repente porque la gente acá...
12		Ya que...
13		Sí, yo siempre quería aprender.
14	**Investigadora:**	Sí.
15	**Walter:**	Una porque a mí, como le digo, me gustaba la música ayacuchana.
16	**Investigadora:**	Sí, sí, sí, me dijiste.
17	**Walter:**	Más antes la música ayacuchana cantaban en quechua.
18		No sabía, claro.
19		No sé grabarlas.
20		Pero no sabía qué decían.

Walter es consciente del hecho de que sus padres jamás le hablaron en quechua y admite que siempre deseó aprender a hablarlo. Sin embargo, en la línea 11 parecería que está a punto de decir algo sobre no haberlo aprendido debido a la gente de Arequipa: "porque la gente de acá". No obstante, cambió rápidamente de conversación para hablar de su música favorita en quechua en la línea 15. Gugenberger halló una reacción similar entre los migrantes quechuahablantes en Arequipa: "El individuo niega la existencia del conflicto o intenta esquivarlo, eludiendo cualquier situación que comporte el antagonismo y afirmando su afiliación indistinta, pero incondicional, a los dos grupos culturales o sociales antagónicos" (2005: 195). Walter muestra estas opiniones contradictorias al insinuar que los conflictos raciales y sociales en Arequipa tienen la culpa de que sus padres no le hayan hablado en quechua. Sin embargo, rápidamente evita este tema pasando a decir que siempre ha querido aprender esa lengua, puesto que él realmente goza de la música tradicional quechua.

Varios estudios indican que hay una población cada vez mayor de jóvenes urbanos que solo conocen unas cuantas palabras en quechua, en tanto que sus padres hablan esta lengua en casa o son quechuahablantes. Sánchez (2003) presenta información recogida en encuestas sobre el uso del lenguaje en San Juan de Miraflores (Lima), en donde se ve que el quechua está profundamente estigmatizado en los ámbitos públicos. Los niños de ese distrito limeño solamente conocen unas cuantas palabras y expresiones aisladas en quechua, aunque muchos de ellos tienen padres o apoderados que hablan tanto español como quechua. Esta parece ser una tendencia general entre los jóvenes en Lima. Sin embargo, Arequipa es un caso más complicado, pues los jóvenes tienen un papel activo al escuchar música en quechua, estudiar esta lengua y conservar tradiciones provenientes de Puno. A continuación examinaré la perspectiva que padres y abuelos tienen del quechua.

La perspectiva de padres y abuelos

Los padres de Walter llaman con regularidad desde los Estados Unidos y tienen largas conversaciones con sus hijos con el teléfono manos libres. Todas las pláticas con Walter y sus hermanas tienen lugar en español, pero cuando las tías, tíos o abuelos están presentes, los padres alternan el quechua con el español. Estuve muchas veces en casa de Walter cuando sus padres llamaron, de modo que pude hablar con regularidad con el padre. En una de mis visitas, había concertado una breve entrevista telefónica con él. En el transcurso de nuestra conversación, le hice preguntas sobre sus antecedentes lingüísticos y sobre por qué sus hijos no hablan quechua.

11. Investigadora al padre de Walter por teléfono, español (00:03:20) (REC 33)

1	**Padre:**	Cuando llamo al Perú, con mis tías con mi mamá quechua, y con mis hijos en español.
2		Pero con mis hijos en castellano porque no comprenden.
3	**Investigadora:**	¿Por qué no les enseñaste a tus hijos a hablar en quechua?
4		¿Por qué nunca les enseñaste?
5	**Padre:**	O sí, yo no tuve esa oportunidad.
6		Lo había descuidado no... lo arrepiento, pero una de mis hijas habla quechua, está estudiando quechua en la Universidad de San Agustín.

El padre de Walter admite no hablar quechua con sus hijos porque no lo entienden. Sin embargo, no hizo frente al hecho de que jamás les enseñó esa lengua sino hasta la línea 8 de la conversación. Resulta irónico que sostenga no haber tenido la oportunidad de enseñar quechua a sus hijos, pero que le complazca que una de sus hijas lo estudie en la universidad. Estudiarlo en la universidad es considerado algo bueno y una ventaja para el futuro laboral, pero hablarlo en casa podría no traer ninguna recompensa para la familia. Al igual que Gugenberger (2005), Howard (2007) halló muchas contradicciones en las entrevistas sobre el quechua en los Andes. Esta autora sostiene que las entrevistas pueden ser "sitios de lucha" en donde "el entrevistado participa con puntos de vista alternativos que forman parte de un mismo argumento, por lo tanto aparentemente contradictorio" (78).

En las conversaciones que aparecen a continuación con los abuelos de Walter, comprendemos más acerca del uso del lenguaje y la orientación urbana de la familia. A lo largo de estas pláticas, aprendí más de sus vínculos con su pueblo natal, así como de su preferencia por vivir en una ciudad grande como Arequipa. En el pasaje (12), la abuela de Walter me dice que no regresa al pueblo donde nació porque no tiene ninguna razón para hacerlo.

12. Abuela a investigadora, quechua (00:16:54) (REC 34)

1	**Abuela:**	*Mana-raq* *mana-ña* Puno-*manta.* No-ya no-SEQ Puno-de	No más de Puno.
2		*Mana* *ri-ni-ña-chu.* No ir-1sg.-SEQ-NEG	No voy más.
3	**Investigadora:**	¿*Ima-rayku* *mana-m*? Por qué razón no-AF	¿Por qué no?
4	**Abuela:**	*Mana* *wasi-y-pas* *ka-pu-n-chu* No casa-1sg.POS-ADD ser-BEN-3sg.-NEG *hina-pti-n* *ima-ta-m* *ri-saq* como-SUB-3sg. qué-AC-AF ir-1sg.FUT *kay-pi* *ka-pu-n.* aquí-LO estar-BEN-3sg.	No tengo una casa, así que para qué ir, tengo una acá.

La abuela de Walter solo piensa ahora en Arequipa y en su puesto en el mercado. No tiene intención alguna de regresar a Puno, donde no tiene casa ni tampoco puede trabajar.

13. Abuela a investigadora, quechua (00:16:60) (REC 34)

1	**Investigadora:**	¿*Mana* *chay-rayku* *ima-ta-pas* No esa-razón qué-AC-ADD ah Puno-*pi* *ka-n-chu.* Puno-LO haber-3sg.-NEG	¿De modo que no queda nada en Puno?
2	**Abuela:**	*Kay-lla-pi* *ka-ku-ni.* Esto-DEL-LO estar-REF-1sg.	Solo estoy acá.
3	**Investigadora:**	¿Arequipa *gusta-sunki-chu*? gustar-DIR.2sg.-Q	¿Te gusta Arequipa?
4	**Abuela:**	Arequipa-*pi* *tiya-ku-ni.* Arequipa-LO vivir-REF-1sg.	Vivo en Arequipa.
5		*Puest-itu-y* *ka-n* Puesto-DIM-1sg.POS estar-3sg. *kay-pi* *ranti-ni.* esto-LO vender-1sg.	Tengo un puesto, vendo acá.

6		*Antes* *hamu-rqa-ra-ni* *chakra-lla-pi* venir-PER-PER-1sg. chacra-DEL-LO *trabaja-rqa-ni* *kay-pi* *ranti-ni.* trabajar-PER.1sg. esto-LO vender-1sg.	Antes de venir acá solía simplemente trabajar en la chacra, pero ahora vendo.
7		*Puest-itu-y* *kunan-qa* *qampiq* puesto-DIM-1sg. POS ahora-TO doctor hospital.	Ahora tengo un puesto [cerca del] hospital.

La abuela de Walter tiene una relación ambivalente con su pueblo natal en Puno, donde solía trabajar en una chacra. Ella habla con placer de su vida urbana en Arequipa, en tanto que Puno representa un pasado lejano. El abuelo de Walter tiene una actitud más negativa con respecto a su lugar natal. En el pasaje (14), él habla tanto en quechua como en español.

14. Investigadora a abuelo, quechua y español (00:51:50) (REC 37)

1	**Investigadora:**	¿Puno-*pi* *yacha-y-ta* *muna-nki-chu*? Puno-LO vivir-INF.-AC querer-2sg.Q	¿Quisiera vivir en Puno?
2		*Kay-pi.* Acá-LO	Acá.
3		*¿Tiya-y-ta* *muna-nki-man-chu*? Vivir-INF-AC querer-2sg.POT-Q	¿Quisiera vivir?
4	**Abuelo:**	*¿May-pi*? Dónde-LO	¿Dónde?
5	**Investigadora:**	Puno-*pi.* Puno-LO	En Puno.
6	**Abuelo**	¡*Mana-m*! No-AF	¡No!
7	**Investigadora:**	*Mana-m.* No-AF	No.
8	**Abuelo:**	*Llaqta-y* *kay-pi* *parlta-n-chu** Pueblo-1sg.pos acá-LO hablar-3sg.-NEG *kay-pi-s.* acá-LO-ADD	Mi pueblo es acá hablando y acá.

* "*Parlta-n-chu*" parece ser una combinación de quechua y aimara. En quechua, el verbo "hablar" es "*parlay*", y en aimara,"*parlaña*", siendo "*parlta*", "hablo", la forma singular de la primera persona.

9		*Puri-ku-ni* *ima-taq* *ni-nki-man.* Caminar-REF-1sg. qué-CON decir-2sg.POT	Estoy caminando y qué dirías.
10		Señora castellano *ni-sqa-yki.* decir-PER-yo a usted	¿Señora, qué quiere decir eso en castellano?
11	**Investigadora:**	Uh huh.	
12	**Abuelo:**	pero xx.	
13		A veces hago cualquier que me acabo, eh, cualquier tiene ya.	
14		Y mañana más tengo	
15		dos días tengo trabajo el sábado y el domingo.	
16		En el mercado Marina. ¿de repente usted conoce o no conoce por allá?	
17	**Investigadora:**	No, hmm, *mana-m* *riqsi-ni-chu.* no-AF conocer-1sg.NEG	No, no conozco el lugar.
18	**Abuelo:**	Es el centro, no es acá, otro mercado hay	
19		allí agarro cualquier cosita, allí me regalan	
20		canchita, papita-*cha*, choclito. papita-DIM	canchita, papita, choclito.
21		Todo era.	
22		Allá en mi tierra, pues, Puno, ¿ima-ta? qué-AC	¿Allá en mi tierra, pues, Puno, ¿qué [hay]?
23		*Chakra-s* *uywa-ta-s* *wañu-su-n* Chacra-PL. animal-AC morir-AUM-3sg. *llaqta-y-pi.* pueblo-1sg.POS-LO	En mi pueblo, en las chacras los animales mueren.

El uso que el abuelo de Walter hace del quechua y el español muestra muchos elementos de contacto tanto en castellano como en quechua. Aunque el análisis del habla de los abuelos cae fuera del ámbito del presente estudio, podemos ver que el abuelo de Walter habla más español. Lo que resulta evidente con estas narrativas es que a partir de la generación del abuelo hay pocas ganas de regresar a Puno. En efecto, el abuelo tiene una impresión negativa de dicho lugar; lo asocia con chacras y con animales que eventualmente mueren. A pesar de esta falta de contacto directo con su lugar de origen, los abuelos siguen conservando numerosas tradiciones de su pueblo natal. Muchas de ellas han sido transmitidas a la generación de Walter, tal como veremos en la siguiente sección. En el pasaje (15), la abuela habla acerca del quechua y de la falta de interés que sus nietos tienen por esta lengua.

15. Investigadora a abuela sobre el quechua, quechua (00:17:48) (REC 34)

1	**Investigadora:**	*¿Hayka umm wata-yuq um* Cuántos años-POS *ka-rqa-nki uh castellanu-ta uh* tener-PER-2sg. castellano-AC *yacha-rqa-nki?* saber-PER-2sg.	¿Qué edad tenía cuando aprendió a hablar castellano?
2	**Abuela:**	*Mana castellanu-ta allin-ta* no castellano-AC bien-AC *an* ya *ati-ni-chu.* umm poder-1sg.-NEG	No puedo hablar bien castellano.
3	**Investigadora:**	Ah, *mana-m.* no-AF.	Oh, no.
4	**Abuela:**	Uh huh.	Uh huh.
5		Quechua nomá.	
6	**Las dos:**	Ajaja.	
7	**Investigadora:**	*Alli-n ñuqa-paq practi-na-y-paq.* Bien-3sg. Yo-para practicar-CON-1sg.-para	Eso es bueno para que yo practique.
8		Jaja.	
9	**Abuela:**	*Entendi-ni* pero *mana-m* Entender-1sg. no-AF *constesta-ku-y-ta may-ni-n-ta* responder-REF-INF-AC donde-POS-3sg.AC *ati-ni-chu.* poder-1sg.-NEG	Lo entiendo, pero nada puedo responder.

10	**Investigadora:**	*Kay* *nieto-kuna-q* *¿mana-n* Este nieto-pl.TO no-AF *quechua-ta* *parla-n-chu?* quechua-AC hablar-3sg.-NEG	¿Y tus nietos no hablan quechua?
11	**Abuela:**	*Mana-m* *mana-m.* No-AF no-AF	No, no.
16		*Mana-m* *muna-nku-chu* No-AF querer-3pl.-NEG quechua *parla-y-ta.* hablar-INF-AC	No quieren hablar quechua.
17	**Investigadora:**	*¿Ima-rayku* *mana-m* Qué razón no-AF *muna-nku-chu?* querer-3sg.-NEG	¿Por qué no quieren?
18	**Abuelita:**	*Pinqa-ku-nku* *quechua-manta.* Avergonzar-REF-3pl. quechua-de	Avergonzados están del quechua.

En las conversaciones con la abuela de Walter, ella tuvo opiniones sobre lo que ocurre con sus nietos y el quechua que divergían de las de ellos. La abuela cree que sus nietos no desean aprender esa lengua, mientras que ellos vienen aprendiéndola activamente. Sin embargo, el interés que tienen por el quechua no está relacionado con la familia, sino más bien con las oportunidades que puede representar. Esto parece ser algo común entre otros jóvenes de primera generación.[12]

Aunque en esta familia de Arequipa el quechua no es transmitido de padres a hijos, la generación de Walter incorpora muchas tradiciones puneñas en las reuniones familiares que organiza. A continuación describiré dos eventos a los que asistí.

12. Otro ejemplo proviene de la participante 5 en Arequipa (véase el apéndice E). Se trata de una joven de 28 años que nació en dicha ciudad. Sus padres nacieron en Cuzco y Puno, y son hablantes nativos del quechua. Ellos jamás le hablaron en quechua porque les parecía que en Arequipa no era necesario ni útil. Sin embargo, hoy ella estudia turismo en un instituto local y encuentra que tanto el quechua como el inglés son necesarios para su carrera.

La fiesta de cumpleaños de la esposa de Walter

Luego de varias semanas de pasar el tiempo con Walter y su familia en su casa, así como en distintos lugares de Arequipa, me acabó invitando a mí y a un amigo mío peruano a algunas reuniones familiares que se celebraron en su hogar. En noviembre de 2010, Walter mencionó que su esposa pronto cumpliría 21 años. Su familia había planeado una pequeña fiesta de cumpleaños al la cual fui invitada. Compré un pequeño regalo para Sandra y llegué a casa de la tía de Walter a las 6 p. m., para ir juntas a lo de su sobrino. Cuando llegamos, las hermanas de Sandra se habían ido a recoger un paquete que su madre había enviado desde su pueblo natal en Moquegua. Esperamos una hora con Walter, mientras este buscaba entre los archivos de su computadora la música que pondría en la fiesta. Encontró algunos de sus huaynos favoritos, música ayacuchana en quechua y huaynos electrónicos en castellano que, según se me dijo, es un nuevo género musical muy popular entre los jóvenes de Puno. Mientras esperábamos, Walter también sacó su libro de inglés para hacerme unas cuantas preguntas.

Luego de unas dos horas, el resto de la familia regresó con el paquete, que resultó ser comida de la sierra moqueguana: algo que Sandra llamó conejo, pero que en realidad era un cuy con choclo y papas (véase la imagen 8). Walter comentó que en ocasiones especiales consumen platos típicos andinos.

Una vez terminada la comida, todos subieron a la habitación donde está la computadora para bailar los tradicionales huaynos en quechua y la popular cumbia peruana en quechua y en español. Danzaban en círculo, cambiando de pareja. Bailé durante varias horas con los abuelos, las tías y los tíos. Walter trajo cajas de cerveza y Sandra ofreció vino de su pueblo natal. Todos compartimos uno o dos vasos, que pasaban de mano en mano. La fiesta se desaceleró y los abuelos, tías y tíos se sentaron a conversar en quechua. Sandra no se sentía bien, de modo que decidió retirarse temprano. Antes de que se fuera a dormir, le cantamos feliz cumpleaños y comimos torta helada. Walter quería que la fiesta continuara y tomar más cerveza, pero yo decidí también retirarme temprano, así que me llevó a casa con todos los demás en su auto.

En esta fiesta de cumpleaños, Walter y sus hermanas siguieron tradiciones culturales asociadas con la lengua quechua y con Puno. Por ejemplo, escuchamos huaynos en quechua, además de cumbia en español. Las hermanas

Imagen 8. Comida de cumpleaños en Arequipa (2010, fotografía de la autora).

asimismo subrayaron que la comida de cumpleaños debía ser la tradicional de la sierra. En este escenario, los abuelos de Walter hablaron nuevamente en quechua y castellano con sus hijos, en tanto que la generación joven solo habló en español. Los jóvenes también incorporaron tradiciones culturales puneñas en reuniones familiares más tristes, como veremos a continuación.

El velorio

Cuando conocí a Walter y su familia, Sandra, su esposa, tenía ocho meses de embarazo. Ella me confesó que sabía que su bebé estaba enfermo y que probablemente no sobreviviría. Walter me llamó un lunes de octubre de 2010 para decirme que el bebé había fallecido casi inmediatamente después de nacer. La noticia fue muy triste para toda la familia, pero ya todos se habían estado preparando para lo peor. Walter y sus hermanas hicieron los preparativos para velar al niño difunto, lo que incluyó el decorado de la sala familiar y la compra de hojas de coca, alcohol y otras bebidas no alcohólicas.[13] Él me llamó y me invitó junto con mi amigo peruano a su casa, donde habría una pequeña reunión familiar informal y un velorio a partir del anochecer, que habría de extenderse hasta el día siguiente. Llegamos a eso de las 9 p. m., luego de tomar el micro cerro arriba durante veinte minutos hasta la casa de Walter. Cuando llegamos, toda su familia inmediata y extensa se hallaba allí, así como diez amigos y vecinos. Todos los ancianos, adultos y adolescentes estaban sentados en las bancas de la sala de estar, mientras que los niños pequeños a los que se había invitado estaban en el segundo piso. Sandra estaba descansando en su habitación. El vestíbulo principal de la casa usualmente estaba vacío, pero Walter colocó bancas, altares y mesas para el velorio. Cuando entramos a la casa advertimos que todos guardaban silencio, excepción hecha de cuatro parientes ancianos sumamente ebrios que se estaban gritando mutuamente en quechua.

Mantenerse despierto toda la noche es una parte de la tradición del velorio. Walter me dijo que los ancianos bebían alcohol y fumaban cigarrillos durante toda la noche, para así permanecer despiertos y proteger al espíritu del bebé. Durante el velorio, sus hermanas menores ayudaban a pasar el "calentito", las hojas de coca y los cigarrillos. La hermana de Walter me explicó que era una tradición fumar y mascar coca toda la noche para sacar el "aire malo". Los ancianos se pasaron horas gritándose mutuamente en quechua y el resto de los invitados les perdonaba su comportamiento, pues sabían que estaban cumpliendo una labor importante. Más tarde, un anciano que estaba sumamente ebrio y que decía ser el padrino, se puso de pie delante de todos para rezar por el bebé en español.

Sandra estuvo descansando en el segundo piso durante la mayor parte del velorio. Subí a visitarla y darle el pésame. Entretanto, las hermanas de Walter me contaron más de las tradiciones del velorio que provienen de Puno. En la madrugada todos toman caldo blanco. Otra tradición, en este caso católica y no exclusivamente puneña, es bautizar a la criatura con agua bendita en la casa antes del entierro. Nos quedamos hasta las 11 p. m., pero los vecinos y parientes podían quedarse toda la noche. La pareja de la hermana de Walter

13. Consúltese en Allen (2012), una relación etnográfica del uso ritual de las hojas de coca en las comunidades de la sierra rural peruana.

nos llevó a casa en auto junto con su hermana. El velorio fue un acontecimiento sumamente triste para la familia de Walter, pero también la ayudó a trazarse nuevas metas. En lugar de intentar criar otro hijo, Walter estaba ahora decidido a estudiar más y concentrarse en viajar a Estados Unidos. Sandra también vio en esto una oportunidad para tener más tiempo para estudiar y eventualmente volver a trabajar.

Fuera de la casa

Solo dos o tres veces me reuní con Walter y miembros de su familia fuera de su casa. Nos encontramos en esas ocasiones cerca de su instituto de inglés o en mi casa, ambos en el distrito de José Bustamante y Rivero. En otra ocasión también visité por una hora a su tía Luisa y a sus abuelos en su puesto en el mercado de chatarra, a diez minutos del instituto (véase en el capítulo 2 el mapa 3), donde venden balones de gas usados y artículos de plástico de segunda mano. En ese lugar los parientes de Walter hablan en quechua entre ellos, pero no con los amigos y clientes que pasan por ahí. No lo hacen, por ejemplo, con María, la comadre de Luisa y una buena amiga de la familia, que tiene varios puestos en el mismo mercado y vive cerca de la casa de Walter. Hablé entonces con ella y me enteré que es del Cuzco y que emigró a Arequipa siendo niña. El quechua es su lengua nativa pero lo ha olvidado por completo. En una entrevista me dijo que en Arequipa no le era útil. También me contó que jamás ve a Walter o a sus hermanas en el mercado.

Comprendí que Walter rara vez visita a su familia en el puesto y que pasa la mayor parte de su tiempo trabajando en su taxi o como soldador, y asistiendo a clases en la escuela técnica y en el instituto de inglés. Toda la familia está sumamente concentrada en el estudio (sus hermanas menores aún están en el colegio y su hermana Linda estudia en la universidad local) y en aprender inglés para poder vivir y trabajar en Estados Unidos.

El quechua ha ganado prestigio en la universidad como un idioma que representa una ventaja para el futuro profesional. Linda lo estudia para ser profesora de primaria. Ella mencionó que así sería más competitiva a la hora de buscar empleo y podría trabajar en cualquier pueblo en la sierra arequipeña. De esta manera, el quechua es considerado un activo para cualquier carrera. Aun así, Linda jamás lo practica en casa.

Walter y yo sostuvimos largas conversaciones sobre su sueño de seguir a sus padres a Estados Unidos. Aparte de inglés, está estudiando soldadura porque quisiera trabajar en ese rubro ahí. Niño-Murcia (2003) halló que muchos peruanos creen que estudiar inglés ayuda a conseguir una visa de trabajo en Estados Unidos. Walter discutió conmigo su plan de viajar primero solo allá y luego traerse a su esposa e hija. En otra conversación mencionó que la identidad de su familia fue una ventaja a la hora de solicitar visa para ese país. Conversando con sus padres y con algunos amigos, se enteró de que hay más oportunidades de lograrlo cuando uno se identifica como quechuahablante e indígena. Aunque no reveló detalles, me explicó que sus padres hablaron en quechua con los funcionarios de inmigración estadounidenses y que vestían ropas tradicionales cuando viajaron allá. Esto resulta irónico porque él y su familia jamás usan las palabras "indígena" o "quechuahablante" para referirse a sí mismos. Pero Walter y sus hermanas son conscientes del capital cultural que el quechua y la cultura indígena puede representar en el extranjero e incluso en Arequipa. Al parecer, esta es una ideología nueva en esta ciudad. Aunque Niño-Murcia (2003: 126) señala que el quechua tiene un escaso prestigio en el Perú y que es al castellano como el español es al inglés, la globalización y la migración vienen cambiando el mercado lingüístico (véase Heller 2010) y en los Andes peruanos, esta lengua viene cobrando importancia fuera del espacio doméstico. De no funcionar su plan, Walter pretende ingresar a la política local. Me dijo que para poder ser un buen político, capaz de llegar a las comunidades arequipeñas, tenía que aprender quechua.

Conclusiones sobre el quechua en Arequipa

En la década de 1980, Adams (1976, 1980) halló que la gran migración de quechuahablantes a Arequipa estaba generando una "subcultura" quechua en los pueblos jóvenes de la ciudad (véase la Introducción). Parecería, sin embargo, que esta subcultura ha experimentado muchas transformaciones y que solamente esa generación retuvo el quechua. Pero Adams predijo una característica importante de las poblaciones quechuahablantes nacidas en Arequipa: "el nacimiento de una nueva generación dentro de la ciudad cuyo pasado racial y cultural es indígena, pero que no conocerá la existencia rural que sus padres experimentaron". Adams sostuvo, además, que esta generación era "genuinamente urbana e india" (1980: 3). Todos los arequipeños que aparecen en el presente estudio coincidirían en que son urbanos, pero muy pocos aceptarían ser "indios". Este término jamás fue usado por quienes participaron en la investigación y no parece ser relevante para esta población. La construcción de esta nueva identidad urbana en Arequipa incluye la conservación de distintas tradiciones puneñas, así como un intento de preservar su legado cultural y lingüístico en las reuniones familiares.

Esto no quiere decir que no haya jóvenes en Arequipa que hablen quechua. Como ya se indicó, esta ciudad es el segundo centro migratorio del Perú y un lugar en donde alcanzar una educación superior y mejorar las oportunidades laborales. Hay, en consecuencia, numerosos jóvenes de Cuzco y Puno que trabajan y viven temporalmente en Arequipa. Lo interesante de este grupo es que muchos han vivido la mayor parte de su vida solos o con parientes en esta ciudad, pero viajan a menudo a su pueblo natal para visitar a la familia. Realicé entrevistas sociolingüísticas con más de diez personas entre los 20 y 28 años de edad, que conocí en distintos lugares.[14]

Estos jóvenes llevan viviendo en Arequipa hace muchos años. Todos dijeron no hablar quechua en esta ciudad porque no era necesario. En una ocasión, acudí al mercado principal de Arequipa con el participante 1 (véase el apéndice E), quien me dijo que, a juzgar por su aspecto físico, ahí todos debían ser quechuahablantes. Sin embargo, cuando se acercó a un puesto de fruta, la vendedora lo ignoró porque preguntó el precio del plátano en quechua. Descubrió así que en el mercado nadie deseaba hablar con él en esa lengua.

Estos participantes subrayaron que solamente hablan quechua cuando van a visitar a su familia en la chacra. Este, una vez más, es el espacio más importante para la lengua quechua. Cuando el participante 1 regresa a su casa en Cuzco, se pone las ojotas de inmediato y nuevamente participa en las prácticas lingüísticas y culturales mezcla de quechua y español.

---

14. Véase información sobre los antecedentes de los participantes y las grabaciones que se hicieron con ellos en el apéndice E.

Resumen de los resultados

Los estudios de caso presentados en este capítulo muestran cómo los espacios de interacción cotidiana y afiliación que la juventud de primera generación tiene en las redes sociales desempeñan un papel crucial en la conservación de la lengua quechua. Cuando los jóvenes no están en la chacra, el quechua no se ve reforzado en la ciudad. Pero aun cuando esta juventud no frecuente el campo ni cuente con una economía familiar de base rural, viene encontrando proactivamente formas de revitalizar esta lengua y ciertos aspectos de su cultura familiar. De este modo, el valor simbólico de la lengua y cultura quechua se ve reforzado en las áreas urbanas y forma parte de la identidad de estos jóvenes en la ciudad.

La comparación de las familias realizada en el presente capítulo me lleva al examen del modelo *chakra* de uso del lenguaje entre los jóvenes del Ande peruano, tal como veremos a continuación.

Conclusiones

En las ciudades de Ayacucho y Arequipa, los jóvenes de primera generación mantienen distintos tipos de relación con el ámbito rural de donde proviene su familia, con la ciudad donde residen y con otros lugares del país e incluso del extranjero. Paerregaard sostiene que para los habitantes de Arequipa "siempre hay un lado oscuro de la luna, esto es, una vida vivida en otro lugar no obstante lo cual forma parte de la experiencia de la gente" (1998: 405). Podemos aplicar la idea de "una vida vivida en otro lugar" a todas las familias del presente estudio, cuya situación socioeconómica requiere que los padres trabajen y vivan permanente o temporalmente lejos de sus hijos. Es más, esta "vida vivida en otro lugar" es un elemento central de los jóvenes de primera generación.

Para comprender cómo una migración masiva repercute en las prácticas lingüísticas y sociales, debemos diferenciar los patrones migratorios y las prácticas económicas de cada ciudad. En esta investigación encontramos que las familias cuya actividad económica principal se encuentra ligada a las áreas rurales, son también las que tienen un mayor contacto con el quechua debido al tiempo (temporal o permanente) que pasan en ellas, relacionándose con hablantes dominantes en esa lengua. Por lo tanto, los movimientos de población en los cuales la gente mantiene una doble residencia (rural y urbana) pueden tener un impacto positivo en la conservación del quechua o el uso del combinado en los espacios urbanos.

Repasando la transmisión intergeneracional del lenguaje

Una de las preguntas principales del presente estudio es cómo el quechua —la lengua nativa de los padres de los jóvenes urbanos de primera generación— se conserva en las ciudades. Planteamos esta interrogante porque estudios previos encontraron que los quechuahablantes que viven en las ciudades no transmiten esta lengua a sus hijos ni la usan con ellos. Aunque son muchos los factores sociales e históricos que influyen en la vitalidad de las lenguas, numerosos estudios mencionan la transmisión intergeneracional como un elemento especialmente importante (*cf.* Fishman 1991; Nettle 2002; Grenoble y Whaley 2006). Fishman (1991: 57) sostiene que la transmisión intergeneracional de las lenguas es, sin embargo, particularmente "problemática" en situaciones de migración a centros urbanos, algo que también ha sido señalado para el caso del quechua, tal como se vio en la introducción y en el capítulo 1 (*cf.* Hornberger y King 2001).

En las ciudades de Ayacucho y Arequipa, como se observó en los capítulos anteriores, la situación es más compleja. Las actividades económicas familiares influyen en los espacios de interacción cotidiana de la juventud donde el quechua y/o el español o una combinación de los dos son opciones lingüísticas. En casi todos los ejemplos ambos padres o solo uno está en la casa; así que hay poca transmisión directa de los padres a los hijos. Por ende, el presente estudio plantea la importancia de considerar los factores sociales que influyen en la vitalidad del quechua, más allá de la transmisión intergeneracional. Otra vez la vitalidad del quechua en los espacios urbanos se encuentra estrechamente relacionada con las actividades económicas de las familias, correlacionándose positivamente la conservación de esta lengua con las actividades agrarias. Explico este grado de *ruralidad*, que describe más claramente el continuo rural/urbano y el uso de la lengua quechua, con lo que llamo el modelo *chakra*.

El modelo *chakra* de análisis de la lengua quechua

Para comprender el uso de la lengua quechua y la nueva identidad urbana andina, propongo el modelo *chakra*, que divide a la juventud urbana de primera generación en dos categorías: i) jóvenes [+ *chakra*] cuyos padres son ambos campesinos, es una juventud que pasa temporadas en la chacra y que tiene un contacto diario con la gente que vive en ella; y ii) jóvenes [– *chakra*] que tienen poco o ningún contacto con las áreas rurales, cuyos padres suelen trabajar en la ciudad o en el extranjero, aunque uno de ellos puede hacerlo en la chacra. En cada una de estas categorías hay factores relevantes que distinguen a los jóvenes [± *chakra*] que viven en Ayacucho y Arequipa: su afiliación a redes sociales quechuahablantes (Milroy 2002); las prácticas socioculturales que influyen en su contacto cotidiano con el quechua y su competencia lingüística.

Aunque este modelo se desprende de un estudio etnográfico detallado de tres familias, propongo aquí que puede tener implicaciones significativas para la juventud urbana de primera generación de todo el Ande. El modelo *chakra* puede ayudarnos a comprender el grado de vitalidad de la lengua quechua en las áreas urbanas y la importancia que las prácticas agrícolas tiene para ciertas familias que viven en ciudades. El presente estudio reveló que el concepto de "*chakra*" es central para la vitalidad del quechua. En el cuadro 1 presento los distintos tipos de economía familiar que podemos encontrar en los Andes urbanos.

Cuadro 1

ECONOMÍAS FAMILIARES EN LOS ANDES URBANOS

RESIDENCIA DE LOS PADRES	ORIENTACIÓN DE LA ECONOMÍA FAMILIAR	EJEMPLO
Doble residencia chacra/ciudad	Fundamentalmente rural	Hermanas Hernández
Padre o madre en la chacra	Semirural	Familia Martínez
Padre y madre en la chacra	Local	S/d.
Padre o madre o ambos en la ciudad (Lima)	Vinculada con la economía limeña	S/d.
Padre o madre o ambos en el extranjero	Vinculada con una economía extranjera	Familia en Arequipa

En este estudio presento ejemplos de jóvenes urbanos de primera generación cuyos padres viven en distintos lugares: pueden tener una doble residencia (chacra/ciudad), vivir uno de ellos o los dos exclusivamente en la chacra o en la ciudad, e incluso residir en el extranjero. La chacra queda definida como el fundo familiar, aunque los jóvenes también se refieren a ella como el pueblo de donde proviene su familia.[1] La relación con [+ *chakra*] queda determinada por el contacto y afiliación de los padres (véase el apéndice I) y por el tiempo que los jóvenes pasan en la chacra (véanse los apéndices J, K, L).

El estudio etnográfico demuestra, asimismo, que el vínculo que el joven urbano de primera generación mantiene con la chacra está íntimamente relacionado con la ocupación de sus padres y demás parientes cercanos (campesinos o no), así como con el grado de contacto que tiene con ellos. [+ *chakra*] quiere decir que la principal actividad económica del padre y de la madre es la agricultura. En ese caso, los padres hablan quechua como primera lengua, aunque pueden tener un conocimiento limitado del español, y los jóvenes trabajan con regularidad u ocasionalmente en la chacra.

En Ayacucho y Arequipa podemos distinguir algunas características de los jóvenes [– *chakra*] (véanse los apéndices K y L). En Ayacucho, [– *chakra*] indica que los jóvenes no tienen contacto alguno con la chacra, pero que el padre o la madre trabaja ahí; el otro lo hace en la ciudad. En esa ciudad, los jóvenes [– *chakra*] (véase el apéndice K) solamente han visto la chacra en fotografías o videos. Ellos tienen una fuerte orientación urbana (en la que prima el vecindario), y la economía familiar se basa, fundamentalmente, en la tienda instalada en la casa o en lo que venden en la calle valiéndose de un carrito. Entienden quechua casi perfectamente, pero sostienen no hablarlo. Este grupo se identifica como huamanguino/a.

Los jóvenes [– *chakra*] de Arequipa tampoco conocen la chacra. Una vez más, solo saben de ella por fotografías, videos y relatos familiares (véase el apéndice L). Aunque escuchan cotidianamente a sus familiares hablar quechua, su comprensión de esta lengua es sumamente limitada. Por otro lado, consideran que estudiarla en la universidad les será útil para obtener un empleo. Pero a pesar de la ausencia del quechua, estos jóvenes toman la iniciativa de seguir ciertas tradiciones de Puno que sus padres y abuelos les han transmitido: por ejemplo, escuchar música en quechua, mascar hojas de coca en los velorios y comer platos tradicionales de la sierra, como el cuy y el choclo, en las fiestas de cumpleaños. Los jóvenes [– *chakra*] de Arequipa se identifican a sí mismos como arequipeños.

---

1. A veces, los jóvenes llaman también "chacra" al pequeño corral que hay en su casa en la ciudad, donde crían animales pequeños.

En este modelo, una vez establecidos la afiliación y el trabajo de los padres, podemos pasar a examinar las redes y asociaciones de los jóvenes urbanos de primera generación. La juventud [+ *chakra*] de Ayacucho trabaja en la chacra unos cuantos días o incluso una semana completa al mes, y sus redes sociales están conformadas por los parientes y amigos que están en ese lugar, aparte de las amistades del barrio, los clientes de la tienda y la parentela en Lima (véase el apéndice J).

El modelo lingüístico [+ *chakra*]

Una vez establecidos los espacios relacionados con la [+ *chakra*] en los cuales se desplazan los jóvenes, tenemos en el modelo [+ *chakra*] cinco factores sociales jerárquicamente relacionados entre sí que influyen en la variedad de la lengua usada. A continuación propondré los siguientes niveles con los cuales entender el uso lingüístico de los jóvenes cuyos padres tienen una doble residencia rural/urbana.

Nivel (1): ¿+ o - chakra?

Establece si los padres y jóvenes son [+ *chakra*]. De serlo, considérese el nivel 2.

Nivel (2): el espacio de la interacción

Constituye un continuo rural a urbano de espacios lingüísticos, dándose un uso más frecuente del quechua y el combinado en los lugares más cercanos a las áreas rurales, y del español en aquellos que están más próximos al centro de la ciudad y Lima. El valor del quechua se observa en distintas interacciones según el espacio.

Nivel (3): actividades sociales en dicho espacio

Ciertos espacios ceden el paso a actividades sociales específicas. Los casos en el presente estudio muestran que la feria del ganado, que se encuentra más cerca del ámbito rural, puede ser un espacio multifuncional en el cual se desarrollan tres actividades sociales y laborales distintas. El español y el combinado son posibles opciones lingüísticas en cada una de ellas (véase en el capítulo 3 la imagen 1).

El hogar también es un espacio multifuncional en el que podemos dividir el quechua y el español en dos ámbitos: el espacio "a puertas abiertas" y el espacio "a puertas cerradas". Los interlocutores pueden estar en ambos espacios. La parte "a puertas abiertas" de la casa incluye la bodega, donde los amigos y parientes pasan el rato y socializan, y donde ocurren los encuentros como producto del servicio que se brinda en ella. En el "espacio a puertas abiertas" hay dos puertas que se mantienen cerradas y tras las cuales tienen lugar las conversaciones más íntimas. El castellano y el combinado asumen distintos roles en las actividades sociales que tienen lugar en estos espacios, prefiriéndose el segundo cuando se está pasando el rato, aunque el interlocutor cobra importancia en ciertos encuentros producto del servicio (véase en el capítulo 3 la imagen 4).

Los espacios situados más cerca de las áreas urbanas pueden ser lugares para el español. La tienda de la madre de las hermanas Hernández ubicada en la avenida Cuzco es el último espacio del continuo castellano/combinado (véase en el capítulo 3 la imagen 7). En este puesto que se encuentra aproximadamente a diez minutos del centro de Ayacucho, las lenguas se diferencian según dos actividades sociales: la de pasar el rato y la del servicio que se ofrece. El español se emplea solamente en este último caso. No obstante, para descubrir la lengua que se emplea en las actividades sociales mencionadas debemos saber qué interlocutores estuvieron presentes (nivel 4).

Más allá de este espacio se encuentra la plaza de Armas, donde solamente se escuchó hablar castellano en este estudio de caso; sin embargo, en Firestone (2006) presento ejemplos del uso del quechua en ese lugar. Poco se sabe sobre la utilización de esta lengua en Lima, porque no contamos con ningún estudio sociolingüístico, pero Escobar (2011b) menciona que se la ha reportado en misas celebradas en el centro de la ciudad, en clubes deportivos, estaciones locales de radio y en ciertos restaurantes.

Nivel (4): interlocutores presentes

Dentro del continuo y de los espacios sociales, los interlocutores que hablan sobre todo quechua suelen estar en las áreas más cercanas al ámbito rural. Esto también incluye el vecindario. Los interlocutores desempeñan un papel importante en los espacios del continuo en donde los jóvenes prefieren el combinado. En esos espacios se puede usar español o una combinación de español y quechua con cualquier persona, salvo con los jóvenes a quienes no se conoce (los que no son amistades) o con los vecinos. La edad no es un factor a tener en cuenta en el caso de los parientes o amigos.

En el hogar encontramos que distintas actividades sociales conducen a diferentes situaciones e interlocutores. Durante los encuentros como producto del servicio en el "espacio a puertas abiertas" se usa español con los vecinos jóvenes que no son amigos. En cambio, se emplea castellano y combinado con los clientes/vecinos que sí lo son. Por ende, la relación con el interlocutor es de suma importancia aquí. El español y el combinado se usan cuando se está pasando el rato (véase en el capítulo 3 la imagen 4), pero esto depende de si los interlocutores son o no amigos y parientes. En el "espacio a puertas cerradas" encontramos actividades privadas y un espacio para conversaciones intímas. El tema del factor social de la conversación (nivel 5, véase más adelante) cobra importancia. Los hablantes que son cercanos entre sí se trasladan a este espacio para entablar conversaciones que otros no pueden escuchar.

En la tienda de la madre observamos que las prácticas lingüísticas cambian según si se está pasando el rato u ofreciendo un servicio. El quechua jamás se empleó en las interacciones que se producían en la segunda situación. Esto también se observó en el caso de las clientes que vestían pollera, un atuendo que parece indicar un origen rural (véase el capítulo 3). Se usaba combinado y español cuando los padres y otros parientes dominantes en quechua estaban de visita (pasando el rato) en la tienda, algo que no fue muy frecuente. De este modo, la presencia de estos interlocutores miembros de la familia indica el uso del combinado en lo que parece ser un lugar más orientado al español.

Nivel (5): tema de conversación

En el espacio doméstico "a puertas cerradas", los jóvenes prefieren hablar combinado con sus padres y entre ellos. En este escenario se observó el llanto en varias ocasiones. Parecería que en el nivel (5), el tema de conversación, el espacio donde se desarrolla la interacción social y los interlocutores tienen un papel importante. En otros estudios sobre el bilingüismo se afirma que una lengua tiene menos vitalidad cuando se la reserva para el ámbito privado

(Grenoble y Whaley 2006: 7). Sin embargo, parecería que en esta situación el tema de conversación es más relevante. Esto queda evidenciado en el espacio "a puertas cerradas" que los padres de los Martínez usan para las conversaciones íntimas en quechua (véase el capítulo 4). Podemos ver que, entre los jóvenes, el quechua tiene un valor simbólico mayor en ciertos temas. Volvemos a la conclusión, para comprender que los hablantes evaluarán el valor del quechua en las distintas interacciones celebradas en diferentes espacios.

En la siguiente sección revisaré las características lingüísticas del combinado para entender los distintos elementos del contacto entre el quechua y el español que esta variedad mixta contiene.

El quechua urbano entre los jóvenes [+ chakra]

Cuando los jóvenes [+ *chakra*] discuten su conocimiento lingüístico del quechua, se refieren al combinado. El análisis del mismo efectuado en el capítulo 3 revela que esta variedad contiene muchos préstamos lexicales del castellano, distintos grados de adaptación fonológica de los préstamos, y casos de cambio de código inter- e intrasentencial. En la bibliografía se conoce al quechua urbano como *quechuañol*, *interlingüismo* y *tacutacu lingüístico* (*cf.* Carranza 1993; Sichra 2003; Godenzzi 2005; véase también el capítulo 1). No obstante, tal como se dijo en el capítulo 1, dichos estudios no hacen un análisis lingüístico detallado de las variedades de quechua a las que aluden, ni examinan las circunstancias sociales y los tipos de interacción en que estas variedades mixtas se emplean. Adams (1980) sostiene que en la ciudad de Arequipa, los migrantes recién llegados hablan un castellano/quechua mixto que muy probablemente refleja los cambios lingüísticos que vienen produciéndose en el quechua rural. Sin embargo, cómo ya se indicó no contamos con estudios previos que analicen el uso de la lengua quechua en el continuo rural/urbano del Perú.

En los ejemplos de combinado que aparecen en este libro encontramos la mayor cantidad de préstamos lexicales con sustantivos hispanos, lo que es un hallazgo que comparte toda la bibliografía referida al quechua (*cf.* Mamani y Chávez 2001; Muysken 2001). Esto también es común en contextos que tienen un contacto, aunque sea mínimo, con el español (Thomason y Kaufman 1988; Winford 2003). Como ya indicamos, en la feria del ganado frecuentemente se usan estos préstamos del español en el quechua. En esa actividad, las hermanas

Hernández se encuentran en contacto con muchos campesinos quechuahablantes de comunidades rurales, y con personas que tienen la doble residencia rural/urbana. Los préstamos del español se hallan adaptados a la fonología quechua en algunos ejemplos, mientras que en otros no lo están. Con más datos y más estudios podría tal vez descubrirse un patrón de adaptación fonológica.

Además de los préstamos, descubrimos que el combinado puede incluir cambios de código dependiendo del espacio de la conversación y del (de los) interlocutor(es). Encontramos unos cuantos ejemplos de cambio de código intrasentencial y más ejemplos de dicho cambio intersentencial, en los cuales los hablantes tomaban opciones marcadas, no marcadas y exploradoras (Myers-Scotton 1988, 1993). Cuando los jóvenes pasaban del quechua al español, o de este al quechua en una sola interacción, estaban "minimiza[ndo] los costos y maximizando las recompensas" (Myers-Scotton 1988: 100). Por lo tanto, cuando en una interacción hablan en castellano con un hablante quechua dominante, podrían estar "negociando un cambio en la distancia social esperada entre los participantes, ya sea incrementándola o disminuyéndola" (1988: 132) (véase en el capítulo 3 el pasaje 8). Sin embargo, en la mayoría de los casos la opción sin marcar se da en encuentros de servicio en los cuales el cliente es dominante en quechua y el cambio "muestra una afiliación dual" (véase en el capítulo 3 los pasajes 13, 14, 15). Las opciones exploradoras son raras en los datos y solamente tuvieron lugar en la feria del ganado, cuando las hermanas Hernández no estaban seguras de la lengua del posible cliente (véase en el capítulo 3 el pasaje 16). Este es un contexto que merece un mayor estudio, pues se trata de un punto de cruce entre lo urbano y lo rural.

El quechua urbano entre los jóvenes [– chakra] en Ayacucho

En Ayacucho, con jóvenes [– *chakra*] se alude al ejemplo de los hermanos Martínez. En esta familia solo el padre trabaja en la chacra, mientras que la madre se encarga de la tienda que hay en casa. Los niños jamás han visitado la chacra o trabajado en la agricultura. Es más, a diferencia de lo que ocurre con las hermanas Hernández ([+ *chakra*]), la chacra representa una parte mínima del ingreso familiar, pues este se concentra más en actividades urbanas económicas y sociales (v. g. la bodega en la casa, el carrito de comida en el mirador, la iglesia evangélica de Carmen Alto, reuniones vecinales).

Los ejemplos del uso del quechua entre los jóvenes [– *chakra*] están representados por cuatro pasajes en los cuales los padres hablan a sus hijos en quechua y estos les responden en español (véase en el capítulo 4 los pasajes 1, 2, 3 y 4). A los niños se les habla en quechua y lo escuchan en la casa/tienda y, con menor frecuencia, en el barrio. También se lo escucha en el mercado central de Ayacucho. Hubo una oportunidad en la que Jenny comprendió y repitió un enunciado quechua que había oído en el mercado (véase en el capítulo 4 el pasaje 6), pero se requieren más observaciones en este espacio. Entendemos que fuera de esos lugares, los hijos solamente oyen español. Pero los jóvenes en esta categoría no hablan quechua con regularidad; jamás los vi haciéndolo. Aun así, tienen un conocimiento funcional de esa lengua, que usan cuando asisten a los servicios religiosos que se llevan a cabo íntegramente en ella. Podemos decir que la iglesia sirve como un tipo de *comunidad de práctica* (Eckert 2000). Para estos jóvenes, el quechua no tiene valor en el trabajo o la escuela, y es más bien el inglés el que resulta sumamente apreciado para obtener empleo.

La juventud [– *chakra*] en Arequipa

En Arequipa, descubrimos que la vida urbana no incluye criar animales menores en el hogar, llevar bebés en la espalda o pasar la mayor parte del día en casa. El caso de los hermanos Mamani es un ejemplo de jóvenes cuya economía familiar es favorecida por unos padres que viven y trabajan en Estados Unidos. Este respaldo económico les permite manejar por la ciudad en su taxi, acudir a discotecas y comer en pollerías. El tiempo que la familia pasa junta transcurre en su casa o en la de su tía, lejos del centro de la ciudad pero cerca de otros distritos comerciales. Los hermanos tienen una fuerte orientación hacia Estados Unidos y hablan todos los días por teléfono con sus padres, que viven en Nueva York. Este contacto refuerza el interés que sienten por ese país y los motiva a aprender inglés. Sus tías, tíos y abuelos generalmente están presentes cuando hablan con sus padres en la modalidad de manos libres. Esos parientes hablan con los padres de Walter sobre todo en quechua.

La situación en Arequipa es muy distinta a la de Ayacucho, incluso entre los jóvenes [– *chakra*]. En esta ciudad encontramos a numerosas familias que no guardan relación con la agricultura. Muchas de ellas, como la de los Mamani, jamás han tenido contacto con el pueblo de donde provienen. Esto se debe a varios factores. En primer lugar, numerosas familias emigraron para trabajar en la creciente industria de servicios arequipeña y dejaron permanentemente el agro. En segundo lugar, la gran distancia que hay entre Puno y Arequipa y el mal estado de los caminos antes de la década de 1990 obstaculizaban mantener una doble residencia urbana/rural.

Con todo, para los jóvenes en Arequipa, el quechua es un legado lingüístico sumamente importante. Los abuelos son bilingües y a veces trilingües (quechua, castellano y aimara), en tanto que los padres, tías y tíos tienen fluidez tanto en quechua como en español. En el hogar, las tías y los tíos hablan en quechua entre sí y con sus padres el 80% del tiempo. Sin embargo, los jóvenes tienen una capacidad de comprensión muy limitada en quechua (o aimara), y todavía menos de producción. Walter y sus hermanas pueden usar palabras aisladas en esta lengua para hablar con sus abuelos. Ellos admiten no comprender la mayor parte de lo que oyen, pero parecen haber aprendido algo en el camino. En el capítulo 4, pasaje 6, vimos cómo Walter lleva a su abuela dormida a casa de su tía en un taxi, y le dice en quechua que ya han llegado y que se baje del carro.

Romaine indica que los hablantes que tienen una competencia pasiva y "normas de comprensión compartidas" pueden ser parte de comunidades bilingües (2006: 387). Esto parece ser relevante para los jóvenes [– *chakra*] de Ayacucho, mas no para los de Arequipa. Tal como sugiere Romaine, resulta difícil decir que forman parte de una comunidad bilingüe si no son capaces de comprender estos intercambios.

A pesar de ello, los hermanos Mamani organizan reuniones familiares en donde sus padres y otros parientes y adultos hablan solamente en quechua. En las fiestas que celebran en casa prefieren la música en esa lengua e incorporan tradiciones puneñas. Ellos se enorgullecen de su herencia. Para los jóvenes de Arequipa el quechua representa un capital simbólico (Bourdieu 1994), independientemente de que lo dominen o no. Tiene, además, prestigio en la universidad y se lo considera una ventaja para ciertas profesiones, como la de enfermero, profesor o médico. Pero estas carreras están ligadas al mismo tiempo a la promesa de un empleo en el campo, lo que nuevamente hace del quechua una lengua rural. Por otro lado, el inglés también es considerado importante. Por ejemplo, los hermanos Mamani lo estudian en uno de los muchos centros de idiomas que hay en Arequipa con miras a vivir con sus padres en Estados Unidos. En las entrevistas que mantuve con otros jóvenes de esta ciudad, me enteré de que en la industria del turismo arequipeño, el inglés y el quechua son ambos importantes (véase el apéndice E).

La construcción de una identidad urbana entre los jóvenes de primera generación

En el Perú, las personas que hablan quechua han vivido siglos de dominación lingüística, cultural y socioeconómica. La migración ha constituido para algunas familias una ocasión para iniciar una nueva vida, para acceder a oportunidades educativas y laborales que no existen en el campo y, en algunos casos, para escapar de la violencia. En este nuevo entorno, las familias pueden seguir enfrentando penurias económicas y discriminación lingüística y cultural, lo que requerirá que sigan desplazándose, pero sus hijos se hallarán firmemente arraigados en la ciudad, al menos por el momento. El presente estudio muestra cómo los jóvenes urbanos de primera generación deciden la forma en que su legado lingüístico y cultural les brindará oportunidades sociales y laborales (Mufwene 2008). Su identidad ayacuchana o arequipeña es, por ende, fluida y está cotidianamente abierta al cambio (*cf.* Bucholtz y Hall 2005). En este entorno urbano debemos "tener en cuenta la propia comprensión que la gente tiene del lugar y del uso de la cultura, como un medio con el cual alcanzar medios políticos y redefinir su posición en el mundo nacional o internacional" (Paerregaard 1998: 405). Se sigue, por lo tanto, que la identidad no tiene como base las etiquetas usadas en los estudios andinos, tales como mestizo, indígenas mestizos (De la Cadena 2000) o migrantes indígenas (Altamirano y Hirabayashi 1997). Cuando en el transcurso de una entrevista con las hermanas Hernández les pregunté por el término "mestizo", se mostraron confundidas y dijeron no tener idea de qué sería una persona mestiza. En lugar de emplear la terminología que tanto se usa en los estudios andinos, la presente investigación enfatiza cómo la identidad se construye a través de los espacios urbanos y del acceso de los jóvenes a ámbitos rurales, urbanos e internacionales donde el quechua y el español, y más importante una combinación de los dos, al igual que otras prácticas sociales, se vuelven importantes y "útiles" (*cf.* Mufwene 2008). En los espacios urbanos, "el centro" de la vida de los jóvenes cambia constantemente a medida que se abren camino solos.

Bibliografía

ADAMS, Stewart

1976 *The emergence of a Quechua sub-culture in the city of Arequipa as a result of the phenomenon of internal migration from rural areas to urban areas within Peru.* Working Paper 5. St. Andrews: University of St. Andrews, Centre for Amerindian, Latin American and Caribbean Studies (CAS).

1980 "Los urbanizadores de Arequipa: a study of the effects of urbanization on Quechua folklore language and traditions in a southern Peruvian city". Tesis inédita. Escocia: St. Andrews University.

ALBÓ, Xavier

1974 *Los mil rostros del quechua: sociolingüística de Cochabamba.* Lima: Instituto de Estudios Peruanos.

1997 "La Paz/Chukiyawu: the two faces of a city". En Teófilo Altamirano y Lane Hirabyashi Ryo (eds.). *Migrants, regional identities and Latin American Cities.* Washington, D. C.: Society for Latin American Anthropology Publication Series, American Anthropological Association.

ALLEN, Catherine J.

2011 *Foxboy: intimacy and aesthetics in Andean stories.* Austin: University of Texas Press.

2012 *The hold life has: coca and cultural identity in an Andean community*. Washington, D. C.: Smithsonian Institution Press.

Altamirano Rua, Teófilo

2000 *Liderazgo y organizaciones de provincianos en Lima Metropolitana: culturas migrantes e imaginarios sobre el desarrollo*. Lima: Pontificia Universidad Católica del Perú.

2006 *Remesas y nueva "fuga de cerebros": impactos transnacionales*. Lima: Pontificia Universidad Católica del Perú.

Altamirano Rua, Teófilo y Lane Hirabayashi Ryo (eds.)

1997 "The construction of regional identities in urban Latin America". En Teófilo Altamirano y Lane Hirabayashi Ryo (eds.). *Migrants, regional identities and Latin American cities*. Washington, D. C.: Society for Latin American Anthropology Publication Series, American Anthropological Association.

Andrien, Kenneth

2001 *Andean worlds: indigenous history, culture, and consciousness under Spanish rule 1532-1825*. Albuquerque: University of New Mexico Press.

Ávila, Javier

2003 "Lo que el viento (de los Andes) se llevó: diásporas campesinas en Lima y los Estados Unidos". En Carlos Iván Degregori (ed.). *Comunidades locales y transnacionales: cinco estudios de caso en el Perú*. Lima: Instituto de Estudios Peruanos.

Béjar Romero, Ángela y Nelson Pereyra

2005 "La imagen de la ciudad de Ayacucho: tres coyunturas de expansión". En *Dialogía* 1, Ayacucho.

Belaunde, Víctor Andrés

1963 *Meditaciones peruanas*. Lima.

Blommaert, Jan, James Collins y Stef Slembrouck

2005a "Polycentricity and interactional regimes in 'global neighborhoods'". En *Ethnography* 6: 2.

2005b "Spaces of multilingualism". En *Language and Communication* 25.

Bourdieu, Pierre

1994 *Language and symbolic power*. Cambridge: Harvard University Press.

BRITAIN, David

2008 "Chapter 24: Space and spatial diffusion". En J. K. Chambers et ál. *The handbook of language variation and change*. Oxford: Blackwell Publishing Ltd.

BUCHOLTZ, Mary y Kira HALL

2005 "Identity and interaction: a sociocultural linguistic approach". En *Discourse Studies* 74: 5.

CALVO PÉREZ, Julio

2007 *Tendiendo puertas: la lengua de los emigrantes peruanos (y ecuatorianos) en la comunidad valenciana*. Valencia: Departamento de Teoría de los Lenguajes y Ciencias de Comunicación.

CALLE 13

2012 "Latinoamérica music video". Disponible en: <http://lacalle13.com/intro/> (última consulta: 04/04/2012).

CARPIO MUÑOZ, Juan Guillermo

1990 "Arequipa y la encrucijada del desarrollo (1956-1988)". En Máximo Neira Avedaño et ál. (eds.). *Arequipa: historia general de Arequipa*. Arequipa: Fundación M. J. Bustamante de la Fuente.

1999 *Diccionario de arequipeñismos*. Arequipa: Industria Gráfica Regentus.

CARRANZA ROMERO, Francisco

1993 *Resultados lingüísticos del contacto quechua y español*. Lima: CONCYTEC.

CERRÓN-PALOMINO, Rodolfo

1987 *Lingüística quechua*. Cuzco: Centro de Estudios Rurales Andino Bartolomé de las Casas.

2003 *Castellano andino: aspectos sociolingüísticos, pedagógicos y gramaticales*. Lima: Pontificia Universidad Católica del Perú.

CHAMBERS, Sarah

1999 *From subjects to citizens: honor, gender, and politics in Arequipa, Peru, 1780-1854*. University Park: The Pennsylvania State University Press.

CHÁVEZ O'BRIEN, Eleana

1987 *El mercado laboral en la ciudad de Arequipa*. Arequipa: Fundación M. J. Bustamante de la Fuente.

CHIRINOS, Andrés
2001 *Atlas lingüístico del Perú*. Cuzco-Lima: Ministerio de Educación y Centro de Estudios Regionales Andinos Bartolomé de Las Casas.

CLAVERÍAS, Ricardo y Jorge MANRIQUE
1983 *La sequía en Puno: alternativas institucionales tecnológicas y populares*. Puno: Instituto de Investigaciones para el Desarrollo Social del Altiplano (Convenio UNTA-NUFFIC).

DE LA CADENA, Marisol
1988 *Comuneros en Huancayo: migración campesina a ciudades serranas*. Lima: Instituto de Estudios Peruanos.

2000 *Indigenous citizens: the politics of race and culture in Cuzco, Peru, 1919-1991*. Durham: Duke University Press.

EL COMERCIO
2010a "Invierten US$ 123 millones en tres centros comerciales de Arequipa". Disponible en: <http://elcomercio.pe/peru/410186/noticia-invierten-us123-millones-tres-centros-comerciales-arequipa_1> (última consulta: 28/02/2012).

2010b "Movimiento feminista Manuela Ramos se pronunció sobre 'La paisana Jacinta'". Disponible en: <http://elcomercio.pe/espectaculos/464132/noticia-movimiento-feminista-manuela-ramos-se-pronuncio-sobre-paisana-jacinta> (última consulta: 28/02/2012).

COMISIÓN DE LA VERDAD Y RECONCILIACIÓN (CVR)
2003 *Informe final*. Disponible en: <http://www.cverdad.org.pe> (última consulta: 10/03/2012).

CORAL, Isabel
1994 *Desplazamiento por violencia política en el Perú, 1980-1992*. Lima: Centro de Promoción y Desarrollo Poblacional e Instituto de Estudios Peruanos.

CONSTITUCIÓN DEL PERÚ
1993 "Congreso de la República del Perú". Disponible en: <http://www2.congreso.gob.pe/sicr/RelatAgenda/constitucion.nsf/$$ViewTemplate%20for%20constitucion?OpenForm> (última consulta: 10/12/2011).

CUSIHUAMAN, Antonio
2001 *Diccionario quechua Cuzco-Collao*. Cuzco: Centro Regional de Estudios Regionales Andinos Bartolomé de las Casas.

DEGREGORI, Carlos Iván

1986 *Ayacucho, raíces de una crisis.* Ayacucho: Instituto de Estudios Regionales José María Arguedas.

1992 "The origins and logic of Shining Path: two views, return to the past". En David Scott Palmer (ed.). *The Shining Path of Peru.* Nueva York: St. Martin's Press.

2010 *El surgimiento de Sendero Luminoso: Ayacucho 1969-1979.* Lima: Instituto de Estudios Peruanos.

DONG, Jie y Jan BLOMMAERT

2009 "Space, scale and accents: constructing migrant identity in Beijing". En James Collins et ál. (eds.). *Globalization and language in contact: scale, migration, and communicative practices.* Nueva York: Continuum.

DU BOIS, John W.

1991 "Transcription design principles for spoken discourse research". En *Pragmatics* 1.

DUEÑAS, Alcira

2010 *Indians and mestizo in the lettered city: reshaping justice, social hierarchy, and political culture in colonial Peru.* Colorado: University Press of Colorado.

ECKERT, Penelope

2000 *Language variation as a social practice.* Oxford: Basil Blackwell.

2008 "Variation and the indexical field". En *Journal of Sociolinguistics* 12: 4.

EMERSON, Robert et ál.

1995 *Writing ethnographic fieldnotes.* Chicago: University of Chicago Press.

ESCOBAR, Alberto et ál.

1975 *Perú, ¿país bilingüe?* Lima: Instituto de Estudios Peruanos.

1987 "Inventario sistemático de lenguas indígenas del Perú: políticas para la preparación de gramáticas y diccionarios bilingües elementales". En Madeleine Zúñiga et ál. (eds.). *Educación en poblaciones indígenas: políticas y estrategias en América Latina.* Santiago de Chile: UNESCO OREALC.

ESCOBAR, Anna María

2000 *Contacto social y lingüístico: el español en contacto con el quechua en el Perú.* Lima: Pontificia Universidad Católica del Perú.

2001 "Semantic and pragmatic functions of the diminutive in Spanish in contact with Quechua". En *Southwest Journal of Linguistics* 20: 1.

2007 "Migración, contacto de lenguas encubierto y difusión de variantes lingüísticas". En *Revista Internacional de Lingüística Iberoamericana* 7.

2011a "Chapter 16 - Spanish in contact with Quechua". En Manuel Díaz-Campos (ed.). *The handbook of Spanish sociolinguistics*. Oxford: Blackwell.

2011b "Dinámica sociolingüística y vitalidad etnolingüística: quechua y aimara peruanos del siglo XXI". En Willem Adelaar et ál. (eds.). *Estudios en lenguas del Perú. Homenaje a Rodolfo Cerrón Palomino*. Lima: Pontificia Universidad Católica del Perú.

FERRIER, Claude

2010 *El huayno con arpa: estilos globales en la nueva música popular andina*. Lima: Instituto de Etnomusicología de la Pontifica Universidad Católica del Perú e Instituto Francés de Estudios Andinos.

FIRESTONE, Amy

2006 *Runakuna hatarinqaku: revitalizing Quechua in urban Ayacucho, Peru*. Urbana Champaign, IL: University of Illinois. Tesis de maestría.

FISHMAN, Joshua A. (ed.)

1991 *Reversing language shift: theoretical and empirical foundations of assistance to threatened languages*. Clevedon: Multilingual Matters.

FINCA PERÚ

2011 "2011". Disponible en <http://www.fincaperu.net/cms/index.php/en> (última consulta: 28/02/2012).

FOUGHT, Carmen

2006 *Language and ethnicity*. Cambridge: Cambridge University Press.

GALDÓS RODRÍGUEZ, Guillermo

1999 *Cultura. Historia general de Arequipa*. Arequipa: Fundación M. J. Bustamante de la Fuente.

GARCÍA, María Elena

2005 *Making indigenous citizens: identity, development, and multicultural activism in Peru*. Stanford: Stanford University Press.

GODENZZI, Juan Carlos
1992 "Cambios lingüísticos y modernización en los Andes: el caso de Puno". En Henrique Urbano (ed.). *Tradición y modernidad en los Andes*. Cuzco: Centro Bartolomé de Las Casas.

2005 *En las redes del lenguaje: cognición, discurso, y sociedad en los Andes*. Lima: Universidad del Pacífico, Centro de investigación.

2010 "Language policy and education in the Andes". En Stephen May y Nancy H. Hornberger (eds.). *Language policy and political issues in education. Encyclopedia of language and education Volume 1*. Nueva York: Springer.

GOLTE, Jürgen
1995 "Nuevos actores y culturas antiguas". En Julio Cotler (ed.). *Perú 1964-1994: economía, sociedad y política*. Lima: Instituto de Estudios Peruanos.

GOLTE, Jürgen y Norma ADAMS
1987 *Los caballos de Troya de los invasores: estrategias campesinas en la conquista de la gran Lima*. Lima: Instituto de Estudios Peruanos

GONZÁLEZ CARRÉ, Enrique et ál.
1995 *La ciudad de Huamanga: espacio, historia y cultura*. Ayacucho: Universidad de San Cristóbal de Huamanga.

GORRITI, Gustavo
1999 *The Shining Path: A history of the millenarian war in Peru*. Chapel Hill: University of North Carolina Press.

GRENOBLE, Lenore A. y Lindsay WHALEY
2006 *Saving languages: an introduction to language revitalization*. Nueva York: Cambridge University Press.

GUAYGUA, Germán et ál.
2000 *Ser joven en El Alto: rupturas y continuidades en la tradición cultural*. La Paz: Fundación PIEB.

GUERRA GARCÍA, Roger
1983 *El sur peruano: realidad poblacional*. Lima: AMIDEP.

GUGENBERGER, Eva
1990 "Migración y desplazamiento lingüístico en Arequipa". En Rodolfo Cerrón-Palomino y Gustavo Solís Fonseca (eds.). *Temas de lingüística amerindia*. Lima: CONCYTEC/GTZ.

2005 "Dimensiones del espacio lingüístico y su significado para los hablantes: una contribución a la lingüística migratoria en el ejemplo del Perú". En Hella Olbertz y Pieter Muysken (eds.). *Encuentros y conflictos: bilingüismo y contacto de lenguas en el mundo andino.* Fráncfort/ Madrid: Vervuert/ Iberoamericana.

2007 "Aculturación e hibridad lingüísticas en la migración: propuesta de un modelo teórico-analítico para la lingüística de la migración". En *Revista Internacional de Lingüística Iberoamericana* 17. Madrid: Iberoamericana Editorial Vervuert.

GUMPERZ, John J.
1982 *Discourse strategies.* Cambridge University Press.

GUTIÉRREZ, Ramón
1992 *Evolución histórica urbana de Arequipa: 1540-1990.* Lima: Epígrafe, S. A.

HARRIS, Olivia
1995 "Ethnic identity and market relations: Indians and mestizos in the Andes". En Brooke Larson, Olivia Harris y Enrique Tandeter (eds.). *Ethnicity, markets, and migration in the Andes: at the crossroads of history and anthropology.* Durham y Londres: Duke University Press.

HATUN ÑAN
2008 *Hatun Ñan: acción afirmativa en la UNSCH.* Boletín Informativo UNSCH. Ayacucho: Universidad Nacional San Cristóbal de Huamanga

HAUGEN, Einar
1969 *The Norwegian language in America: A study in bilingual behavior. Vol. 1: The bilingual community.* Volumen II: The American dialects of Norwegian. Bloomington: Indiana University Press.

HEKKING, Ewald y Pieter MUYSKEN
1995 "Otomí y quechua: una comparación de los elementos gramaticales prestados del español". En Klaus Zimmermann (ed.). *Lenguas en contacto en Hispanoamérica.* Fráncfort: Iberoamericana.

HELLER, Monica
2008 "Doing ethnography". En Li Wei y Melissa Moyer (eds.). *The blackwell guide to research methods in bilingualism and multilingualism.* Oxford: Blackwell Publishing Ltd.

2010 "Language as a resource in the globalized new economy". En Nikolas Coupland (ed.). *The handbook of language and globalization*. Oxford: Blackwell Publishing Ltd.

HORNBERGER, Nancy H.
1988 *Bilingual education and language maintenance: a Southern Peruvian Quechua case*. Providence R. I.: Foris Publications.

1991 "Spanish in the community: changing patterns of language use in highland Peru". En Carol A. Klee y Luis A. Ramos-García (eds.). *Sociolinguistics of the Spanish-speaking world: Iberia, Latin America, United States*. Arizona: Bilingual Press.

2000 "Bilingual education policy and practice in the Andes: ideological paradox and intercultural possibility". En *Anthropology and Education Quarterly* 31: 2. Massachusetts: John Wiley and Sons.

HORNBERGER, Nancy H. y Serafín M. CORONEL-MOLINA
2004 "Quechua language shift, maintenance and revitalization in the Andes: the case for language planning". En *International Journal Sociology of Language* 167.

HORNBERGER, Nancy H. y Kendall A. KING
2001 "Reversing Quechua language shift in South America". En Joshua A. Fishman (ed.). *Can threatened languages be saved?* Buffalo: Multilingual Matters LTD.

HOWARD, Rosaleen
2007 *Por los linderos de la lengua: ideologías lingüísticas en los Andes*. Lima: Instituto Francés de Estudios Andinos, Instituto de Estudios Peruanos y Pontificia Universidad Católica del Perú.

HUBER, Ludwig
2002 *Consumo, cultura e identidad en el mundo globalizado: estudios de caso en los Andes*. Lima: Instituto de Estudios Peruanos.

HURTADO, Wilfredo
1994 *Chicha peruana, música de los nuevos migrantes*. Lima: Grupo de Investigaciones Económicas.

HYMES, Dell H.
1974 *Foundations in sociolinguistics: an ethnographic approach*. Filadelfia: University of Pennsylvania Press.

INSTITUTO NACIONAL DE ESTADÍSTICA E INFORMÁTICA (INEI)
2005 "*Población de Perú 2002-2005*". Disponible en: <http://www.inei.gob.pe> (última consulta: 12/02/2008).

2007a "*Censos nacionales 2007: XI de población y VI de vivienda. Perfil sociodemográfico del Perú*". Disponible en: <http://www.inei.gob.pe> (última consulta: 12/02/2008).

2007b "Idioma o lengua en el que aprendió hablar". Disponible en: <http://www.inei.gob.pe> (última consulta: 12/02/2008).

2007c "Political map, province of Huamanga". Disponible en <http://www.inei.gob.pe> (última consulta: 12/02/2008).

2009 "Tasa de analfabetismo de la población de 15 y más años de edad, según ámbitos geográficos, 2004-2010". Disponible en: <http://www.inei.gob.pe> (última consulta: 12/02/2008).

LABOV, William
1972 *Sociolinguistic patterns*. Filadelfia: University of Pennsylvania Press.

LADRON DE GUEVARA, Laura
1998 *Diccionario quechua de las regiones Ayacucho-Cuzco-Junín-Ancash-Cajamarca*. Lima: Editorial Brasa S. A.

LARSON, Brooke
1999 "Andean highland peasants and the trials of nation-making during the nineteenth century". En Frank Salomon y Stewart B. Schwartz (eds.). *The Cambridge history of the native peoples of South America, Volume 3-South America Part 2*. Nueva York: Cambridge University Press.

LARSON, Brooke, Olivia HARRIS y Enrique TANDETER (eds.)
1995 *Ethnicity, markets, and migration in the Andes: at the crossroads of history and anthropology*. Duke University Press.

LAYS Andinas
2006 "Lays Andinas comercial". Disponible en: <http://www.youtube.com/watch?v=TlYEG5ywghI> (última consulta: 28/02/2012).

LEWIS, Paul M. et ál.
2009 *Ethnologue: languages of the world, eighteenth edition*. Dallas, Tex.: SIL International. Disponible en: <http://www.ethnologue.com> (última consulta: 03/02/2009).

LÓPEZ, Luis E.

1987 "Balance y perspectivas de la educación bilingüe en Puno". En Madeleine Zúñiga et ál. (eds.). *Educación en poblaciones indígenas: políticas y estrategias en América Latina*. Santiago de Chile: UNESCO OREALC.

2009 *Reaching the unreached: indigenous intercultural bilingual education in Latin America*. Texto encargado por el EFA Global Monitoring Report 2010.

MAMANI, Mario y Virginia CHÁVEZ

2001 *Contacto lingüístico converge diverge: el préstamo lexical del castellano en el quechua*. La Paz: Universidad Mayor de San Andrés.

MANNHEIM, Bruce

1991 *The language of the Inka since the European invasion*. Austin: University of Texas Press.

MATOS MAR, José

1966 *Las barriadas de Lima 1957*. Lima: Instituto de Estudios Peruanos.

MENDOZA-DENTON, Norma

2004 "Language and identity". En J. K. Chambers et ál. (eds.). *The handbook of language variation and change*. Oxford: Blackwell.

2008 *Homegirls: language and cultural practice among Latina youth gangs*. Massachusetts: Wiley-Blackwell.

MICHENOT, E.

1985 "Bilingüismo y educación". En *Faces* 1.

MILROY, Lesley

1987 *Language and social networks*. Oxford y Nueva York: Blackwell.

2002 "Social networks". En J. K. Chambers et ál. (eds.). *The handbook of language variation and change*. Oxford: Blackwell.

MINISTERIO DE EDUCACIÓN, PERÚ

2015 "Minedu oficializa alfabetos de 24 lenguas originarias a ser utilizados por todas las entidades públicas". Disponible en <http://www.minedu.gob.pe/n/noticia.php?id=33082> (última consulta: 01/08/2015).

MOVISTAR

2005 "Comercial en quechua". Disponible en: <http://www.youtube.com/watch?v=UtCie4VHNdY> (última consulta: 28/02/2012).

MUFWENE, Salikoko
2008 *Language evolution: contact, competition and change.* Nueva York: Continuum.

MUYSKEN, Pieter
1981 "Halfway between Quechua and Spanish: the case for relexification". En Arnold Highfield y Albert Valdman (eds.). *Historicity and variation in Creole studies.* Ann Arbor: Karoma.

1990 *Language contact and grammatical coherence: Spanish and Quechua in the Wayno of Southern Peru.*

1996 "Media lengua". En Sarah G. Thomason (ed.). *Contact languages: a wider perspective.* Filadelfia: John Benjamins Publishing Company.

2001 "Spanish grammatical elements in Bolivian Quechua: the transcriptions Quechuas corpus". En Klaus Zimmermann y Thomas Stolz (eds.). *Lo propio y lo ajeno en las lenguas austronésicas y amerindias: procesos interculturales en el contacto de lenguas indígenas con el español en el Pacífico e Hispanoamérica.* Madrid: Iberoamericana.

MYERS, Sarah K.
1973 *Language shift among migrants to Lima, Peru.* Chicago: University of Chicago.

MYERS-SCOTTON, Carol
1988 "Code-switching as indexical of social negotiations". En Monica Heller (ed.). *Codeswitching.* Berlín: Mouton de Gruyter.

1993 *Social motivations for code-switching: evidence from Africa.* Clarendon: Oxford.

NETTLE, Daniel
2002 *Vanishing voices: the extinction of the world's languages.* Nueva York: Oxford University Press.

NIÑO-MURCIA, Mercedes
2003 "'English is like the dollar': Hard current ideology and the status of English in Peru". En *World Englishes* 22.

ØDEGAARD, Cecile Vindal
2010 *Mobility, markets, and indigenous socialites: contemporary migration in the Peruvian Andes.* Vermont: Ashgate Publishing Company.

PAERREGAARD, Karsten

1997 *Linking separate worlds: urban migrants and rural lives in Peru.* Nueva York: Berg.

1998 "The dark side of the moon: conceptual and methodological problems in studying rural and urban worlds in Peru". En *American Anthropologist* 100: 2.

2003 "Andean predicaments: cultural reinvention and identity creation among urban migrants in Peru". En Tom Salman y Annelies Zoomers (eds.). *Imagining the Andes: shifting margins of a marginal world.* Amsterdam: Aksant.

PERALTA IZARRA, Pelayo

2004 *Ayacucho: el nuevo sendero.* Lima: Ediciones Vilper S. R. L.

PLAZA VEA

2010 "Agreden a estudiantes que se oponen a supermercado en Ayacucho". Disponible en: <http://www.youtube.com/watch?v=mV6Rv0tpqjI> (última consulta: 02/28/2012).

QUIROZ PAZ SOLDÁN, Eusebio

1990 "Del comercio a la industria sustitutoria: 1919-1955". En Máximo Neira Avendaño et ál. (eds.). *Historia general de Arequipa.* Arequipa: Fundación M. J. Bustamante de la Fuente.

REYNAGA FARFÁN, Gumercinda

1996 *Cambios en las relaciones familiares campesinas a partir de la violencia política y el nuevo rol de la mujer.* Documento de Trabajo 75. Serie Talleres 3. Lima: Instituto de Estudios Peruanos.

RINDSTEDT, Camilla y Karin ARONSSON

2002 "Growing up monolingual in a bilingual community: the Quichua revitalization paradox". En *Language in Society* 31.

RODRÍGUEZ RODRÍGUEZ, Germán

1989 *Arequipa clandestina: reflexiones acerca del crecimiento urbano.* Arequipa.

ROMAINE, Suzanne

2006 "The bilingual and multilingual community". En Tej K. Bhatia, y Williams C. Ritchie (eds.). *The handbook of bilingualism.* Massachusetts: Blackwell Publishing.

2011 "Identity and multilingualism". En Kim Potowski y Jason Rothman (eds.). *Bilingual youth: Spanish in English-speaking societies*. Filadelfia: John Benjamins Publishing Company.

SÁNCHEZ, Liliana
2003 *Quechua-Spanish bilingualism: interference and convergence in functional categories*. Amsterdam y Filadelfia: John Benjamins Company.

SELIGMANN, Linda
2004 *Peruvian street lives: culture, power, and economy among market women of Cusco*. Urbana-Champaign, IL: University of Illinois Press.

SHAPPECK, Marco
2011 *Lexical borrowing and language change in central Ecuadorian Quichua: the case of Media Lengua*. Tesis doctoral en lingüística. University of Illinois, Urbana.

SICHRA, Inge
2003 *La vitalidad del quechua: lengua y sociedad en dos comunidades de Cochabamba*. Cochabamba: Plural-PROEIB Andes.

SØRENSEN, Ninna Nyberg
2002 "Representing the local: Mobile livelihood practices in the Peruvian central sierra". En Ninna Sørensen Nyberg y Karen Fog Olwig (eds.). *Work and migration: life and livelihoods in a globalizing world*. Nueva York: Routledge.

SOTO RUIZ, Clodoaldo Sixto
1976a *Diccionario quechua: Ayacucho-Chanca*. Lima: Ministerio de Educación.

1976b *Gramática quechua: Ayacucho-Chanca*. Lima: Ministerio de Educación.

2006 *Quechua: manual de enseñanza*. Lima: Instituto de Estudios Peruanos.

2011 Comunicación personal, 3 de septiembre de 2011.

STEPHENSON, Marcia
1999 *Gender and modernity in Andean Bolivia*. Austin: University of Texas Press.

STROCKA, Cordula
2008 *Unidos nos hacemos respetar: jóvenes, identidades y violencia en Ayacucho*. Lima: Instituto de Estudios Peruanos y UNICEF.

THOMASON, Sarah y Terrence KAUFMAN
1988 *Language contact, creolization and genetic linguistics.* Berkeley: University of California Press.

TORERO, Alfredo
2005 *Idiomas de los Andes: lingüística e historia.* Lima: Editorial Horizonte.

TRAVADA Y CÓRDOVA, Ventura
1958 *El suelo de Arequipa convertido en cielo.* Primer Festival del Libro Arequipeño (ed.). Arequipa y Lima: Populibro, Imp. Lumen S. A.

TRINIDAD, Rocío
2002 ¿Qué aprenden los niños del campo con la televisión? Globalización, socialización y aprendizaje? Lima: Instituto de Estudios Peruanos.

TURINO, Thomas
2008 *Music in the Andes: experiencing music, expressing culture.* Nueva York: Oxford University Press.

VILLENA-PONSODA, Juan Andrés
2005 "How similar are people who speak alike? An interpretive way of using social networks in social dialectology research". En Peter Auer et ál. (eds.). *Dialect change: convergence and divergence in European languages.* Cambridge: Cambridge University Press.

VON GLEICH, Utta
1989 *Educación primaria bilingüe intercultural.* Eschborn: Deutsche Gesellschaft für Technische Zusammenarbeit (GTZ).

WALLERSTEIN, Immanuel
1983 *Historical capitalism with capitalist civilization.* Londres: Verso.

2000 *The essential Wallerstein.* Nueva York: The New Press.

2001 *Unthinking social science.* 2da. ed. Filadelfia: Temple University Press.

WARNER, S. L.
1999 "No'eau, Kuleana: the right, responsibility, and authority of Indigenous peoples to speak and make decisions for themselves in language and cultural revitalization". En *Anthropology & Education Quarterly* 30: 10.

WEISMANTEL, Mary
2001 *Cholas and pishtacos: stories of race and sex in the Andes.* Chicago: University of Chicago Press.

Winford, Donald

2003 *Introduction to contact linguistics*. Oxford: Blackwell.

2010 "Contact and borrowing". En Raymond Hickey (ed.). *The handbook of language contact*. Massachusetts: Wiley-Blackwell.

Zapata, Antonio et ál.

2008 *Historia y cultura de Ayacucho*. Lima: Instituto de Estudios Peruanos.

Zavala, Virginia

2002 *Desencuentros con la escritura: escuela y comunidad en los Andes peruanos*. Lima: Instituto de Estudios Peruanos.

Zavala, Virginia y Nino Bariola

2008 "'Enra kopiai, non kopi'. Gender, ethnicity, and language use in a Shipibo community in Lima". En Mercedes Niño-Murcia y Jason Rothman (eds.). *Bilingualism and identity: Spanish at the crossroads with other languages*. Filadelfia: John Benjamins.

Zavala, Virginia y Gavina Córdova

2010 *Decir y callar. Lenguaje, equidad y poder en la universidad peruana*. Lima: Pontificia Universidad Católica del Perú.

Zúñiga, Madeline C.

1987 "Educación en quechua y castellano en Ayacucho: el programa experimental de la Universidad Nacional Mayor de San Marcos". En Madeline Zúñiga et. ál. (eds.). *Educación en poblaciones indígenas: políticas y estrategias en América Latina*. Santiago de Chile: UNESCO OREALC.

2009 *El uso de lenguas quechua y castellano en la Ruta del Sol*. Lima: Foro Educativo.

Zúñiga, Madeleine C. et ál.

2003 *Construcción de políticas regionales: lenguas, culturas y educación*. Perú: Instituto de Estudios Regionales José María Arguedas.

Apéndices

Apéndice A. Abreviaturas usadas en las glosas

(Basadas en Muysken 2001 y Soto 2006)

1sg.: primera persona del singular
2sg.: segunda persona del singular
3sg.: tercera persona del singular
3pl.: tercera persona del plural
AC: acusativo
ADD: aditivo (también)
AF: afirmativo
AUM: aumentativo
BEN: beneficiario
CIS: cislocativo (hacia el hablante)
CON: conjunción
CON: concretivo
COR: corroborativo
CUR: marcador de cortesía
DEL: delimitativo
DIM: diminutivo

DIR: direccional (alejado del hablante)
DUB: dubitativo
EMP: enfático
FUT: futuro
FUTdir: futuro direccional
IMP: imperativo
INF: infinitivo
LO: locativo
NEG: negación
PER: perfectivo
PL: plural
POS: posesivo
POT: marcador potencial
PROG: progresivo
Q: marcador interrogativo
REF: reflexivo
REP: reportativo
SEQ: secuencia
SUB: subordinado
TO: marcador del tema
V: vocal

Apéndice B. Convenciones de la transcripción
(Basadas en Du Bois 1991)

Símbolos	Comentario
[al hablante]	Dirigiéndose o señalando a otro hablante
(riendo)	Comentario contextual
[nombre]	Nombre personal usado para conservar el anonimato
xx	Habla ininteligible
(2)	Pausa en segundos

Apéndice C. Guía de las entrevistas
(Basada en Hornberger 1988 y Howard 2007)

Las traducciones del quechua fueron preparadas en colaboración con estudiantes de la Universidad Nacional de San Cristóbal de Huamanga (Ayacucho) (UNSCH) y la Universidad Nacional de San Agustín (Arequipa) (UNSA). Ciertas traducciones fueron identificadas como aceptables en ambos dialectos.

I. Información general: procedencia

1. ¿De dónde viene ud. originalmente?
   Quechua ayacuchano: ¿Maymantataq qam hamurqanki?
   Quechua cuzqueño: ¿Maypitaq naciranki? ¿Maymantataq qan kanki?

2. ¿Desde cuándo ha estado viviendo aquí?
   Quechua ayacuchano: ¿Qam haykapimantataq kaypi yachachkanki?
   Quechua cuzqueño: ¿Hayk'aqmantataq qan kaypi tiyashanki?

3. ¿Dónde está viviendo ud. ahora?
   Quechua ayacuchano: ¿Qam maypitaq yachachkanki?
   Quechua cuzqueño: ¿Qan maypi tiyashanki kunan?

4. ¿Con quién está viviendo ud.?
   Quechua ayacuchano: ¿Qam piwantaq yachachkanki?
   Quechua cuzqueño: ¿Piwantaq qan tiyashanki?

5. ¿De dónde son sus abuelos y familiares?
   Quechua ayacuchano: ¿Aylluyki taytaku taytalla ima llaqtamantataq? ¿Ima llaqtamantataq aylluyki?
   Quechua cuzqueño: ¿Maymantataq papayki mamayki familiaryki kanku? ¿Maypitaq familiarykuna tiyashan?

6. ¿Viaja ud. mucho? ¿A dónde? ¿Con la familia? ¿Por cuánto tiempo?
   Quechua ayacuchano: ¿Kunan qam viajankichu? ¿Maytataq rinki? ¿Aylluykiwanchu rinki? ¿Hayka punchawtaq wak llaqtapi? ¿Hayka kutitataq qam viajanki. maykunatataq rinki?
   Quechua cuzqueño: ¿Sapa kutinchu viajanki? ¿Familiaykiwanchu viajanki? ¿Unachu viajanchu?

II. Información sobre el conocimiento de lenguas

1. ¿Qué idiomas habla ud.? ¿Cuál idioma empezó a hablar primero?
   Quechua ayacuchano y cuzqueño: ¿Hayka simitataq rimayta yachanki? ¿Runasimillatachu rimanki? Castellanoatachu rimanki? ¿Maqin idiomataq puntata rimarqanki?
2. ¿Con qué frecuencia habla ud. su segunda lengua y dónde? (si habla otras)
   Quechua ayacuchano: ¿Sapa punchawchu rimanki? Maypitaq? ¿Maykunapitaq/?
   Quechua cuzqueño: Sapa ratuchu rimanki quechuata, castellanota?
3. ¿Con quién habla ud. más quechua y dónde? ¿Con quién habla más castellano y dónde?
   Quechua ayacuchano: ¿Pikunawantaq qam runasimita rimanki? ¿Maykunapitaq?
   Quechua cuzqueño: ¿Piwantaq masta rimanki quechuata y maypitaq?
4. ¿En el trabajo/escuela, en qué lengua habla ud.?
   Quechua ayacuchano: ¿Ima simitataq rimanki qam llamkasqaykipi/ yachasqaykipi?
   Quechua cuzqueño: ¿Llank'aynaykipiri rimanki castellanota quechuatachu?
5. En caso de tener hijos, ¿qué lengua habla con ellos?
   Quechua ayacuchano y cuzqueño: ¿Wawaykikunawan ima simitataq rimanki?
6. En caso de que no les hable en quechua, ¿cuál es la razón?
   Quechua ayacuchano: ¿Sichus manam quechuata wawaykikunawan rimankichu, imarayku?
   Quechua cuzqueño: ¿Imaraykutaq mana quechuatachu wawaykikunawan rimanki?
7. ¿Sabe ud. escribir y leer en quechua?
   Quechua ayacuchano: ¿Qhichwa simi leeyta qillqayta yachankichu?
   Quechua cuzqueño: ¿Atinkinchu quechuata leeyta y ruwayta?

III. En el trabajo

1. ¿Dónde trabaja ud.? ¿Cuántas horas al día? ¿Con quiénes trabaja?
   Quechua ayacuchano: ¿Maypitaq qam llamkanki/trabajanki? ¿Hayka urataq llamkanki/trabajanki?
   Quechua cuzqueño: ¿Pikunawantaq llank'anki?

2. ¿Cómo es su rutina diaria?
   Quechua ayacuchano: ¿Tardiykuqta imataq ruwanki? ¿Imapitaq llamkanki?
   Quechua cuzqueño: ¿Imatataq sapa punchaw ruwanki?
3. ¿Trabaja también a veces en la chacra?
   Quechua ayacuchano: ¿Qam llankankichu chakrapipas ruwanki?
   Quechua cuzqueño: ¿Mayninpi chakrapichu llank'anki?

IV. En casa

1. ¿Cuáles son sus actividades favoritas en casa o fuera del trabajo?
   Quechua ayacuchano: ¿Ima ruwayta masta gustasunki wasiykipi?
   Quechua cuzqueño: ¿Imatataq ruwanki llaqtapiri wasiykipiri?
2. ¿Pasa más tiempo en la calle o en casa? ¿Con quiénes pasa más tiempo?
   Quechua ayacuchano: ¿Punchaw punchaw maypitaq kanki? ¿Pikunawantaq?
   Quechua cuzqueño: ¿Llaqtapichu wasiykipichu pasanki mas tiempo?
3. ¿Qué actividades hace con su familia cuando no está trabajando?
   Quechua ayacuchano: ¿Imatataq qam aylluykikuna ruwanki manam llamkaspayki?
   Quechua cuzqueño: ¿Imatataq ruwanki familiaykiwan mana imatapas ruwaspa?
4. ¿Cuál es su comida favorita? ¿Qué sabe cocinar?
   Quechua ayacuchano: ¿Ima mikuytaq anchata gustasunki? ¿Ima yanuykutaqam yachanki?
   Quechua cuzqueño: ¿Ima mikunataq gustasunki masta? ¿Imatataq waykuyta yachanki?

V. Educación

1. ¿A qué escuela asistió ud. y hasta qué grado estudió? ¿Está estudiando todavía? ¿Tiene planes de estudiar en el futuro?
   Quechua ayacuchano: ¿Haykapitaqkama escuelpa rirqanki?
   Quechua cuzqueño: ¿Ima escuelamantaq qan haykuranki? ¿Ima gradokamataq estudiaranki?

VI. Familia

1. ¿Tiene ud. una familia grande?
   Quechua ayacuchano: ¿Hatunchu aylluyki?
   Quechua cuzqueño: ¿Ashkachu familiaykikuna?
2. ¿Con cuántas personas vive?
   Quechua ayacuchano: ¿Wasiykipi pikunawantaq yachanki? ¿Haykataq qamkuna kankichik?
   Quechua cuzqueño: ¿Hayka ruwantaq qanri tiyanki?
3. ¿Le trae ventajas en su vida el saber hablar quechua?
   Quechua ayacuchano: ¿Sirvicisunkichu quechua rimay ñawpaq punchawman?
   Quechua cuzqueño: ¿Sirvicisunkichu quechua rimay ñawpaq p'unchayman?

VII. Mantenimiento y pérdida de la lengua quechua

1. ¿Por qué hay que mantener el quechua?
   Quechua ayacuchano y cuzqueño: ¿Imanaqtin waqaychaswan quechua rimayta?
2. ¿Le dio vergüenza hablar quechua alguna vez?
   Quechua ayacuchano: ¿Pinqankichu rimayta runasimita?
   Quechua cuzqueño: ¿P'inqankichu rimayta runasimita?
3. ¿Se va a perder el quechua algún día?
   Quechua ayacuchano: ¿Huk punchaw chinkanmanchu runasimi?
   Quechua cuzqueño: ¿Uk p'unchay, chinkanmanchu runasimi?

VIII. Identidad cultural (pregunta solo para personas que dominan más el español)

1. ¿Una persona quechuahablante tiene ciertos rasgos culturales particulares? ¿Cuáles son?
2. ¿Qué es la cultura mestiza para ud.? ¿Cómo es la gente que no habla quechua?

Apéndice D. Resumen de las actividades de investigación, Ayacucho y Arequipa, 2009-2010

1. Familia Hernández (capítulo 3)

Espacio de las sesiones de observación participante	Número de sesiones en ese espacio	Duración total de las sesiones	Total de grabaciones en ese espacio
Feria del ganado	5	12 horas	6 horas, 53 min.
Tienda de la madre	8	7,5 horas	1 hora, 17 min.
Casa de las hermanas	6	11,5 horas	3 horas, 22 min.
Zona de la plaza	2	5 horas	2 horas, 14 min.
Vecindario	5	7 horas, 30 min.	0

2. Familia Martínez (capítulo 4)

Espacio de las sesiones de observación participante	Número de sesiones en ese espacio	Duración total de las sesiones	Total de grabaciones en ese espacio
Casa/tienda	19	22 horas, 45 min.	3 horas, 4 min.
Vecindario	2 (exclusivamente)	Ídem.	0
Iglesia evangélica	2	7 horas	1 hora, 20 min.
Plaza (centro de Ayacucho)	2 visitas	2 horas	0

3. Familia Mamani (capítulo 4)

Espacio de las sesiones de observación participante	Número de sesiones en ese espacio	Duración total de las sesiones	Total de grabaciones en ese espacio
Casa de Walter (familia/casa)	6	20 horas, 30 min.	2 horas, 36 min.
Casa de la tía	7	14 horas (3,5 horas exclusivamente)	15 min.

Puesto de la familia en el mercado (feria de chatarra de La Cachina)	2	2 horas	17 min.
Instituto de inglés (distrito de José Bustamante y Rivero)	2	2 horas	0
Teléfono	1	18 min.	18 min.

Nota: los datos de una tercera familia en Ayacucho fueron eliminados debido a la mala calidad de la grabación.

Apéndice E. Resumen de la investigación con otros jóvenes y profesionales

1. Ayacucho

Tipo de grabación	Duración	Descripción de los participantes	Lengua hablada en las entrevistas
Entrevistas sociolingüísticas			
Participante 1: varón, 26 años	00:30:44	Nació en un pueblo de Ayacucho y su primera lengua es el quechua. Es electricista y ha vivido en Argentina.	Español y quechua
Participante 2: varón, 22 años	00:57:25	Estudiante de farmacia en la universidad local. Nació en Huanta, Ayacucho.	Español y algo de quechua
Participante 3: mujer, 28 años	02:00:00	Profesora de secundaria de San Juan Bautista, su familia es de Ayacucho. Nota: esta grabación se perdió con el robo sufrido el 30 de abril de 2010.	Español y algo de quechua
Participante 4: mujer, 20 años	01:00:20	Primera generación nacida en Ayacucho, trabaja en una fábrica de palomitas de maíz.	Español
Participante 5: mujer, 22 años	00:48:54	Estudiante universitaria, vende cebiche en el mercado dominical de Ayacucho.	Español

Participante 6: varón, 23 años	01:09:18	Alumno de una academia de computación, trabaja como mesero en un restaurante turístico. El quechua es su primera lengua. Nació en Chiara, Ayacucho.	Español
Participante 7: varón, 26 años	00:49:20	Estudiante universitario, su primera lengua es el quechua. Nació en Víctor Fajardo, Ayacucho.	Español

2. Arequipa

Tipo de grabación		Descripción de los participantes	Lengua hablada en las entrevistas
Entrevistas sociolingüísticas			
Participante 1: varón, 21 años		De Urubamba, Cuzco, llegó a Arequipa siendo niño para estudiar. El quechua es su primera lengua. Trabaja en una bodega a tiempo completo.	Español
Participante 2: mujer, 20 años	00:42:51	Es de un pequeño pueblo en el departamento de Puno. Sus padres le enseñaron quechua y puede leerlo y escribirlo. Estudia para ser chef y trabaja en una panadería.	Español
Participante 3: mujer, 30 años	01:24:00	Nació en un pequeño pueblo a 30 minutos de la ciudad de Puno. Migró a esta ciudad a los 18 años y llegó a Arequipa hace tres años. Su primera lengua es el quechua, pero aprendió español en la secundaria. Trabaja como empleada doméstica cama adentro en Arequipa para financiar sus estudios universitarios.	Español

Participante 4: varón, 19 años	00:19:38	De un pueblo a cuatro horas de la ciudad de Cuzco. Llegó a Arequipa hace dos años. Su primera lengua es el quechua. Sabe leerlo y escribirlo y domina la gramática quechua gracias al programa de educación bilingüe de su pueblo natal. Trabaja como mesero en un chifa.	Español
Participante 5: mujer, 28 años	00:33:33	Nació en Arequipa, sus padres son de Puno y Cuzco y habla quechua como lengua nativa.	Español y quechua

Apéndice F. Los espacios de interacción social de las hermanas Hernández

Lugar	Miembros de la familia presentes	Frecuencia de las visitas	Tiempo transcurrido allí	Distancia desde la casa de la familia	Transporte usual para llegar al lugar
La chacra en Chiara, Ayacucho	Las hermanas y sus hijos	Unas cuantas veces al año	Entre un día y varias semanas	En el auto del padre: 4 horas	Auto del padre
	Padres	Ida y vuelta durante todo el año (en especial, durante la cosecha): 90% del tiempo	Entre un día y varios meses		
Feria del ganado	Susana y Sofía	Todas las mañanas de domingo	4 horas	En auto, bus o caminando (10 minutos)	Bus o auto
Casa/tienda	- Cuatro hermanas - Hijos de las hermanas (una recién nacida y un niño de tres años) - Dos de las parejas de las hermanas	S/d.	S/d.	S/d.	S/d.
	Amigos/vecinos	Diarias o un día sí y otro no			
	Clientes de la tienda	Diarias o un día sí y otro no (varía)			
	Madre, padre	Varía, durante la cosecha, ida y vuelta			

Barrio		Diarias	Infinito	Caminando	Caminando
Afuera					
Campo de fútbol /área comunal					
Casa de la pareja de Sofía					
Puesto de la madre en el mercado (cerrado en marzo de 2010)	Todas las hermanas, los padres, la familia extensa y las amistades	Diarias	1-5 horas	10-15 minutos	Bus
Plaza de Armas (zona del centro)	Todas las hermanas	Una vez por semana	S/d.	20 minutos	Taxi, bus
Lima	Padre con Sofía o Susana	Una vez al año o menos	S/d.	9 horas	Auto del padre

Apéndice G. Los espacios de interacción social de la familia Martínez

Lugar	Miembros de la familia presentes	Frecuencia de las visitas	Tiempo transcurrido allí	Distancia desde la casa 2 de la familia	Transporte usual para llegar al lugar
Chacra	Madre, Gloria	Nunca	S/d.	4-5 horas	S/d.
	Padre, Roberto	Durante la cosecha	4-5 días por semana	Más de 6 horas	En bus, luego caminando
Casa /tienda	Todos	S/d.	S/d.	S/d.	S/d.
Barrio • Carmen Alto • Mercado • Mirador	Todos	Todos los días	Hasta el anochecer	Un radio de 1,5 km alrededor de la casa	Caminando
Iglesia evangélica de Carmen Alto	Jenny, su madre y sus hermanos menores (incluida la más pequeña)	1-3 veces por semana	2-3 horas	5 minutos	Caminando
Centro de la ciudad	Toda la familia	Varias veces por semana	Un par de horas	10 minutos	En bus, luego caminando
Ica	Jenny y Raúl	Una visita	Una semana	6 horas	En bus

Apéndice H. Los espacios de interacción social de la familia Mamani

Lugar	Miembros de la familia presentes	Frecuencia de las visitas	Tiempo transcurrido allí	Distancia desde la casa	Transporte usual para llegar al lugar
Casa/tienda	Todos, salvo los padres	S/d.	S/d.	S/d.	S/d.
Barrio	Todos, salvo los padres	Todos los días	Hasta el anochecer	Un radio de 1,5 km alrededor de la casa	Caminando
Casa de la tía (Ciudad Blanca, Paucarpata)	Todos, salvo los padres	Cada cierto tiempo	Hasta el anochecer	Caminata de 10 minutos	Caminando o manejando un taxi
Instituto de inglés	Walter	1-3 veces por semana	2-3 horas	5 minutos	Manejando un taxi
Puesto de la familia en el mercado de chatarra	Luisa (tía) y abuelos	Todos los días	5 horas o menos	15 minutos	En bus y manejando un taxi
Centro de la ciudad	Todos, salvo los padres	Varias veces por semana	Un par de horas	10 minutos	En bus y manejando un taxi
Lima	Toda la familia, salvo los abuelos	Una sola vez	Una semana	15 horas	En ómnibus
Nueva York	Padres	Una sola vez	Una semana	6 horas	Avión

Apéndice I. Contacto y afiliación de los padres

	Tiempo que los padres y parientes más cercanos pasan en la chacra	Ocupación de los padres y parientes más cercanos	Lengua reportada usada por los padres
[+ ***chakra***]	Casi todos los días	Agricultores	- Madre: dominante en quechua, comprensión pasiva del español - Padre: quechua y español
[- *chakra*] (Ayacucho)	Padre o madre, 3-5 días por semana	Uno de los progenitores es agricultor, el otro se ocupa de la tienda en su casa en la ciudad, vendedor ambulante	Madre y padre: dominantes en quechua, capacidades de español L2
[- *chakra*] (Arequipa)	Nunca	Trabajo manual, tiene un puesto en el mercado de la ciudad	- Madre y padre: quechua y español por igual - Abuela: dominante en quechua, capacidad de comprensión pasiva del español - Abuelo: dominante en quechua, español y algo de aimara

Apéndice J. La relación jóvenes [+ *chakra*], Ayacucho

	Tiempo que los jóvenes urbanos pasan en la chacra	Redes sociales de los jóvenes	Ocupación/estudios de los jóvenes	Lengua reportada usada por los jóvenes	Identidad reportada de los jóvenes	Factores sociales
[+ ***chakra***] **(Ayacucho)**	1-2 o más veces al mes, entre varios días y semanas	Chacra; feria del ganado; barrio; Lima	Se ocupa de la tienda de la familia, trabaja en la chacra, labores domésticas, vende comida en la feria del ganado, recibe clases de preparación para la universidad	Combinado (quechua y español)	Huamanguino/a	Animales de la chacra en casa, pasea a las ovejas, come platos tradicionales del campo, escucha música en quechua

Apéndice K. La relación jóvenes [– *chakra*], Ayacucho

	Tiempo que los jóvenes urbanos pasan en la chacra	Redes sociales de los jóvenes	Ocupación/estudios de los jóvenes	Lengua reportada usada por los jóvenes	Identidad reportada de los jóvenes	Factores sociales
[- ***chakra***] **(Ayacucho)**	1-2 veces o nunca en la vida	Barrio (familia, amistades y clientes), familia en la chacra y otras personas en áreas urbanas	Clases de preparación preuniversitaria (ocasionalmente)	Entiende el quechua pero lo habla poco	Huamanguino/a	Usa un *qipi* para llevar bebés, animales de la chacra en casa, pasea a las ovejas, come platos tradicionales del campo

Apéndice L. La relación jóvenes [- *chakra*], Arequipa

	Tiempo que los jóvenes urbanos pasan en la chacra	Redes sociales de los jóvenes	Ocupación/ estudios de los jóvenes	Lengua reportada usada por los jóvenes	Identidad reportada de los jóvenes	Factores sociales
[- ***chakra***] **(Arequipa)**	Nunca	Barrio, compañeros de clase, colegas del trabajo, Estados Unidos (padres)	Clases en un instituto técnico y en la universidad.	Comprende muy poco quechua, habla unas cuantas palabras	Arequipeño/a	Escucha música en quechua, conserva tradiciones del pueblo natal de los padres, estudia quechua en la universidad

Made in the USA
Monee, IL
12 November 2026

68341099R00162